World as a Perspective

世界做為一種視野

隨機試驗

改變世界的大膽研究

Randomistas
How Radical Researchers Changed Our World

Andrew Leigh

安德魯・雷伊——著
向淑容、葉品岑——譯

目次

1 壞血病、恐嚇從善與《雙面情人》

海軍准將安森（George Anson）的六艘戰艦繞過南美洲最南端時，他知道自己的計畫亂了套。安森奉英國政府之命去占領西班牙在巴拿馬與祕魯的殖民地，當時出海已經半年。海象惡劣，後方又有一支西班牙分遣艦隊在追逐，然而船上官兵最大的威脅是一種疾病：壞血病。

安森的遠征隊於一七四〇年載著一千八百五十四名官兵離開英格蘭，四年後只有一百八十八人返國。作家鮑恩（Stephen Bown）把那次航行描述成有史以來最嚴重的海上醫療災難。出海六個月後，每天都有人死亡。起初，死者屍體用他們的吊床包覆縫合後再丟進海中。但是一段時間過後，存活的船員太過虛弱，無法處理死者，於是他們在船艙內嚥下最後一口氣之後，就被留在那裡。

行駛一艘十八世紀的戰艦需要許多人手。艦長預期會有部分船員死於壞血病，所以經常會帶上額外的人員。然而安森的船員折損情況出乎意料。還有力氣工作的船員所剩無幾，於是有些戰艦撞上南美洲近海的岩石。其中一艘「賭注號」（Wager）由於撞上智利南部的崎嶇沿岸而全毀，部分船員則因為太虛弱、無法游上岸而溺斃。

壞血病會損壞人體的結締組織。起初患者會覺得疲倦、動作不協調。他們容易有瘀傷，雙腳也開始腫脹。接著牙齦會發炎，口氣會出現惡臭，皮膚也會長出斑點。水手見到舊的打鬥傷疤又開始出血、已經癒合的骨頭又開始裂開，都相當震驚。一位姓名不詳的外科醫師如此描寫自己患病時承受的折磨：「我的牙齦全部腐爛，流出惡臭的黑血。我的大腿、小腿都腐壞變黑，我不得不每天拿刀子切開自己的肉，好讓惡臭的黑血流出來……而且不幸的是我吃不下東西，因為我只想吞嚥，不想咀嚼。」[1]在最後階段，患者會因牙齦極度腫脹而無法進食，最終死於內出血。

在風帆時代，死於壞血病的水手超過兩百萬人，比小規模戰鬥、暴風雨及沉船的死者總和還要多。[2]一四九九年，葡萄牙探險家達伽馬（Vasco da Gama）有超過半數的船員死於壞血病。一五二〇年，他的同胞麥哲倫（Ferdinand Magellan）因為這種疾病而失去三分之二的船員。[3]在七年戰爭（一七五六—六三年）當中，英國派出十八萬五八九九名海軍；只有一五一二人在戰鬥中身亡，因壞血病而死的則有十三萬三七〇八人。[4]換句話說，一個英國水兵在七年戰爭中死於戰鬥的機率低於一％，死於壞血病的機率卻高達七二％。

每個人對於如何對抗壞血病都自有一套理論，醫生也分別提議使用葡萄酒、薑與鹽巴治療。然而這些療法都未經過謹慎測試，所以壞血病依舊猖獗。由於缺乏證據，一個醫生的古怪解方是否被採用，就取決於他的地位與自信。水手繼續大量死亡。

後來在一七四七年，一個名叫林德（James Lind）的三十一歲船醫進行了一項非凡的實驗。英國戰艦「薩利斯布里號」（Salisbury）出海數個月後，多數船員都得了壞血病。林德決定對十二名病情較重且「狀態盡可能相似」的水兵試用不同的療法。他採用其他人的理論，並找到方法加以測試。林德的隨機試驗共測試六種療法，每種療法分別對兩名水兵實施。第一組喝一公升蘋果酒，第二組喝四毫升硫酸（俗話說「硫酸治百病」），第三組喝八十毫升的醋。如果後面那兩種療法還不夠可怕，第四組被迫喝下兩百五十毫升海水，第五組則要吃一種肉豆蔻、大蒜、芥末籽、辣根、祕魯香膠及沒藥的混合物。第六組收到兩顆柳橙與一顆檸檬。除了療法以外，所有患者的飲食都相同，也安置在船上的同一個區域。[5]

實驗結果很快就展現出來。林德描述「最迅速且顯著的效果來自使用柳橙與檸檬」，有效到讓其中一個食用柑橘類水果的患者不到一週就可以返回工作崗位。相反的，喝下硫酸、醋與海水的患者情況並沒有改善。硫酸是英國海軍治療壞血病的主要療法，所以這個發現很重要。

結果很明顯，但是任何研究者都知道，令人信服的結果並不會立刻讓決策者改變心意。林德花了六年詳細描寫這些結果並納入《壞血病專論》（*A Treatise of the Scurvy*）一書，並將這本四百五十六頁的著作獻給在遠征行動中失去九成船員的安森准將。可惜的是，儘管林德的實驗結果很精準，他對柑橘類何以會有效的理論說明卻是胡言亂語。[6]這部專論出版之後長期受到忽視。

接下來的數十年，壞血病仍舊是長程航海最大的風險。當時英國政府考慮進行的航海計畫中，最長的航程就是到澳洲。壞血病在兩、三個月內就會出現症狀，而航行到澳洲需要六到十二個月。

幸好庫克（James Cook）一七六八至七一年的探索與菲利普（Arthur Phillip）的第一艦隊在一七八七至八八年間的航行，都碰巧找到了抑制壞血病的方法。庫克讓他的船員食用德式酸菜、麥芽酒與檸檬汁，並且要求每兩到三個月靠港一次，以補給新鮮食物。他誤以為預防壞血病的主要是德式酸菜和麥芽酒，不過回到倫敦的時候沒有任何水手死於壞血病。[7]菲利普的遠征隊和庫克一樣，誤以為德式酸菜與麥芽酒可以防止壞血病。[8]不過第一艦隊的乘客由於旅途中經常靠岸而免於遭到壞血病大肆襲擊。那些囚犯離開英國之前，在樸茨茅斯吃了新鮮食物，航行途中也在特內里費島、里約熱內盧及好望角做了一樣的事。即便如此，壞血病仍然威脅著這趟航行。一七八八年一月二十六日，菲利普在傑克森港升起英國國旗後於日記中寫道：「壞血病開始嚴重肆虐，導致醫院帳篷普遍充滿患者。」[9]

庫克與菲利普很幸運，但是壞血病在第二艦隊（一七八九—九〇年）捲土重來，致死率將近三分之一。

後來在一七九〇年代，林德的追隨者布雷恩（Gilbert Blane）醫師成功讓高階海軍軍官相信柳橙與檸檬能預防壞血病。[10] 一七九五年——林德發現此事之後過了將近五十年——檸檬汁開始應要求發放，到一七九九年便納入標準伙食中。[11] 一八〇〇年代初期，英國海軍水兵每年飲用的檸檬汁達二十萬公升。[12]

英國人或許很慢才採納林德的發現，但是他們治癒壞血病的速度比英國主要的海軍對手快很多。消滅壞血病是一項關鍵因素，英國海軍因而得以在艦隊總司令納爾遜勛爵（Lord Nelson）指揮下持續對法國進行海上封鎖，最終擊敗陣容更龐大卻充斥壞血病的法西聯合艦隊，贏得一八〇五年的特拉法加戰役。有別於六十年前的安森准將，納爾遜勛爵毋須在船員飽受壞血病摧殘的狀態下作戰。

在風帆時代，有十六萬多名囚犯及更多的自由移民成功抵達澳洲。若不是林德找出預防壞血病的方法，那些移民——也就是今日澳洲人的祖先——會有許多死在海上。事實上，如果進行那場壞血病隨機試驗的是其他殖民強權，澳洲的國語也許會是法語、荷蘭語或葡萄牙語。

◆

你或許會覺得有些事情太明顯了，不需要用隨機試驗證明。

- 如果你有背痛的症狀，照X光能幫忙找出問題。
- 想要防止少女懷孕，應該請她們照顧一下設定成無時無刻都需要人關注的嬰兒娃娃。
- 課後活動對於苦惱不安的青少年幫助很大。
- 小額信用能解決世界的貧窮問題。
- 如果希望開發中國家的人民睡在蚊帳當中以預防蟲媒傳染病，那就不要直接發蚊帳給他們，要叫他們花錢買，這樣他們才會珍惜蚊帳。

這些陳述每一條似乎都很合理，對吧？很遺憾，這五個說法都完全錯誤。X光對非特定的背痛沒有幫助。女孩照顧模擬嬰兒一週後，成為少女媽媽的機率加倍。[13]許多課後活動並未產生明顯的影響。嚴謹的小額信用研究發現，小額信用造成的影響很小。分發免費蚊帳能大幅提高採用率。

有時候，隨機試驗的確會證實傳統觀念——但這種試驗真正的價值展現在它們令人感到驚訝的時候。和做大量實驗的人聊聊，你會發現關於直覺對我們的幫助，他們都抱持懷疑態度。在我們這個複雜的世界裡，進行隨機試驗的人最令我欽佩的其中一個地方，就是他們在對世界的瞭解方面，表現得很謙虛。許多人體現了愛因斯坦的哲學，他曾說過：「我學到的東西愈多，就愈明白自己不知道的事物多得很。」承認我們可以利用自己的失敗，讓下一次有所改善，這種態度稱為「成長心向」。[14]與它相反的是「固定心向」；我們在這種心態下會害怕挫折，因為我們把自己的天資與才能視為靜態的。具有成長心向的人知道我們可以隨著時間愈變愈聰明，只要我們努力去學習哪些事可行，哪些不可行。

一如林德，這些「隨機分子」——這是諾貝爾獎得主迪頓（Angus Deaton）以前給他們的稱呼[15]——都有一種獨立傾向。網景公司（Netscape）前執行長巴克斯戴爾（Jim Barksdale）就喜歡對手下員工開玩笑說：「如果我們有資料，那就看資料；如果我們只有意見，那就照我的意見做。」隨機分子知道，若不使用精確證據，替代選項通常是聽從HiPPO（意思是「最高薪者的意見」，Highest Paid Person's Opinion的縮寫）。在非洲大陸，河馬（hippo）是最危險的大型動物；HiPPO也可能同樣危險。隨機試驗可以拯救生命，把直覺擺在事實之前則可能會致命。

今日，許多研究者基於各種意想不到的目的進行隨機試驗。荷蘭的研究者隨機指派小學生參與國內一個頂尖足球隊舉辦的運動課程，想知道這是否能讓他們在數學與閱讀方面有更好的表現（結果沒有）。[16] 華盛頓特區有研究者隨機為一些家庭訂閱《華盛頓郵報》，想知道閱讀該報對他們的政治觀點有何影響（他們投票給民主黨的傾向提高）。[17] 一項法國的實驗發現，弱勢學生如果贏得寄宿學校的入學資格，考試成績也會大幅提升。[18] 一個經濟學家團隊在印度用一項隨機試驗來測試較好的爐灶是否能夠透過降低室內空汙而改善民眾的健康（效果是暫時的，只持續了一年左右）。[19] 在衣索比亞，一項隨機試驗想知道民眾獲得血汗工廠的工作是否能改善他們的生活（多數人做不到幾個月就辭職了）。[20] 在美國奧勒岡州，有試驗比較不良少年是在寄養家庭還是集體收容比較好（寄養家庭似乎比較好，尤其是對女孩來說）。[21]

無論你喜不喜歡，隨機試驗已經存在於你的生活當中。在大多數的先進國家，除非藥物經過隨機評估，否則政府不會給付藥物費用。世上最精明的援助機構逐漸開始會先尋找相同程度的證據，再分配資金到各項計畫。你今天有上網嗎？恭喜，你八成已經參與了好幾項隨機試驗。Netflix、亞馬遜、Google都持續利用實驗來優化自己的網站。

隨機試驗擁有讓人感到意外的力量。一九七八年有一部紀錄片在美國上映，片中背景是一座紐澤西州的監獄。這部《恐嚇從善》（*Scared Straight*）由當時還很年輕的知名演員丹尼・葛洛佛（Danny Glover）擔任旁白，把一群少年犯帶去和冷酷心腸的罪犯面對面。那些青少年聽了言語粗暴的囚犯形容獄中生活，應該要被「嚇」得從此以後循規蹈矩。在某一幕，那群年輕人被命令脫掉鞋子，以體驗個人財物被奪走的感覺。其中一個囚犯咆哮說：「你們要是敢碰這些鞋子，我就把你屁股踢爛。」

《恐嚇從善》不僅得到一座奧斯卡金像獎，也驅使全美各地的決策者制定「恐嚇從善」計畫。通常這些決策者的證據來源都是奇聞軼事。有時候他們會拿出品質低劣的評估報告，其內容是把計畫參與者和拒絕參加的青少年拿來比較。這些研究認為恐嚇從善計畫減少了犯罪活動，最多達一半。[22]

如果決策者聽過更謹慎的評估，態度可能會多一點懷疑。早在一九七八年，犯罪學家芬肯諾爾（James Finckenauer）就進行了第一項針對恐嚇從善計畫的隨機評量。[23]「證據顯示，參與計畫的孩子犯罪風險高過沒有參與的孩子。」[24]正如研究者常說的：「奇聞軼事加起來並不等於資料。」

許多人忽視了芬肯諾爾的隨機研究，但是長期下來，更進一步的嚴謹研究都得到同樣的結論。二〇〇二年，非營利的坎貝爾協作組織（Campbell Collaboration）發布了一篇針對研究證據的全面考察報告。[25]這篇報告指出恐嚇從善計畫並未減少犯罪，反而讓犯罪增加了多達四分之一。此外，一些年輕的參與者說獄囚會偷他們的東西，並且向他們求歡。

恐嚇從善計畫就像魔鬼終結者一樣，相當難以去除。二〇一一年，A&E頻道播出一個名為《現身說法》（*Beyond Scared Straight*）的電視節目，延續了恐嚇從善計畫有用的迷思。

人類都喜歡好故事。但是統計資料能幫助我們分辨事實與童話之間的差異。恐嚇從善是很美好的故事，但它的核心是一個迷思。然而故事通常比枯燥乏味的證據更吸引人，所以政府過了幾十年才終止計畫。

◆

傳統觀念被隨機試驗顛覆的另一個例子，是弱勢青年的職業訓練。一九八〇年代中期，美國政府請人針對職業訓練課程進行一項大規模隨機試驗。實驗結果顯示，參與職訓課程的青年在隨後三年的收入少於沒有接受訓練的人。[26]其他隨機試驗則指出職業訓練雖然沒有壞處，卻也沒有帶來什麼好處。[27]

這些發現令人沮喪，但是也促使研究者研究其他能幫助弱勢青年的方法。芝加哥的一所「家長學院」付錢給家長參加幼教專家的工作坊，提升了白人與西班牙裔學生的表現（但是對黑人學生沒有影響）。[28]弱勢高中生的輔導課程有助於降低缺席率（但是對學業表現的助益較少）。[29]發送樂觀正向的簡訊給成人教育的學生，使退學率降低了三分之一。[30]

評估一項政策也就是問：「有用嗎？」難題在於我們得要知道如果計畫沒有施行，事情會是怎樣。我們彷彿正在進入科幻小說世界（請下小調音樂），需要知道從未發生過的事。

在電影《雙面情人》（*Sliding Doors*）中，我們觀看葛妮絲．派特蘿（Gwyneth Paltrow）飾演的海倫人生如何進展，一切取決於她有沒有趕上某班火車。其中一個情節是她趕上了火車，發現男友和另一個女人上床，於是甩了男友並開設自己的公關公司。另一個情節是海倫錯過了火車，在街上被人搶劫，而且在兩個收入微薄的工作之間兩頭燒，完全沒有察覺男友不忠。《雙面情人》之所以是一部有趣的電影，原因在於我們兩種發展都能看到，就像重新閱讀一本「多重結局冒險」（Choose Your Own Adventure）系列的書。我們能看見經濟學家所謂的「反事實」，也就是沒有踏上的那條路。

在現實生活中，我們無法真正見到反事實，但有時候事情非常明顯。如果你想知道在校內抽獎被抽中的感覺有多棒，只需要比較那個幸運兒和其他人臉上的表情。如果你想知道下雹暴對汽車有什麼影響，只需要比較在郊區被雹暴打到的車輛，以及在市區某處逃過雹暴的車輛。

不過有時候反事實沒這麼明顯。假設你頭痛欲裂，決定吃止痛藥上床睡覺。如果你早上醒來頭不痛了，把全部功勞歸給止痛藥並不明智。也許頭痛本來就會自己好。或許吃藥這個**舉動**就已經夠了，也就是安慰劑效應。當你瞭解到我們處於低潮時偶爾會尋求幫助，問題又會變得更加難解。多數病患都會自行痊癒，所以你若想知道看醫生的效果，把反事實設想成你會流一輩子的鼻水就顯得很荒謬。同樣的，多數的失業者最後還是會找到工作，所以你若想知道職業訓練的效用，假設沒有參與職訓就會永遠失業也是錯的。[31]

研究者花費多年思考有什麼最好的方法能提供可靠的比較組，但是他們不斷回頭採用的標竿還是隨機試驗。隨機把參與者分成兩組，一組接受處理，另一組沒有——沒有比這更好的方法能查知反事實。

在實務上，可以透過抽籤、丟硬幣或使用亂數產生器，將參與者隨機分組。假設我們請世界上每個人丟一枚硬幣，最後會有將近四十億人在正面組，將近四十億人在反面組。在能輕易計量的事物上，這兩組都可以做比較。舉例來說，兩組當中男人、富豪與移民的人數會很相近。這兩個組別在一些無法計量的方面也會很相似。每一組都有數量相當的人罹患尚未診斷出來的腦癌，也有數量相當的人明天彩券會中獎。現在想像我們請正面組當天晚上多睡一小時，然後在隔天晚上對所有人進行問卷調查，請大家為自己對人生的滿意程度打分數，範圍從一分到十分。如果我們發現正面組比反面組快樂的話，推斷多睡一點有助於消除鬱悶就會很合理。

隨機試驗的美好之處在於它能避開一些或許會干擾到觀察分析的問題。假設我告訴你，研究調查通常顯示睡比較久的人比較快樂。你也許會理性地回答說那是因為快樂帶來更多睡眠——脾氣好的人通常比較早上床。或者你也許會主張快樂與睡眠都是另一件事的產物，像是處於穩定的關係中。總之，觀察研究總能用一句古老的評論反駁：相關並不代表有因果關係。

會引發誤導的相關性，在我們周圍比比皆是。[32]冰淇淋銷量和鯊魚攻擊有關，但那並不代表你就要抵制威比先生冰淇淋。鞋子尺寸和考試成績有關，但是買大人的鞋子給幼稚園小朋友並沒有助益。消耗較多巧克力的國家得到諾貝爾獎的次數較多，但是狂吃吉百利巧克力並不會讓你變成天才。[33]

相較之下，隨機試驗利用機率的力量來分派組別。正因如此，農夫運用隨機試驗來評估種子與肥料的品質；醫學研究人員使用隨機試驗來測試新藥。大多數情況下，隨機試驗提供的證據更有力、更明瞭。試驗結果不僅更禁得起詳細檢視，也更容易對一般人解說。一名社會研究者在回憶學習隨機指派的情形時說：「這種新技巧的力量讓我折服。相關性的迷霧使得因果關係的推論充滿危險，而隨機試驗能穿透這層迷霧……我一直覺得這個驚人的事實很不可思議。」[34] 隨機試驗還是有其極限，我會在第十一章探討，但是在絕大多數情況下，我們做的隨機試驗實在太少，而非太多。

迪頓使用「隨機分子」一詞，並不是要表達讚美。他認為在自己研究的發展經濟學領域，隨機試驗被用來回答非常不適合用它們來回答的問題。俗話說在拿著鎚子的人眼中，任何東西看起來都像釘子。在發展經濟學中，迪頓覺得他的同僚用隨機測試來打擊太多問題了。[35]

確實，並非每一種干預都可以或者應該進行隨機處理。《英國醫學期刊》（*British Medical Journal*）有一篇著名的文章，作者在文獻資料中搜尋針對降落傘效力所做的隨機試驗。[36] 沒有找到結果的研究者（開玩笑地）斷定：「降落傘顯著的保護作用可能只是『健康夥伴』效應的一個例子……降落傘受到廣泛使用，也許只是醫生執迷於預防疾病的另一個例子。」這篇文章的批評用語和其他領域那些批評非隨機研究的說法很類似，藉此指出什麼都要隨機試驗，是很荒謬的事。

這個降落傘研究被隨機評估的批評者大量引用。然而最後也導致各界廣泛進行降落傘的效果與安全性實驗。美國陸軍使用碰撞人偶來測試高空與低空跳傘的撞擊情形，也有軍人進行隨機降落傘實驗來改善裝備與技術。[37]有一項在喬治亞州班寧堡做的隨機研究，目的是降低扭傷腳踝的機率，這是最常見的跳傘傷害。這項實驗指出，穿戴護踝能把傘兵扭傷腳踝的機率降低到原來的六分之一。[38]

在其他一些情況下，完全取消處理方式是錯誤的；這類情況也毋須進行隨機試驗。手術時不打止痛藥會很荒謬，但是麻醉科醫師卻經常做隨機試驗來知道哪種止痛藥效果最好。制定財經政策時，沒有一個明智的政府會忽視即將發生的經濟衰退，但有可能會按照隨機的時間表，適度發放家庭補助金，最後我們會知道有多少錢花掉了。[39]隨機試驗中的對照組並非什麼都沒有。在很多情況下，對照組可能會得到替代對策，或者比較晚得到同樣的對策。有時候隨機試驗最適合用來調整已經實施的對策，有時候則可以用來處理最大的問題，像是如何避免災害。

有人說隨機試驗不道德，這並非隨機試驗唯一遭到的指控。抨擊者也主張，隨機試驗的範圍太狹小、費用太高、速度太慢。然而，這些雖是重大的困難，但並非致命的缺點。無可否認，精確研究或許範圍狹窄，但這正提醒我們應該謹慎解讀結果。舉例來說，如果某種藥物對女性有效，我們不應假設這種藥一定對男性有效。[40]從規模來說，有些研究確實可能花費數百萬並且耗時數十年。但是最近出現很多又快又便宜的隨機測試。公司行號愈來愈常利用試驗來調整做法，政府單位則使用行政資料來進行費用低廉的實驗。

◆

鋼溪谷的居民歐尼爾說，大火撲向他時，「聲音就像有十列或二十列蒸汽火車」。天空變成紅色、黑色與紫色。他對著孩子大叫，要他們進屋裡，然後他們趴在地上，用溼毛巾摀住臉，以阻擋濃煙。餘燼打到窗戶上。歐尼爾說當時的情況「彷彿身在一臺正在脫水而且充滿火焰的洗衣機裡」。[41]

歐尼爾和他的家人經歷過「黑色星期六」，那是澳洲史上最嚴重的火災。二〇〇九年二月，維多利亞州在持續乾旱十年後，遭遇一股極度強烈的夏季熱浪。溫度創下紀錄新高，風又強又乾燥。後來有專家指出，這些條件創造出一個炙熱非凡的煉獄。火焰最高達一百公尺，大火溫度可達攝氏一千二百度。鋁製的路牌融化，鋖樹產生的尤加利油點燃樹冠，形成「火球」——這一團團的易燃氣體會噴到火災前沿的前方，最遠達三十公里。

大火產生自己的大氣條件，對流柱創造出一場內部雷暴。宛如一頭憤怒的野獸，大火冒出閃電，燃起新的火焰。一名消防員說：「這玩意兒很龐大，超級龐大……充滿餘燼、灰、燃燒的材料。這玩意兒絕對充滿活力。」[42]這場火災釋放出的總能量相當於一千五百次廣島原爆。

在穆林丁迪風景保護區，一組消防員遇到十九個受到驚嚇的露營客，但是沒能在大火切斷出口道路前將他們撤離。他們把露營客集合起來，用消防車載到附近的河裡。接下來的九十分鐘，大火在周圍肆虐，而他們就在消防車車頂灑水。[43]

黑色星期六火災結束時，奪走了一百七十三條人命，燒毀了幾千棟房屋。負責檢討這場災難及其後果的皇家委員會建議，應該做更多實驗來瞭解極端條件下火災難以預測的行為。

在坎培拉市郊的亞拉倫拉，澳洲聯邦科學工業研究組織（CSIRO）研究員蘇利文（Andrew Sullivan）站在一座二十五公尺長的風洞前面。風洞的一頭是大小如同噴射引擎的電風扇，一秒鐘可吸入的空氣量相當於一座小型泳池的容量。另一頭是用玻璃牆圍住的空間。「這就是我們點火的地方，」他對我說。他告訴我這一區稱為「高溫器」，我想起了《X戰警》中的角色。

高溫器在黑色星期六林火發生的前一年啟用，蘇利文和他的團隊在這裡進行林火行為實驗。是什麼令某些樹種燃燒得比其他樹種更快？要怎麼看出火災結合，形成一條新的火災前沿？使用粉狀火焰抑制劑的效果跟單純灑水比起來怎麼樣？蘇利文指出，如果研究人員沒有用隨機方式進行他們的實驗，很可能一下就誤入歧途。一如為了拿到生火徽章而練習的童子軍，花上一整天在高溫器裡放火的科學家應該也會愈做愈熟練。所以如果研究人員必須在每一個實驗中逐次調高風量，他們最後可能會覺得自己在研究氣流，但其實他們是在測量條件較完善的火災會造成什麼影響。隨機安排實驗順序的話，科學家比較有可能揭開真相。

在應對氣候變遷的努力當中，以隨機方式安排的火災實驗也是很重要的一環。全球將近四分之一的溫室氣體排放來自火災，所以減少林火排放的碳，可能是對付氣候變遷的划算方法。蘇利文和其他研究人員在高溫器中做的實驗發現，低強度火災排放的二氧化碳和一氧化碳都比較少，這意味執行引火回燒可能是減少溫室氣體排放的一個有效方式。[44]

隨機化的火災實驗不只在安全的高溫器裡進行。澳洲最傑出的林火研究者之一麥克阿瑟（Alan McArthur）在一九五〇到六〇年代間點燃過一千二百多場實驗性火災，並加以觀察。麥克阿瑟的火災中，有許多是在坎培拉的黑山點燃的，這裡離高溫器不遠。對於林火燒過草原、尤加利樹林及松樹種植場的速度有多快，這些實驗提供了關鍵的資訊。對消防員來說，麥克阿瑟的研究指出了在丘陵地上滅火的風險，因為火在上坡時移動的速度比在平地上還快。

對普羅大眾而言，麥克阿瑟的功績是做出第一套火災風險分級系統。這套系統把天氣資料轉化成易懂的風險等級，共分為五級。[45]在澳洲容易出現林火的地區，現在都見得到分級標誌立在路邊。黑色星期六大火過後，分級系統多加了第六級：「災難性」等級。透過進行隨機實驗，麥克阿瑟想出了一個直截了當的方法，將複雜的天氣資料轉化成簡明的火災風險指數。

◆

一七六九年，也就是林德的壞血病隨機試驗公開後十六年，一個名叫史塔克（William Stark）的外科醫師決定用自己做實驗，以找出不同食物對壞血病造成的影響。[46]起初他連續一個月只吃麵包及喝水，然後開始加入其他食物，一次加一種，包含橄欖油、牛奶、鵝肉及牛肉。實驗進行兩個月後，他得了壞血病。史塔克持續詳細記錄自己的飲食與病況，同時添加更多種食物，包括牛油、無花果和小牛肉。實驗進行七個月後，他死了，得年二十九歲。史塔克有考慮在飲食中加入新鮮水果及綠色蔬菜，但當時還處於添加培根與乳酪的階段。

史塔克被形容為歷史上的「營養學烈士」。[47]然而他如果先讀過林德的專論，也許就不用承受嚴重的疼痛，更不會英年早逝。林德的例子不只提醒我們進行高品質評估具有的價值，同時也提醒我們確實根據評估結果來行動的重要性。

2 從放血到假手術

我站在一間閃亮潔白的手術室裡，頭一次參觀手術過程。手術檯上是一名七十一歲的患者，準備置換髖關節。手術室裡有幾個護理師、一個麻醉科醫師、一個人工髖關節製造商的代表，還有一個觀摩醫師。在這些人中央，墨爾本外科醫師鍾彼得（Peter Choong）拿手術刀小心將女患者的髖部切開。音響播放著輕音樂，手術室裡的氣氛再平靜不過。這種手術很常見，而且團隊成員彼此熟識。

切出第一道切口後，彼得放下手術刀，拿起一把雙極電刀。現在他在電燒患者的肉，而不是用切的；這種技術可以減少出血並加速復原。手術室裡有烤肉的氣味。彼得又拿回手術刀，幾分鐘後便深入髖關節。為了把髖關節清乾淨，他用上一種很像電鑽的設備。鑽頭是一顆乒乓球大小的金屬球，表面粗糙，用來把髖臼磨到平滑無比。他把機器抽出來時，球上沾滿了骨頭和血。我不只一次慶幸自己早餐吃得很清淡了。

現代外科手術是一種包含體力、科技與團隊合作的奇特結合。彼得上一刻還在揮著錘子或取出膝關節，下一刻就在安裝人工關節，看著電腦螢幕上的十字瞄準線精確標示出安裝角度。骨泥調製時，手術室裡一片緊張。兩種材料一調好，就有一名護理師開始報時：「三十秒……一分鐘……一分三十秒。」到了四分鐘時，骨泥已經注入患者體內。五分鐘時，人工關節已經安置好。在場的人都知道十分鐘時骨泥就變硬了，到那時若要改變人工關節的角度，只能把骨頭裡面已經硬化的骨泥削掉。

在手術室裡，發號施令的人是主刀醫師。然而，經驗豐富的彼得卻出人意料地願意承認自己不懂的地方。髖部手術是從前面（前外側）還是後面（後外側）進行比較好？我們該不該鼓勵肥胖的患者先接受胃綁帶手術，再動膝蓋手術？患者置換關節之後，我們應該多早讓他們下床？抗菌劑是用碘最好，還是比較便宜的氯己定也一樣有效？

接下來幾年內，彼得希望能一一解答這些問題。他的主要工具是：隨機試驗。數年前他曾帶領一個團隊進行一項隨機試驗，測試全膝關節置換手術是以傳統方式進行比較好，還是透過電腦引導來輔助置放植入物比較好。[1]一百一十五名患者的研究結果顯示，電腦輔助讓人工關節更能精準安置，患者的生活品質也比較高。在其他研究中，他則隨機測試了特定的外科手術方法，以及術後的疼痛管理策略。[2]

鍾彼得最受爭議的地方在於，他大力支持評估外科手術的成效要有接受「安慰型手術」的對照組。以對照組的患者來說，這通常意味著醫師切出一道切口，然後直接縫合。

安慰型手術又稱為「假手術」，當研究者不確定某種手術是否能幫助病患的時候會用這個方法。在一項知名的研究中，外科醫師測試了膝蓋微創手術對骨關節炎患者有沒有幫助。[3]當時這種手術每年在全世界施行百萬次以上，但是有部分外科醫師對它的效果存疑。於是在一九九〇年代後期，休士頓有一群外科醫師做了一項實驗，對部分患者進行微創手術，其他患者則只是膝蓋被切一刀。外科醫師只有在進入手術室之後，助手才會交給他們一個信封，告訴他們這次手術是真的還是假的。由於患者接受局部麻醉，所以醫師會確保患者在手術室的時間和真正的手術一樣長，還會用開真刀時的做法處理患者的膝蓋。兩年後，接受假手術的患者的疼痛程度與膝蓋功能，與真正動過手術的患者一樣。

假手術的做法始於一九五九年，當時西雅圖有一群醫師對一種治療胸痛的方法產生懷疑；這種療法是在胸部動脈打上小小的結。[4]他們隨機在八名患者身上做實驗，而在另外九名患者身上僅僅切開胸部。研究結果顯示該療法沒有造成任何影響，於是這種手術在幾年內就逐漸淘汰了。

近年的假手術顯示，在脊椎裂縫中注入骨泥（稱為「椎體成型術」）的骨質疏鬆症患者，與對照組之間並沒有任何差異。[5]甚至神經外科醫師也施行過假手術，發現注射胎兒細胞到帕金森氏症患者腦中，並不會比安慰療法有效；在安慰療法中，患者顱骨側面會被鑽一個小孔。[6]

最驚人的假手術結果出現在二〇一三年。發現膝蓋手術對年長的骨關節炎患者沒有幫助之後，一個芬蘭團隊開始想知道治療半月板撕裂的膝蓋手術是不是也這樣（半月板是一塊軟骨，在股骨與脛骨之間提供緩衝）。他們的隨機實驗顯示，在中年患者當中，治療半月板撕裂的手術效果並沒有比假手術好。[7]這種稱為「半月板切除術」的手術每年在全世界施行數百萬次，是澳洲與美國等國家最常見的骨科手術。[8]有部分外科醫師承認這項發現極其重要，但也有一些人無法接受。[9]《關節鏡》（*Arthroscopy*）期刊的一篇評論抨擊假手術隨機試驗「荒唐」。該期刊的編輯群甚至認為沒有「頭腦正常的患者」會接受假手術，所以試驗結果「無法廣泛套用在精神健康的患者身上」。[10]

然而假手術的重要性不斷增長，因為世人瞭解到安慰劑效應在手術上的影響力大概比其他醫療領域都還要大。最近有一份針對五十三項假手術試驗做的調查發現，真手術效果大於安慰型手術的比例只有四成九，但是有七成四的患者對安慰型手術出現良好反應。[11]也就是說，四分之三的患者覺得手術改善了他們的病情，儘管接受評估的手術中，有一半的效果不如預期。這個調查結果意味著每年有數百萬人接受能讓他們覺得病況改善的手術——然而他們做的如果是安慰型手術，感覺也會一樣好。

假手術會有這麼大的安慰劑效應，大概是因為手術比其他的醫療手段更具侵入性，以及外科醫師的地位特別高。有一個笑話就說到大家在天堂的餐廳排隊等候時，有個身穿白袍的男子插隊拿走了所有食物。「那是誰？」一個人問。「是上帝，」另一個人回答，「他自以為是外科醫師。」[12]不過，假手術試驗的結果證明了外科醫師並非絕對正確。近半數以這種方式評估過的手術中，外科醫師也可以一開始就問患者：「你想要接受完整的手術，還是我們把你切開、放幾首輕音樂，然後再幫你縫合就好？」

倫理問題一直都會是假手術面臨的主要爭議。在一九九〇年代，有一份外科研究指引直接聲明「假手術在倫理上是站不住腳的」。[13]為了解決這點，研究者大費周章要確保患者瞭解狀況。在休士頓的膝蓋手術試驗中，患者被要求在自己的病歷上寫下：「我瞭解我參與這項研究時，可能只會接受安慰型手術。我也瞭解這代表我的膝蓋關節可能不會動到手術。這個安慰型手術對我的膝蓋骨關節炎不會有幫助。」外科醫師對每個患者說明，要做隨機試驗是因為世界上的重要專家確實不知道手術是否真的有效，這種情況稱為「臨床均衡」。因為我們不確定手術的成果，所以接受假手術的患者其實有可能復原得比接受真手術的患者還要好。

儘管有鍾彼得等外科醫師鼓吹，假手術仍處於初期階段。一項針對雪梨多家醫院骨科手術所做的研究發現，這些手術當中只有大約三分之一有隨機試驗的佐證。[14]雪梨的外科醫師哈里斯（Ian Harris）指出，有時候患者會認為積極的醫師很積極，保守的醫師很膽小。但是，「如果不要只看表面，常常會發現積極的醫師成果並不好……不利用手術治療患者比較困難，而且很可能更需要勇氣。」[15]哈里斯說，積極的外科醫師比較少遭人批評與控告，而且酬勞多很多。

匹茲堡的骨外科醫師克里斯托佛瑞提（John Christoforetti）描述說，隨機試驗的證據讓他建議一名患者不要動膝蓋手術治療半月板撕裂，對方的回應是上網留給他一顆星評價和難聽的評語。那名患者堅信自己需要開刀。「我大部分的同事，」克里斯托佛瑞提表示，「他們都會說：『你啊，別自找麻煩了，就動手術吧。我們不會因為你開刀而不爽，你的戶頭也不會因為你開刀而不爽。你就開下去吧。』」[16]有時候忽視證據比採信證據還要容易。

《聖經》的〈但以理書〉中有一個古早醫療實驗的故事。尼布甲尼撒王想勸但以理和其他三個猶大來的年輕人享用王室佳餚;但以理說他們希望吃素,得到的回覆是他們可能會營養不良。為了解決這件事,國王同意讓那四個年輕人吃素十天,然後和吃王室餐點的年輕人比較。實驗最後,但以理和三個同伴比其他人健康,所以獲准繼續吃素。

但以理的實驗並非隨機實驗,因為他和同伴選擇擔任實驗組。但是《聖經》中這個二千二百年前的實驗比我們現在偶爾還看得到的「先導研究」更加嚴謹,因為那類研究完全沒有比較組。

接下來的千百年當中,隨機醫療試驗穩定發展。一五四〇年代,法國外科醫師帕雷(Ambroise Paré)在戰場上擔任軍醫,負責照料被火藥灼傷的士兵,這些人的存活機率微乎其微。在此之前數年的米蘭戰役中,帕雷於一座馬廄裡發現三個嚴重灼傷的法國士兵。他在自傳中寫道,一名路過的法國軍人問他有沒有任何方法能治療那三個傷兵。[17] 帕雷說沒有辦法,於是那個軍人冷靜地抽出短刀並割開他們的喉嚨。帕雷說他是「邪惡之人」,對方回答說如果是他自己得承受這種疼痛,他希望有人可以割他的喉嚨,不要讓他「痛苦地死去」。

此刻帕雷要照顧的灼傷士兵遠比那時候還多。有一袋火藥著火引爆,許多法國軍人受了傷。他開始為他們敷上當代的藥物——滾燙的油混合糖蜜。但是後來他沒有熱油了,於是改用一種古老的羅馬藥方：松脂、玫瑰油與蛋白。隔天早上帕雷查看兩組士兵的時候，發現使用熱油的士兵有發燒跡象，而使用松脂（有消毒作用）的士兵則睡得很好。「我下定決心，」他寫道，「絕不殘忍燒燙被槍炮打傷的可憐人。」

以現今的標準來看，帕雷的實驗是有缺陷的。他應該是從灼傷最嚴重的士兵開始治療，再處理傷勢較輕的。這樣的話，可以料想得到那些用油治療的人狀況會比較差，無論藥方本身效果如何。但是帕雷的研究雖然不完美，醫學仍持續朝向更謹慎的分析緩慢發展。在帕雷這個實驗之後再過兩個世紀，林德便在十二名「狀態盡可能相似」的患者身上進行了他的壞血病實驗。

隨機醫學試驗發展到今日的過程中，有一個步驟很重要，那就是醫界注意到患者看過醫生之後可能比較容易康復，或至少回報說他們感覺有改善。一七九九年英國醫師海加斯（John Haygarth）對於一種名叫「柏金斯牽引棒」的庸醫療法大受歡迎而感到挫折。那種牽引棒不過就是兩根金屬棒，抵在患者身上引出危害患者的「有毒電流」。在一項對五名風溼病患者做的實驗中，海加斯證實木棒的成效和柏金斯牽引棒一樣好，於是導出了安慰的概念。[18]

海加斯指出，名醫的治療成果會優於沒有名氣的醫師，安慰是一個原因。他推論說如果權威醫師引發的安慰劑效應較大，即便他們的療法沒有用，患者康復的可能性還是會比較高。權威形象確實也備受當時的醫師重視，儘管他們的療法品質低落。醫師使用的主要療法中，有一個是放血，要用一把特殊刀具切開手臂上的一條血管，但最後只是讓患者更虛弱。[19]到了十九世紀前期，才有醫師對生病的士兵進行放血隨機試驗。結果實驗組的死亡率為二九％，對照組的死亡率為二％。[20]醫學的血腥歷史就留存在這個學科的頂尖期刊《刺胳針》（*The Lancet*）的名字裡。在以證據為基礎的實證醫學出現之前，醫學的基礎是名望。[21]

在十九世紀的維也納，聲望高的醫師實際上造成很多人命損失。[22]當時許多富家女性仍在家中生產，所以維也納綜合醫院服務的大多是下層社會的婦女。這家醫院有兩個產科部門：一邊由產婆負責接生，另一邊則由男性醫師負責。兩邊隔日交替營業，但是醫療成效差異極大。在產婆負責的部門，產婦的死亡率低於二十分之一。在醫師負責的部門，產婦的死亡率為十分之一，是另一邊的兩倍以上。產婦都知道這件事，所以會哀求院方不要把她們送進醫師負責的部門。有些產婦寧願在路邊生產，也不要讓那些醫師接生，因為路邊生產的存活率比較高。

管理紀錄的醫師塞麥爾維斯（Ignaz Semmelweis）覺得這樣的結果令人困惑。兩個部門隔日交替接收患者，所以患者的健康狀態應該相似才對。沒錯，維也納綜合醫院幾乎就像是規劃了一項隨機試驗，以測試兩個部門的成效——結果發現醫師造成的傷害比幫助更多。塞麥爾維斯努力想揭開這個現象的成因，他先是注意到產婆接生的時候是讓產婦側躺，而醫師接生的時候則是讓產婦平躺。然而醫師改讓產婦側躺後，情況並未改善。然後他又注意到有嬰兒死去時，神父會搖著鈴走過病房；他推論這個舉動可能會令其他母親害怕。可是神父不拿搖鈴後，也沒有影響。

後來塞麥爾維斯有一個朋友在解剖驗屍時被一個學生的手術刀戳傷，結果去世了。塞麥爾維斯注意到他朋友的症狀和許多死去的產婦相似，所以推斷醫師可能讓產婦感染到「屍體顆粒」，導致她們罹患產褥熱而死亡。此後他堅持醫師必須用含氯的水洗手，結果死亡率大幅降低。讓維也納的醫師接生會變得比在路邊生產安全，只能歸功於塞麥爾維斯與一場意外的隨機試驗。

然而一如林德的發現，塞麥爾維斯的洗手主張也遭到許多當時的醫學專家抗拒。[23]那時候病菌學說尚未發展出來。許多醫師覺得塞麥爾維斯說他們那些紳士的雙手不乾淨，是在侮辱他們，還暗指他們感染了自己的患者。塞麥爾維斯離開維也納綜合醫院後，醫師也停止用氯水洗手了。

十九世紀中期，醫學有很大一部分依然極度不科學。一八六〇年，老霍姆斯（Oliver

Wendell Holmes Sr.）醫師在麻州醫學協會演講時說：「我堅信現在使用的整套藥物學（materia medica，指醫學知識）可以全部丟進海底；這樣對人類比較好，對魚就不好了。」[24]歷史學家伍頓（David Wootton）就在他二〇〇六年關於醫學失策史的著作《壞醫學》（*Bad Medicine*）中寫道：「二千四百年來，患者都相信醫生在幫他們；他們錯了二千三百年。」[25]

◆

醫學研究者慢慢開始較少依賴理論，而是多注重經驗實測。十九世紀末時，白喉是發展中世界最危險的傳染病，每年造成數十萬人死亡。[26]為了測試血清療法的效果，丹麥醫師費比格（Johannes Fibiger）設計了一項隨機試驗。[27]一如維也納的產科醫院，費比格為隔日交替進行的療程安排不同的患者。他發現注射血清的患者，死亡機會下降了四分之三。患者對費比格的療法需求太大，於是丹麥政府在一九〇二年成立了國家血清研究所來生產及供應疫苗給該國國民。

接下來的數十年間，隨機醫學試驗日漸普遍。一九三〇年代，研究者提出管理藥物的人如果不知道哪一種是對照藥物、哪一種是實驗藥物的話，研究人員對試驗結果存有偏見的風險就可以大幅降低。患者與執行的醫師都不知道使用何種療法的試驗，後來稱為「雙盲」研究。有一個說法是，這個詞出自老金牌香菸公司為了推銷旗下產品而進行的盲測。[28]

一九四〇年代有一項隨機試驗證實抗生素無法治癒普通感冒。[29]一九五四年的一項試驗對六十萬名美國兒童隨機注射小兒麻痺疫苗或鹽水。[30]結果證實疫苗有效，所以美國兒童於翌年開始全面接種疫苗。一九六〇年代，隨機試驗被用於測試糖尿病藥物與降血壓藥物，以及避孕藥。[31]實證醫學的積極提倡者如費因斯坦（Alvan Feinstein）與薩克特（David Sackett）都主張，民眾應該少關心專家的聲望，多注意專家證據的品質。

實證醫學最著名的提倡者中，有一位是蘇格蘭醫師考科藍（Archie Cochrane），他早期的訓練是在第二次世界大戰期間擔任德軍戰俘營的醫官。在某個營區，考科藍是兩萬名戰俘僅有的醫生。他們每天攝取約六百大卡的熱量（是一般認知中單日最低攝取量的三分之一），全部都有腹瀉現象。傷寒、黃疸經常在營中爆發流行。考科藍請戰俘營的納粹指揮官指派更多醫生時，得到的回覆是：「不行！醫生根本沒必要。」[32]考科藍非常憤怒。

不過久而久之，他的憤怒軟化了。考科藍思考有哪些英軍存活及死亡時，逐漸瞭解到自己的醫學專業沒有什麼幫助。他盡力了，但是他要面對一九四〇年代那些療法的限制。考科藍後來承認，醫生能提供的那一點救助「與人體的恢復力相較之下」，大半是無效的。他照顧肺結核患者時尤其如此；先是在診療所照護他們，然後主持他們的葬禮。（「我後來精通印度教、伊斯蘭教，還有希臘正教的儀式。」）

戰後考科藍寫道：「我當時從未聽過『隨機對照試驗』，但是我知道沒有確切的證據可以證明我們手上能提供的療法對肺結核有效，所以我很擔心自己因為施行不必要的干預而縮短了一些朋友的壽命。」[33]於是考科藍瞭解到當初那個不指派其他醫師的納粹軍官「或許明智、或許殘忍」，但「無疑是正確的」。

閱讀考科藍的回憶錄時，很難不被他的真誠、謙虛和溫柔打動。他打趣地寫道：「淪為戰俘已經夠慘了，但是被我醫到才是慘到不行。」[34]在另一個段落中，他敘述了德國人有天深夜把一個年輕俄國士兵丟進病房的事。那個士兵的肺部嚴重感染；他已經快死了，而且大叫不止。考科藍沒有嗎啡，只有阿斯匹靈，完全無法讓那個俄國人停止喊叫。考科藍不會說俄語，病房中也沒有人會。最後他做了他唯一能做的事。「結果我本能地坐到床上，把他抱進懷裡，他幾乎立刻就停止喊叫了。過了幾個小時，他平靜地死在我懷中。他會哀叫不是因為胸膜炎，而是因為寂寞。那是一次關於照護垂死之人的美好教育。」[35]

在人生的最後幾十年，考科藍呼籲醫學界定期彙整所有意義重大的隨機對照試驗，並依照專業分類。一九九三年，也就是考科藍死後四年，英國研究者查默斯（Iain Chalmers）做到了。他成立的組織起初名叫「考科藍協作組織」（Cochrane Collaboration），現在叫作考科藍組織，這個組織有系統地檢視隨機試驗，讓醫師、患者與決策者能夠取得這些資料。今日，考科藍組織的檢視報告是醫師在遭遇不熟悉的醫學問題時，最先去查詢的地方之一。查默斯也創立了「林德聯盟」(James Lind Alliance)，這個組織為數十種疾病整理出前十大尚未解答的問題，目標是引導未來的研究者去填補那些空缺。

多虧有過去那些醫學隨機分子的努力，現在新藥從研發到上市都必須遵守一套固定流程。一九三〇年代晚期，有一種實驗性藥物造成一百多名美國人死亡，此後大多數國家便下令要先在動物身上做初步安全測試。一般來說，需要測試兩個物種，例如小鼠和狗。[36]如果藥物通過這種測試，就進入臨床試驗階段。第一期測試對人體的安全性，測試對象少於一百人。第二期對數百人測試藥物的功效。第三期則對一大群人測試藥物的有效程度，從數百人到數千人不等，並且與其他藥物做比較。如果藥物通過所有階段上市了，會有上市後試驗來監測它對所有人的影響，並測試罕見的副作用。

成功的機會有多大？美國最近有一項研究發現，如果一開始有十種藥物，其中四種會被第一期試驗淘汰，另外有四種會在第二期試驗中失敗。剩下的兩種藥物中，有一種會過不了第三期試驗，或者被食品與藥物管理局否決。[37]換句話說，十種在實驗室中看起來大有可為的藥物裡面，最後只有一種能順利上市。用於治療癌症和心臟病的藥物，成功上市的機率更低。

每項試驗中接受新藥的人都會與接受假藥的人做比較。「安慰劑」的英文placebo源自拉丁文的placere，意思是「討好」。這個詞反映出人在接受他們認為有效的療法時，可能會產生不同的反應。醫學研究人員在只服用糖球的人當中看到結果出現變化時，就稱之為「安慰劑效應」。

早期的安慰劑效應研究其實誇大了安慰劑的效力，錯把患者的自癒趨勢與安慰劑的影響混為一談。現在的研究者對於安慰劑效應是否真的能幫助人體較快痊癒一事存疑，但它似乎確實會影響到患者自述的效果，例如止痛。[38]若要減輕不適感，安慰劑效應能透過各種驚人的方式發揮作用。舉例來說，注射安慰劑的效應比服用安慰劑藥丸來得大。[39]就連藥片的顏色都能改變患者看待藥效的眼光。多虧有隨機試驗，我們知道如果要減輕憂鬱情形，就要開黃色藥片給患者。[40]要減輕疼痛，就用白色藥丸。要降低焦慮感，就用綠色的。鎮靜劑做成藍色藥丸效果最好，興奮劑做成紅色藥丸最有效。電影《駭客任務》（*The Matrix*）的製作單位顯然懂得這一點，因為他們安排了一個橋段，讓主角在藍藥丸與紅藥丸中擇一吞下。藍藥丸會消除他的記憶，讓他快樂；紅藥丸會讓他看見現實世界有多麼可怕。

若我們只是單純比較有吃藥和沒吃藥的患者，可能會錯把效果全部歸因於藥物中的有效成分。反之，策劃周全的隨機試驗會完全排除安慰劑效應——舉例來說，他們會讓部分患者服用白色糖球，讓其他患者服用相同外表的阿斯匹靈，來比較兩者的疼痛程度。

◆

重度肺氣腫患者過去曾以肺容積縮減手術治療，直到一項隨機試驗證實這種手術會大幅增加死亡風險。[41]神經外科醫師過去慣常會對輕微中風患者施行外頸動脈—內頸動脈繞道術（把一條顱外動脈與一條顱內動脈連結起來）。這種手術有個案研究的支持，但是一項隨機試驗顯示它會產生不良結果。[42]對於腸子陷入疤痕組織的患者，專家過去會偏好用腹腔鏡手術來「拆開」沾黏部位，直到一項隨機測試顯示這種手術不會減輕疼痛，也不會改善生活品質。[43]乙型阻斷劑原先被認為會危害心臟病患者，現在隨機試驗則顯示它可以降低死亡率。[44]

早期的研究指出，停經後使用荷爾蒙療法的婦女，可以降低心血管疾病發生率。進入二十一世紀時，約有九千萬名剛停經的美國婦女接受荷爾蒙療法。後來隨機對照試驗顯示荷爾蒙療法只有負面效果，會提高中風和血管遭到血塊阻塞的風險。[45]對醫生而言，改變他們給患者的建議很不容易。芝加哥醫師邱富（Adam Cifu）形容他的經驗時說：「基本上我必須和婦女一起回顧所有決定。當患者說『但你不是說這樣做才正確』的時候，天啊，真是讓人永生難忘。」[46]

醫學倫理要求研究者若看到危害的跡象，就要停止試驗。到二〇〇〇年代初期為止，注射類固醇來治療嚴重頭部損傷一直是常態。後來格拉斯哥的一項試驗開始隨機安排患者接受類固醇或安慰劑注射。實驗進行到一半，研究者看到注射類固醇的患者死亡率為二一%，比注射安慰劑的十八%高出許多。[47]這些結果的決定性夠強，足以讓他們終止研究並發表報告。現在頭部損傷患者已經不再慣常性地接受類固醇注射。

隨機試驗也幫助醫生提升了篩檢效率。長期以來，醫生遇到原因不明的背痛患者都會安排他們接受電腦斷層掃描、核磁共振造影，甚至X光。近年有隨機試驗顯示這類檢驗的結果對醫生治療疼痛沒有幫助。[48]事實上，被隨機安排照X光的背痛患者，後來自述的疼痛程度比較劇烈，也比較常找醫生回診。[49]

癌症篩檢這個領域更是棘手。如果篩檢都不會出錯的話，當然可以進行普篩，然而篩檢就是好處與壞處都有。在一篇系統性檢視乳癌篩檢隨機測試的報告中，考科藍推斷，「十年間受邀進行乳癌篩檢的所有女性，每二千人中會有一人避免因罹患乳癌而死；會有十人實際上很健康，沒做篩檢的話就不會被診斷為罹患乳癌，因而接受不必要的治療。此外，會有二百多名女性因為篩檢結果是偽陽性而長年遭遇重大的心理困擾，包含焦慮與不確定感。」[50]

「歐洲攝護腺癌篩檢隨機研究」的試驗對象涵蓋荷蘭、比利時、瑞典、芬蘭、義大利、西班牙與瑞士的男性，現在已經可以比較血液篩檢十三年後的死亡率。這項試驗有超過十六萬名男性參與，其中曾經接受攝護腺癌篩檢（一般稱為「PSA篩檢」）的男性死亡率只稍低一些——每七百八十一人中減少一人——所以研究者還不認為他們有足夠的證據能主張應該為所有五十歲以上的男性做攝護腺癌篩檢。[51]

◆

就我本身而言，隨機試驗幫助我形成照顧自己健康的方式。以前我每天吃一顆綜合維他命，後來我讀到一份研究報告，它把所有維他命A、C、E、ß胡蘿蔔素和硒的隨機試驗集合在一起研究。[52]結果顯示對原本就健康的人來說，沒有證據可以證明額外的維生素能延長壽命。真要說的話，食用維生素補充劑的人似乎還比較短命。我不想要英年早逝，就停止服用綜合維他命了。

魚油的情況也一樣。先進國家有好幾百萬人因為一項二〇〇二年的研究而開始服用沙丁魚泥和鯷魚泥提煉成的魚油丸。[53]可是十年後，一份更龐大、更具系統性的隨機研究檢視報告卻指出沒有證據能證實omega-3脂肪酸補充劑可以預防心臟病。[54]所以我也不吃魚油了。

至於其他部分，我每次偶然逛到超市的「草本療法」區，都不禁想起明欽（Tim Minchin）的節拍詩〈風暴〉（Storm）。在這首詩裡面，明欽想像自己在回應一個自然醫學的擁護者：

「從定義來看，」我開始說

「替代醫學，」我繼續說，

「不是尚未證實有效，

就是已經證實無效。

你知道證實有效的『替代醫學』

大家怎麼稱呼嗎？就是『醫學』。」

我喜歡跑步，所以會時時留意運動科學的隨機試驗。讀過隨機試驗報告後，我就改以舒適度為依據來選擇跑鞋，捨棄我已經穿了很多年的「穩定」鞋款。[55] 跑完馬拉松後，我會穿壓力襪，因為有一項澳洲的試驗顯示壓力襪能大幅加快復原速度。[56] 訓練時，我會試著做幾次高強度衝刺，因為有一項隨機試驗指出衝刺訓練帶給心血管的好處比中度運動大五倍。[57]

在家裡，我要幫兒子撕掉ＯＫ繃的時候，都會先提醒他們詹姆斯庫克大學的研究者做過一項隨機試驗發現，迅速撕掉相較於慢慢撕比較不痛。[58]早上喝咖啡時，我會因為隨機試驗的證據顯示咖啡能保護DNA免於斷裂而感到開心。[59]讀過年度健康檢查的研究證據後，我確信健檢不會降低我生病的機率，卻會增加醫療系統的成本。例如在美國，看十次醫生有一次是為了做年度健檢，儘管專家團體建議沒有生病症狀的人不要做檢查。[60]

醫學研究者是隨機試驗最初的先鋒之一。沒錯，我選擇用醫療來揭開這本書，正是因為這個領域比其他許多領域先進很多。現代醫學拯救的性命之多，在人類史上前所未見，其中一個原因就是醫學界願意把藥物拿來與安慰劑或最好的替代方案做比較測試。藥物如果有用，那我們就用；如果沒有用，就回去實驗室。光是在中風與神經系統失調這個領域，現在就有大約五萬名美國人因為最近的隨機測試而存活下來。[61]每出現一種新療法，例如愛滋病藥物、人類乳突病毒疫苗、核磁共振造影、基因檢測等，就代表醫學界拋棄了舊療法，像是放血、胃冷凍、慣例的割包皮，以及扁桃腺切除術。[62]

然而，醫學界還能進行更多隨機試驗來從中獲益。[63]如我們所見，外科的隨機測試仍然相當少，而醫院每年卻在世界各地進行好幾萬次缺乏良好證據支持的手術。外科醫師哈里斯舉出背痛患者的脊椎融合手術為例：現在每年有千分之一的美國人接受這種手術，儘管在隨機測試中，手術的效果並沒有比密集復健好。[64]哈里斯說：「知道得愈多，事情就愈難處理……你基於科學研究而瞭解的真相與大家的作為之間，出現了衝突。」[65]外科醫師暨作家葛文德（Atul Gawande）主張，「無意義的醫療」每年花費數千億美元。[66]每一年都有四分之一的美國人接受已經由隨機試驗證明無效或有害的健檢或治療。[67]一項澳洲研究指出了一百五十幾種儘管不安全或無效，卻普遍受到使用的醫療手段。[68]隨機分子不僅需要產出更多證據，也需要更加努力宣傳他們已經確知的事。

3 減輕劣勢，一次丟一枚硬幣

丹尼爾第一次被媽媽趕出家門的時候是十三歲。[1]他從小與毒品、酒精、家庭失能為伍，而且覺得那樣「很好玩……是大冒險」。他形容他整個青少年時期就是不斷聽到母親反覆說「回家吧」、「滾出去」、「回家吧」。媽媽不要他在家時，丹尼爾就睡在朋友家的沙發上，或者露宿街頭。他說他很快就「不太煩惱自己身在哪裡，只會喝得爛醉，然後躺下」。丹尼爾在酒精之後，又接觸了大麻、藥物和冰毒。他開始對陌生人和家人行竊。因為吸食甲基安非他命的關係，丹尼爾的牙齒缺損，臉上滿是瘡疤。他瘦了二十五公斤。

丹尼爾的弟弟開口勸告的時候，他拿一把彎刀朝弟弟砍去。刀子沒砍到弟弟，這個事件讓丹尼爾終於瞭解到自己的人生有多失控。他停止喝酒與吸毒，找了一個地方住下來，最後也找到一份工作。

赤貧牽涉到的壓力源往往不只一種。丹尼爾的案例便牽涉到犯罪、毒品與失業，再加上教育程度低、朋友極少、健康狀況差。不過他很幸運，因為他在二十一歲時設法取得了幫助。我們要怎麼做，才能幫助已經無家可歸數十年的人？

在墨爾本，聖心宣教團自一九八二年起就與長期街友密切合作。幾年前，該組織提議試辦一項深度個案工作計畫，對象是已經在室外露宿至少一年的人。他們對其他慈善服務合作夥伴提出這個構想時，一位捐獻者力勸他們透過隨機試驗來評估這個計畫。[2]

在社區住居領域工作的強森（Guy Johnson）後來也加入協助，但他起初抱持著相當懷疑的態度。[3]他告訴我，社區服務界的人士「聽到實驗性這個字眼就很不安」，也偏好基於需求來選擇參與者，而不是靠機運。但是漸漸的，隨機分派在強森心目中不僅成了評估該計畫最精確的手段，在決定誰可以得到服務時，更是最公平的方式。

研究團隊在與街友討論對這樣一個實驗的設想時受到提醒：這些人生活中經常出現失去機會的情形。社會福利機構有時會「精選」協助對象，或者拒絕過去不好相處的人。需求複雜的人可能完全沒有機會。機構裡的工作人員知道有人在對他們做外部評量時，可能會挑選「軟目標」來讓自家的方案看起來表現更好。

隨機實驗就不同了。凡是符合基本參與門檻的人，被選入協助方案的機率都相同。這代表每個人一開始都擁有均等的機會。參與者發現自己屬於對照組可能會不高興：有個人的反應是直接罵一聲「去你的」。但是進行研究的人發現大多數街友都瞭解，有一個可靠的比較組是很重要的。強森、蘇．葛瑞格（Sue Grigg）與曾憶萍（Yi-Ping Tseng）這幾位研究者寫道：「我們認為隨機分派並非殘酷不合理的做法；在社會福利計畫中分配位置，以及評估計畫造成的影響時，隨機分派是最公平、公正且透明的方式。」[4]

這項「通往社會包容」實驗是澳洲第一個針對街友輔導計畫做的隨機試驗，持續介入達三年。[5]這項實驗為四十人左右的實驗組提供來自社工的密集支援，一名社工只負責四個個案。這名個案輔導員會幫助他們尋找住處、改善健康情形、與家人重新聯繫，以及接受職業訓練。另外有四十個對照組成員並未得到任何額外幫助。兩個組別的成員同樣每六個月接受一次問卷調查，每次可領三十澳元。

我們對這個計畫會有什麼樣的預期？如果你和我一樣的話，你會希望三年的密集支援能讓所有參與者健康、不沾毒，而且有工作。然而總體來說，計畫的結果並非如此。被隨機選中的「通往社會包容」計畫參與者確實有比較高的機率能找到住處，承受肉體痛苦的機率也比較低，但是該計畫對於減少用藥或改善心理健康並未造成影響。事實上，那些得到密集支持的人更有可能被控犯罪（或許是因為有了固定住處，警方比較容易找到他們）。三年結束之際，實驗組中只有兩個人在職——和對照組一樣多。[6]

雖然這個計畫沒能讓大多數的參與者回歸主流社會，結果令人失望，不過你一旦開始瞭解計畫企圖協助的對象，就不會感到那麼意外了。許多個案在童年時曾經受虐（其中一名參與者的母親會把抗焦慮藥「煩寧」加在孩子的早餐穀片裡）。大多數已經吸毒幾十年，也習慣露宿街頭；極少人完成學業或擁有能夠保持固定工作的技能。如果他們自己有小孩，多半已經被兒福機構帶走。

「通往社會包容」計畫提醒了我們，翻轉最弱勢者的生活水準有多麼困難。如果你已經吸毒數十年，那麼你最好的下場大概就是接受穩定的美沙冬療程。如果你年近五十又沒有證照和工作經歷，那麼尋求穩定的志願工作會比期待固定收入來得實際。如果你的朋友都有犯罪史，那麼你每週要和社工相處超過一天才能建立起社會網路。改變是有可能的，然而比較會是漸進的，而非立刻翻轉。好萊塢電影總愛描寫一夕轉變的故事，但是一個人從深度創傷中復原的軌跡，普遍看來都是進兩步，退一步。

除非我們嚴格評估專門規劃來幫助長期街友的計畫，否則社工、公務員和慈善家這些善心人士有可能會誤以為改變生活狀態很容易。很多針對澳洲街友輔導計畫做的評估，產出的結果都比這個實驗好。但是那些評估的嚴格程度都不若這次，所以它們誇大成果的機率很高。

◆

在洛杉磯，瑪莉瑟拉・昆塔納（Maricela Quintanar）說最大的差別是寧靜。派對音樂、毒品交易的喧鬧，還有槍響都不見了。[7]她對一個記者說，這裡唯一的噪音來自汽車。

當時是一九九七年，二十八歲的瑪莉瑟拉與家人從東城的一棟公宅大樓搬到西城的一戶私人出租公寓。距此五年之前，羅德尼・金恩（Rodney King）遭員警毆打的影片引發暴動，造成五十多人死亡。此刻瑪莉瑟拉一家人參與了一項實驗，測試社會科學中最大的問題之一：居住的社區有多重要？

學者針對貧窮的成因爭吵數十年，辯論金錢、動機、種族等因素的影響。許多人也認為壞的社區讓窮人始終貧窮。如果這是真的，那麼社區與貧窮便關係匪淺，也意味政府應該憂心的不只有社會安全網是否足夠，還有地理問題。

為了協助回答這個問題，美國政府規劃了一項隨機實驗，名叫「朝機會前進」計畫。在巴爾的摩、波士頓、芝加哥、紐約、洛杉磯這五座城市中，住在高度貧窮社區的數千位居民報名參加一項計畫，讓他們有機會搬到比較好的地區。他們被隨機分派到三個組別。第一組領到一張補貼租屋券，並且規定搬到低度貧窮的社區。第二組領到一張租屋券，但是沒有附帶條件。對照組則沒有收到任何租屋券，而且大多留在原來居住的公宅。

瑪莉瑟拉一家被隨機指定遷往低度貧窮的社區。她和丈夫及兩個念小學的孩子搬到了位在洛杉磯另一頭的切維特丘。在西城，孩子們的學業表現較好，但是生活比較寂寞。昆塔納一家剛搬走的那幾年，每個週末都會回到城東的舊社區購物、跟朋友聚會，以及上教堂。

如同等待心愛樂團發行新專輯的樂迷，社會學家持續關注「朝機會前進」實驗的每一波結果。[8]起初的研究結果看來頗令人失望。搬家的成人就業機會並未提高；搬家的孩童課業似乎沒有進步，行為問題也沒有減少。接下來一波的研究顯示搬家的女孩惹上麻煩的機率變低，男孩則出現風險較高的行為。對昆塔納家這類育有一男一女的家庭而言，這樣的結果無法為這個計畫背書。

唯一一個似乎因為搬遷而受益的層面是健康狀況。搬到低貧窮區的人肥胖率較低，心理健康程度大多也比較好。這應該不令人意外，畢竟那些家庭搬離的社區非常危險。一個巴爾的摩的男孩就告訴研究者：「我不喜歡住在這邊，因為人會莫名其妙沒命。」[9]對照組的一名芝加哥母親大多數時候都把年幼的孩子留在室內，因為「子彈不長眼」。[10]

後來在二〇一五年，哈佛大學的研究人員把實驗結果搭配稅收資料分析，據此檢視在十三歲之前遷入低度貧窮社區的孩童的收入情況。[11] 結果相當驚人。遷離者的收入比留在高度貧窮社區的人高了將近三分之一，男性和女性的狀況都差不多。如果持續一輩子的話，這意味一個在青少年期之前就搬到低度貧窮社區的孩子，一生會多賺三十萬美元以上。社會得到的利益遠超過付出的成本。就連政府也獲利，因為計畫參與者帶來的額外稅收比發放租屋券的成本還要多。

在美國，大規模的社會實驗始於一九六〇年代。隨著詹森總統宣布「向貧窮宣戰」，決策者也在思考，提供與貧窮線一樣高的保障收入是否會令人不想工作。從一九六八年到一九八二年，跨九個地點進行的實驗隨機將家庭指派給實驗組和對照組，然後調查他們的工作型態。實驗顯示，提供保障收入會減少工作時間，但是影響比許多批評者預期的小，每年大約減少二到三星期。[12] 這些實驗對於往後的福利制度改革有所助益，包括一九九〇年代柯林頓總統執政時，大幅增加薪資補貼。[13] 柯林頓承諾「只要工作，就不應貧窮」，所以將勞動所得稅額扣抵的額度加倍，並指出強勁的經濟證據，表示該計畫幫助了最貧窮的家庭。如今，勞動所得稅額扣抵制度是美國最大的反貧窮方案之一。目前的估計指出，該制度讓五百萬個美國人收入維持在貧窮線之上。[14]

同一個年代的大規模社會實驗還有「蘭德醫療保險實驗」。這項實驗從一九七四年進行到一九八二年，研究者隨機分派數千個美國家庭使用不同的醫療保險方案，其部分負擔比例從零到九五％都有。這項研究推斷，高額的部分負擔會增加患者中斷治療的機率。[15]對既窮且病的患者來說，部分負擔導致他們健康惡化，其中高血壓患者的醫保方案若需要支付高額的部分負擔，死亡率會上升百分之十。[16]

這項由蘭德公司進行的研究一直是醫療保險方面最重要的實驗證據，直到二〇〇八年，俄勒岡州出現一種不尋常的狀況。[17]州政府決定把享有公共醫療保險的低收入戶數量增加大約一萬戶，但是每一個開放申請的名額有接近九個人在搶。政府認為要分配新增醫保名額，最公平的方法是透過公開抽籤。

實際上，抽籤就是一種隨機試驗。所以研究者能透過追蹤中籤者與未中籤者的健康狀態來研究醫療保險造成的影響。他們發現贏得醫療保險會導致民眾更常使用醫療服務。此外，一如蘭德醫療保險實驗的結果，俄勒岡州的研究者也發現被隨機選中獲得醫療保險意味著民眾自述的身體與心理健康狀態都會變好。在一個典型年（typical year）中，有醫保的人自覺身體健康的天數多了十六天，自覺心理健康的天數也多了二十五天。

有時候大家希望能夠被抽中，有時候卻非如此。一九六九年十二月一日，CBS新聞臺停播平常的節目，改為直播越戰徵兵抽籤。[18]一個玻璃圓桶內裝有三百六十六顆藍色的球，每顆球上都標示著一年裡的一天。每個十八到二十六歲的年輕男性都知道自己的生日愈早被抽到，被徵召入伍的可能性就愈高。第一個抽到的生日是九月十四日，最後一個是六月八日。這場抽籤活動引發了街頭抗爭，也衍生出抗議歌曲，從清水合唱團（Creedence Clearwater Revival）的〈幸運兒〉（Fortunate Son）到皮特・西格（Pete Seeger）的〈逃兵之歌〉（The Draft Dodger Rag）都是。

被徵召的立即影響就是會有死亡的風險，美國有一萬七千多名徵召入伍的軍人在越南喪生。那麼，生還的人呢？吉姆的生日是第二個抽出來的，他回憶說，軍隊「教我認識了自己到底有多少能耐，以及沒有不可能的事」。[19] 但是對更多人來說，越戰創傷留下了終身的傷痕。一名自越南歸國的老兵表示：「幾年前有人問我還會不會想越南的事。我差點當著他的面大笑。你要怎麼停止想它？過去三十八年來，我每天醒來時想著越南，上床時也想著越南。」[20]

在一系列的研究中，經濟學家都把越戰徵兵抽籤當成一場隨機試驗來分析。在那些符合徵兵年齡的人當中，我們不應預期一個九月十四日出生的男子和一個六月八日出生的男子會有不同的人生際遇。任何重大差異都反映出服兵役的影響。

在美國，研究者發現服役對終身所得有顯著的負面影響，而大多數的損失出現在一九七〇與八〇年代。[21]他們也透過越戰徵兵隨機試驗發現，越戰老兵在不同州別之間遷徙的機率較高，而且比較有可能為政府工作。[22]有些事情沒有受到服役影響：越戰老兵結婚的機會和非越戰老兵一樣，健康狀態也相同。[23]然而，抽籤號碼較前面（也就是比較有可能被徵召服役）的話，確實會影響人在其他方面的發展。舉例來說，戰後那幾年，抽籤號碼比較前面的人因為暴力犯罪而入獄的機率較高。[24]越戰結束二十年後，有調查發現抽籤號碼比較前面的人傾向支持民主黨，有反戰信念的機會也比較大。[25]

在澳洲，生日徵兵抽籤也以類似的方法舉辦，但是被抽中去越南服役的影響和在美國差異很大。澳洲的兵役抽籤結果指出，去越南服役的人犯罪率並沒有比較高，但是有心理健康問題的機率卻高了許多。[26]兵役抽籤的證據也指出，在越南服役對澳洲老兵在收入上的負面影響，比對美國老兵大得多。[27]

◆

社會政策的其中一個大哉問就是要如何協助失業的人找到工作。失業對很多人來說不只意味著缺少一份收入，也代表失去自尊。蘇格蘭哲人卡萊爾（Thomas Carlyle）便說過：「一個肯工作卻找不到工作的男人，大概是機運不平等在這世上展現出來最悲哀的景象。」

經濟學家知道一些似乎能預防失業的因素已經很久了。讀寫與計算能力強、具備職業證照、性情開朗、擁有豐富經歷，這些都是能讓人比較不會失業的因素。遺憾的是，沒有一項能輕鬆達成。那麼社會能做什麼來協助缺少這些條件而謀生困難的求職者呢？

近幾十年來，愈來愈多研究者利用隨機試驗來測試哪些方案能夠幫助失業者找到工作。如我們所見，試驗結果通常令人失望，例如有一項美國職業訓練的隨機評估發現，參與訓練課程的年輕人收入比對照組的年輕人來得低。[28]問題有可能不在職訓課程本身，而是課程設計者的野心太大。畢竟這些課程大多只有數週，費用最高數千美元。我們真的應該去想像收入會因此每年增加數千美元嗎？[29]

布魯金斯研究院的社會政策專家海斯金斯（Ron Haskins）主張，對教育和職訓課程進行嚴格評估後，通常會發現大約七五%「效果很差，甚至無效」。[30]不過還是有一些值得參考之處。丹麥、瑞典及美國的隨機試驗指出，與個案輔導員會面，對於幫助人從無業過渡到就業狀態相當重要。[31]部分效果在會面前就出現了，找到工作的機率會激增四〇%左右。一如我們去看牙醫前通常會刷牙，與個案輔導員會面似乎也能提升民眾對求職的專注程度。

幸運的是，也有證據顯示會談本身可以幫助人找到工作，求職成功率在會面後提高了二〇%到三〇%。這大概反映出一個事實，就是如果沒有人在求職過程中協助引導，身為無業求職者這件事可能很快就讓人陷入鬱悶。許多失業勞工以前從來沒有丟過工作，所以個案輔導員可以提供建議，告訴他們最好的搜尋方式、如何寫履歷，以及如何準備面試。[32]

有時候，花點小錢干預能收到顯著的回報。二〇一〇年和二〇一一年，德國政府寄了一本令人愉快的藍色小冊子給一萬個新近失業的人。[33]「保持活躍！」小冊子如此敦促失業者。手冊中提到德國經濟正在從金融危機中復甦、提醒民眾失業可能對身體和心理健康有害，並建議民眾不同的求職方式。這本小冊子讓收到它的人就業率大增；每一本的印刷與郵寄成本還不到一歐元，卻讓目標族群的收入平均增加四百五十歐元。如果你還知道其他報酬率達到四五〇比一的政府干預措施，請務必告訴我。

找工作是一種競爭，所以我們要確定那些訓練課程對所有人都有影響。要瞭解這一點，請想像只有一個職缺，你原本很可能會打敗我而被錄取。現在假設我被挑去參加一個能夠加強我面試技巧的課程，結果變成我得到這份工作。隨機試驗或許會證明求職課程有用，因為它給了我優勢。然而如果你因此被犧牲，那麼社會狀態是否有改善就很難說。在這個例子中，課程幫助了參與者，但是對於降低整體失業率毫無助益。

我們在評估醫學上的新療法時，不會太擔心這個問題。畢竟你我追求健康並不是一種競爭。然而當一個人的收穫也許是另一個人的損失時，隨機試驗檢視一個計畫成效的角度可能會過度樂觀，造成誤導。

二〇〇七年，法國政府同意用一個奇特的方法解答這個問題。[34]他們沒有隨機指派求職者，而是在二百三十五個不同的勞動市場進行一項大型實驗。不僅求職者會被隨機挑選接受密集協助，而且實驗在不同的參與鄉鎮或城市中，涵蓋的人數比例也不同。有些地方的實驗涵蓋所有的求職者，有些地方則只涵蓋四分之一的求職者。遺憾的是，這項試驗證明計畫涵蓋的人口比例較少時更有效，代表有一大部分的「收穫」其實只是移位效果造成的。這個令人失望的發現是一個有用的提醒，告訴我們要設計出能降低總失業率的政策，是很困難的事。

面對快速自動化的現象，有些人警告說未來的勞動市場「毋須人類應徵」。他們主張，在這樣的環境中無條件發放現金會比堅持求職者持續找工作來得合理。二〇一七年，芬蘭透過隨機選擇一小群失業者來測試這個做法。參與研究的人每年收到六千七百二十歐元的「基本收入」，就算他們找到工作後也繼續發放。[35]這項實驗涵蓋兩千人，將於二〇一九年公布結果。「全民基本收入」的擁護者都在熱切期待。*

＊編按：這個實驗已經在二〇二〇年五月公布結果，官方報告公布在此 https://julkaisut.valtioneuvosto.fi/bitstream/handle/10024/162219/STM_2020_15_rap.pdf。各國媒體對於實驗結果有許多報導、討論與批評。為免過度簡化實驗結果，此處不予簡述。

最近幾十年間，數百萬美國年輕人簽署了「守貞誓約」，保證等到婚後才發生性行為。「真愛值得等待」是第一個這樣的計畫，它讓青少年許諾「從今起開始禁慾，到我進入恪守《聖經》的婚姻關係為止」。然而，守貞計畫經過隨機評估後，並沒有證據能證明它們提高了年輕人首次發生性行為的年齡，或者減少了他們的性伴侶人數。[36]

有一個可能性是守貞誓約並未受到特別認真看待。舉例來說，一項在年輕人簽署守貞誓約後五年做的追蹤調查，發現五個青年中有四個否認自己簽過那份誓約。[37]不過也有可能是守貞計畫造成了傷害，因為它會令年輕人放棄規劃安全性行為。簽署守貞誓約之後，年輕人可能會覺得隨身攜帶保險套或服用避孕藥很虛偽。有些證據顯示，守貞計畫會令不安全性行為、懷孕，以及接觸到性病的狀況增加。[38]

相較之下，有些社會政策計畫風光通過了隨機試驗。由於注意到菸稅對於遏止年輕人開始吸菸具有強大效力，一些研究者於是在實驗中使用金錢誘因來鼓勵戒菸。[39]美國一家公司的員工若能戒菸一年，公司最多會提供七百五十美元給他們。[40]被隨機選入計畫的員工，戒菸機率提高了十個百分點。吸菸者的健康狀態較差，而且上班時比較常休息，所以生產力大多比非吸菸者低。[41]一項研究指出，吸菸者與非吸菸者每年的生產力差距超過二千美元。[42]這代表付給員工七百五十美元戒菸，對公司來說非常划算，更遑論勞工與他們家人的獲益。

菲律賓的一項隨機試驗也產生了類似的強效結果，這個實驗邀請吸菸者存一筆錢到一個存款戶頭中。[43]他們在六個月後接受尿液尼古丁檢驗。通過檢驗的人可以把錢拿回來，沒通過的就要眼睜睜看著存款被捐給慈善機構。平均的存款金額很高——足夠買半年份的香菸。毫無意外，參與者都想把錢拿回來，這也令他們戒菸的機率提高了三到六個百分點。

馬克・吐溫說過：「戒菸簡單得很，我戒過一千次了。」隨機試驗的結果指出，也許經常在想辦法賺錢的馬克・吐溫只是需要適合他的金錢誘因而已。[44]

我們在本章開頭看到，長期街友的輔導計畫不一定會讓他們找到工作。然而，有針對性的協助可以達成更多較小的目標。在紐約，有一項實驗專注於幫助從精神病院出院的人：加強他們與朋友、家人之間的牽絆，並且提供情感上的支持。[45]被隨機選中接受支援的人，無家可歸的機率只有原先的五分之一。及時的協助讓他們免於成為遊民。

聰明的社會政策可以創造差異，但是說到打造機會，很多人主張教育至關重要。稍後我就會探索教育實驗的世界。不過在此之前，我們暫時先拋開研究結果，看看開拓這個領域的隨機分子的故事。

4 隨機方法的先鋒

美國哲學家普爾斯（Charles Sanders Peirce）患有一種罕見的神經疾病，只要臉部受到一丁點碰觸就會引發劇痛，跟電擊一樣強烈。根據他的傳記作者，這種痛苦令他「冷漠、無情、憂鬱、極度多疑，無法忍受最簡短的交流，而且容易突然暴怒」。[1]為了控制疼痛，他開始藉助藥物，包含乙醚、嗎啡及古柯鹼。普爾斯主要在家中接受教育，教他的是在哈佛大學擔任數學教授的父親。等到普爾斯自己進入哈佛之後，他經常在課堂上覺得無聊，畢業成績幾乎吊車尾。但是他在一八八五年發表了社會科學最早的隨機實驗論文之一[2]，目標是測試人類觸覺的準確度。這項實驗特別聚焦在評估我們比較重量時的準確度。如果我把你的雙眼矇住，然後把兩個重量不同的物體放在你手中，我敢說你很輕易就能區分出重量相差一半的兩個物體。然而如果重量只相差百分之十，甚或百分之一，你還分得出差異嗎？

普爾斯的實驗設計如下：試驗對象把一隻手指置於天平標尺上。實驗者在一片隔板後方，根據從一套特殊紙牌抽出的結果來增加或移除小砝碼。每場測試中，實驗過程會重複五十次。普爾斯與研究生加斯特羅（Joseph Jastrow），也就是他的共同作者輪流擔任受試對象與實驗者。他們發現重量差異是百分之十的時候，受試對象十次當中有九次可以正確分辨。然而重量差異是百分之一時，成功的機率便降到三分之二。有鑒於亂猜也有一半的成功率，這表示我們分辨細微差異的能力並不好。

超過一個世紀之後，統計學家史蒂格勒（Stephen Stigler）在他的文章中表示，普爾斯的研究依然是進行得最完善的心理學實驗之一。[3]研究者花心思確保試驗對象看不到砝碼增減的過程，並且利用隨機方法來防止任何下意識的成見影響到增減砝碼的模式。往後的心理學家會從這項重量研究中學習，並且把同樣的做法運用在他們自己的隨機試驗上。

普爾斯天資過人且學識淵博。他會用左手寫出問題，然後用右手寫出答案。他寫下的論文總共超過十萬頁，大部分都未經發表。普爾斯對數學、天文學、化學與氣象學也很有貢獻。他最著名的是哲學成就，他所創建的哲學流派稱為實用主義。

然而，普爾斯在撰寫他最重要的一篇論文時捲入醜聞，導致他被自己任教的約翰霍普金斯大學開除。妻子在幾年前離開了普爾斯，他開始和另一名女子茱麗葉同居。大學高層發現他的「不倫」行徑後便將他解聘。普爾斯希望能在哈佛大學找到工作，他父親過去是聲譽卓著的哈佛學者。但是他有個強大的敵人。他就讀哈佛大學部期間，曾經在化學課上蓄意破壞一張工作檯。當時他只被罰款一美元，然而這個事件的長期代價嚴重多了。[4]那堂化學課的講師艾略特（Charles Elliot）於一八六九年成為哈佛校長，而且一當就是四十年。艾略特因為那件事而一直厭惡普爾斯，所以禁止哈佛大學以任何形式聘僱他。普爾斯被約翰霍普金斯大學解聘後就未曾重返學術界工作。他的餘生僅靠偶爾的工作及友人的慷慨接濟度日。

普爾斯的隨機試驗為實驗心理學這整個學科打下了基礎。他的學生加斯特羅後來成為威斯康辛大學麥迪遜分校的實驗與比較心理學教授，並且廣泛發表著作，利用經驗主義的方法協助揭露靈媒就是聰明的騙子。加斯特羅和普爾斯不同，在業界備受尊敬；他擔任美國心理學會主席，也因為幫通俗雜誌定期撰寫心理學專欄而名氣高漲。在今日，實驗心理學仍持續興盛，有數十本學術期刊發表研究成果，媒體也熱烈報導。[5]但是普爾斯這個協助開創該領域的傑出隨機分子，他人生的最後二十年卻負擔不起家中的暖氣費用，只能靠地方烘焙師施捨的麵包過活，書寫時也只能寫在舊手稿背面，因為他沒錢買紙。

我在本章探索了四位隨機試驗先鋒的生平，普爾斯是其中之一。這些研究領域橫跨心理學、農業、醫學與社會政策的男女，成功讓許多懷疑者信服了對照實驗的重要性。他們的故事是一扇窗，讓我們看看是何種獨特的天賦結合，才能造就一個成功的隨機分子。

◆

一九二〇年代，費雪（Ronald Fisher）在一場英格蘭的午茶宴會上從茶壺中倒了一杯奶茶。他看到穆麗爾．布里斯托（Muriel Bristol）站在他身旁，便禮貌地將奶茶端給她。布里斯托婉拒了那杯奶茶，並且對費雪說她喜歡先倒牛奶。「真無理，」費雪笑著說，「根本沒有差別。」[6]

這時候許多女性都會接過那杯奶茶。又瘦又矮的費雪蓄著大鬍子戴著眼鏡，在英格蘭算不上英俊，但他是數學家，而且聲望正在迅速攀升。然而布里斯托也不是普通女性——她在兩人一起工作的研究中心是藻類專家。她堅持己見。這時候站在一旁的化學家洛區（William Roach）插話說：「我們來測試她吧。」布里斯托真能分辨出一杯奶茶是怎麼調製的嗎？

費雪很快就開始實驗。洛區擔任他的助手，他們開始倒奶茶，隨機決定每一杯裡的牛奶是先倒還是後倒。每倒一杯，布里斯托就輕啜一口，然後自信滿滿地說出那杯奶茶的調製順序。

倒了八杯奶茶之後，這項午茶宴會實驗在每個參與者身上都證實了一件原先不為人知的事。布里斯托正確分辨出每一杯奶茶是奶加茶，還是茶加奶——這顯示對行家來說，兩者確實有差別。如今被許多人奉為現代統計學之父的費雪則用這個例子來思考要用幾杯奶茶才能區分出運氣和技能。洛區在這項實驗中或許只是助手，但他顯然有刻意表現，因為布里斯托不久後便接受了他的求婚。

費雪是五個兄弟姊妹中的老么，母親凱特在他十四歲時過世。費雪的近視眼在有志朝學術界發展的年輕人身上，或許曾被視為一種障礙，然而他卻把近視轉化成他的優勢——變得擅長運用幾何學來將問題視覺化，而不是透過大量數據證明。

費雪二十二歲從劍橋大學畢業，獲頒一級榮譽學位。他擔任高中數學教師一段時間後，又在倫敦市擔任統計師。二十九歲那年，他回絕一份倫敦大學學院的工作，反而接受一個相較之下很不可靠的職位——在赫特福德郡的羅森斯德實驗站（Rothamsted Experimental Station）擔任臨時雇員。對費雪而言，羅森斯德有一個優勢：資料。當時那裡進行農業的隨機試驗已有數十年，所以能供給他需要的資料，讓他發展自己的統計法。

到了四十歲生日時，費雪已經發展出一些統計檢定方法，如今幾乎每一篇在社會科學領域發表的經驗研究都使用那些檢定方法。他在專業生涯中的研究也改革了生物學——創立了「現代演化綜論」，用數學結合孟德爾的遺傳學與達爾文的天擇學說。在農業方面，費雪的實驗則幫助提高了作物收成，拯救數百萬人免於挨餓與餓死。[7]

不過，費雪也有很多缺點。他早期對最大概似法的研究促成了這種統計方法的普及，然而他的證據是錯誤的。他是那個年代最著名的優生學家之一，支持社會應該鼓勵上層階級多生小孩。二戰結束後，世上有一群科學家嘗試推動種族平等，費雪並不認同，他主張不同人種的智力差異極大。早期的研究顯示吸菸與肺癌有關，費雪卻質疑那些統計的可信度。

費雪發表的第一篇論文，標題是〈性偏好的演化〉（The evolution of Sexual Preference）。他自己的第一段婚姻破碎收場，這要不是很諷刺，就是很配合。也許是利用了新得到的自由，他在家裡展開一項小鼠繁殖計畫，並且把結果運用在自己的研究論文中。他晚年開始在阿得雷德的聯邦科學暨工業研究院擔任資深研究員，一九六二年於當地去世。

◆

肺結核的第一個徵兆是咳嗽。多數患者起初會以為自己只是感冒了，但是隨著時間拖長、病菌在肺裡滋生，患者會更加難受，許多人開始咳痰或咳血。肺結核患者沒有胃口，夜間盜汗，還會發燒，有時候手指甲與腳趾甲會脹大。除非施以適當的抗微生物劑療程，否則急性發作期的肺結核會奪走半數患者的性命。[8]

第一次世界大戰爆發時，希爾（Austin Bradford Hill）即將完成高中學業。他來自英國一個顯赫家族，預計會追隨父親踏入醫界。用他自己的話來說，他是「學校領袖、足球隊長、板球隊先發球員、越野賽跑冠軍，還是個假正經的傢伙」。[9]希爾自願入伍成為海軍飛行員，被派往達達尼爾，卻在途中染上肺結核，結果「被送回家等死」。

希爾是幸運康復的人之一。醫生使用當時的主流療法：讓感染的肺萎陷。經歷過肺部膿腫並臥床九個月後，他開始慢慢復元。這時他已經不可能行醫了，不過一名家族友人建議他以函授方式修習經濟學，所以他報名課程並在一九二二年取得倫敦大學的學位。此刻希爾的健康狀態已經可以旅行，那個家族友人便安排讓他得到研究補助金，調查艾塞克斯鄉下年輕人體弱多病的現象。接下來他做了職業病的研究，記錄倫敦公車駕駛、棉紡工與印刷工的病症。

希爾極度熱愛醫學，會在空閒時間閱讀醫學教科書。但是他接受的經濟學訓練讓他得以進入新興的醫學統計領域。他聽說一個著名的統計學家在倫敦大學學院開課，於是前往旁聽。「那堂課偏重數學，我完全無法理解，」他回想道，「但是我在課程的實用層面學到了東西。」不出幾年，他便結合了研究與教學，不過教法平易近人多了。希爾的演說內容清楚明瞭、備受重視，更在一九三七年發表於《刺胳針》醫學期刊。

談到醫學統計，「光有常識還不夠，」希爾在他發表的第一篇講稿中這麼說。「被人指出時看起來極度愚蠢的錯誤，經常是聰明人犯下的，而且同樣的錯誤或同類的錯誤還會一再出現。」[10]他冒著表面上看來「太簡單」的風險，開始說明最常見的「謬論與誤解」，並講解如何加以避免。

這些演說內容最後集結成《醫學統計原理》(*Principles of Medical Statistics*)，是該領域最著名的教科書。但是希爾很謹慎，避免引起聽眾反感。「當時我刻意不使用『隨機分派』和『隨機取樣數字』這些字眼，因為我想說服醫生進行最簡單的對照試驗，但我可能會嚇到他們……我想我最好先讓那些醫生走穩之後，再讓他們跑步。」

他在一九四六年看到了機會。羅格斯大學的研究人員研究了生活在土壤中的生物，其中鏈黴素似乎對肺結核有效。[11]美國陸軍在三名患者身上測試這種抗生素；第一個患者死亡，第二個患者失明，第三個患者迅速復元。這個痊癒的患者名叫杜爾（Bob Dole），他最後會成為美國參議院的多數黨領袖，以及一九九六年大選的共和黨總統候選人。

三分之一的成功率毫無決定性，於是希爾看到了在英國試驗這個肺結核新療法的機會。當時距離他自己罹患肺結核而被「留著等死」已經過了三十年，但是這種病每年仍然奪去十八萬英國人的生命。[12]希爾過去十年一直對醫生解說，如果研究當中只比較接受治療者與未接受治療者，會產生哪些固有問題，所以此時他大力推動進行鏈黴素的隨機試驗。最後是缺錢促成了試驗：「我們沒有錢，而財政部撥給我們的款項可以說只夠支付幾個患者所需。我在那個情況下說，如果不進行第一個這類型的隨機對照試驗，是有違倫理的。」

那句大膽的宣言——不進行隨機試驗有違倫理——正是希爾典型的自信表現。醫學的隨機試驗在當時基本上是前所未聞，但他卻就這樣告訴同行，不做這種實驗是不道德的。希爾沒有接受過正規醫學或統計訓練，但他在教導學生以及與研究同事交流的同時，花費多年時間思考那些問題。試驗相當成功，鏈黴素至今仍然是用於治療肺結核的藥物之一。

光是上兩個世紀裡，罹患肺結核而死的人數便超過十億，比那段時間內所有戰爭與饑荒的死者總數還多。[13]「白色瘟疫」的受害者包括蕭邦、契訶夫、卡夫卡、艾蜜莉．勃朗特、喬治．歐威爾，以及愛蓮娜．羅斯福。如今，肺結核每年在全球仍然造成超過一百萬人死亡。能抵抗鏈黴素及其他抗生素的結核菌株愈來愈普遍了。希爾並沒有消滅這種差點令他喪命的疾病，但他確實促成了醫療上的改革。一名同事在描述希爾的貢獻時寫道：「他為預防疾病帶來了量化的做法。」

◆

在社會政策領域做了四十年的隨機試驗，茱蒂絲・蓋倫（Judith Gueron）有數十條給研究者的準則：「千萬不要說研究有某個地方太複雜，沒辦法做。」「如果被追問關於隨機指派的棘手問題，回答不能含糊……如果現場人員（執行實驗的人）強勢地問你是否真的要他們拒絕幫助對照組成員，你要說『是』。」「如果有人對研究表現出毫無保留的熱情，那麼這個人並不瞭解這項研究。」[14]這都是辛苦學到的知識，來自三十幾個大規模社會政策試驗，參與者總共有三十萬人。[15]

一九七四年，福特基金會與六個聯邦政府機構創立了人力資源示範研究社（Manpower Demonstration Research Corporation），現在通常簡稱MDRC。該組織的宗旨是透過進行隨機指派研究來進一步瞭解在社會政策當中，什麼是有用的。當時三十三歲、幾年前才拿到哈佛經濟學博士學位的茱蒂絲・蓋倫是MDRC的第一個研究主任。

蓋倫在曼哈頓長大，她把自己的抱負與自信歸因於有一個這樣的父親：「從我有記憶開始，他一直說女孩子，尤其是我，什麼事都做得到。」[16]她在MDRC的工作中很需要這種自我肯定。不僅經濟學與政策領域絕大部分由男性主導，實驗更是一個很激進的概念。當年學者會獲得終身教職，並不是因為進行隨機試驗，而是因為複雜的數學模型。MDRC是「一群邊緣的狂熱信徒」。[17]

蓋倫的第一個大型實驗要測試長期接受社會救濟的人以及被視為「不能僱用」的人是否能在協助下找到工作。隨機指派從來沒有用在這麼大規模的多地點職業計畫上。蓋倫的團隊被警告說這個實驗不可能辦成，「要計畫執行者拒絕民眾，就像要醫生拒絕對患者採用已知的療法。」[18]

面對外界批評他們冷酷對待一群應該得到援助的人，MDRC想出了一個聰明的解決方案：他們會擴大實驗組的規模，用盡所有可用的資金。如此一來，詆毀MDRC的人宣稱對照組就是拒絕讓有資格接受幫助的人得到協助工作，便站不住腳。就算是取消對照組，得到幫助的人數也不會改變。

蓋倫還記得工作人員在計畫推出時的感受。他們都希望會成功，但也不斷提醒自己可能會失敗。「幸運的是，在MDRC草創初期，我們有隨機指派——以及毫不留情地比較實驗組與對照組結果——讓我們保持真誠，並且幫助我們避開倡議型研究的陷阱。」[19] 對蓋倫而言，MDRC並不是「又一個立意良好卻不切實際的組織」。工作人員的士氣高低取決於嚴格的評估，而非接受檢驗的計畫最後是否有效。

第一次評估的結果出來時，顯示出協助就職計畫幫助到女性，但是沒幫到男性。就算是對女性的影響也很小。參與者找到工作後，政府會減少他們的救濟金。他們的工作收入不高，所以淨效應僅僅是讓貧窮率微幅降低。這個計畫有效，但並非萬靈藥。然而對蓋倫來說，最重要的不是結果，而是他們對計畫的評判。一個天真的考評者也許只會看未經分析的結果，也就是找到工作的男性多於女性。但是一項使用隨機方法的評估顯示，這個現象與計畫本身沒有關係：對照組中男性找到工作的機會和實驗組一樣。這個真相透過隨機方法才得以揭開。蓋倫「迷上了……實驗的美妙及威力」。[20]

一九八〇與九〇年代，蓋倫與全美各地的州政府及地方機構合作。當時社會救濟政策的爭議很大。雷根（Ronald Reagan）曾在競選集會上說過一個「開著凱迪拉克的救濟金女王」的故事，她是一名詐領社會救濟金的非裔美籍女子。[21]批評者認為，迫使領取救濟金的人從事低薪工作是「現代奴役」。柯林頓競選總統時則承諾「終結我們所認識的社會救濟制度」。收入補助的爭議因為雙方的意識形態而愈演愈烈。

後來MDRC出面了。你若去閱讀當時的報紙，就會看到蓋倫的審慎評論：「我們應該對現況抱持謹慎態度」、「我們尚未找到粉紅藥丸」、這不是「解決貧窮的權宜之計」。[22]就連社會計畫收到好的成效時，她的稱讚也相當謹慎。

展開一項新的隨機評估，有可能很困難。在聖荷西，蓋倫想要評估一個為年經墨西哥移民打造的職訓計畫。計畫負責人告訴她，隨機拒絕求助者有違他們的宗旨，工作人員不可能同意。於是她和工作人員見面，並且說明隨機指派為何特別可靠且備受信賴。蓋倫對他們說，正面的結果可能會說服聯邦政府出資進行類似的計畫。「他們對拒絕貧困的年輕人感到很掙扎，同時也談到結果若是其他青年得到新的機會，這個實驗是否還有正當性。後來他們請我們離開，自己繼續討論，然後投票。不久後我們被帶回去，並且被告知隨機指派贏了。」[23]這項評估的結果很正面，促使聯邦政府出資，將計畫擴大到其他十五個地點。

許多MDRC的評估證實計畫有效，但是難得出現奇效。[24]有時候成功只局限於參與者當中的特定族群，或者特定的救濟單位。隨機實驗常常顛覆社工界的成見。在路易斯維爾，諮商師確信自己知道哪些輔導對象已經可以工作。蓋倫的隨機指派研究證明事先預測成功是不可能的：就業市場經常冒出意想不到的狀況。

蓋倫在一九八六年接任MDRC主席後，變得更擅於向執行社會計畫的人說明為何隨機指派很公平。舉例來說，有一個郡的地方官員在研究結束後繼續進行隨機指派，將其視為在選擇協助對象時，一個既公正又沒有成見的方法。[25]

有些人就沒那麼友善了。一九九九年，佛羅里達州的州議員葛瑞伯（Ben Graber）便意圖停止MDRC對「獨立計畫」就業方案的評估。葛瑞伯說，隨機指派是把救濟對象當成「天竺鼠」對待。他揚言立法禁止對照組。媒體很快就跟進報導，《邁阿密先驅報》發表社論，指出隨機方法「誤入歧途、造成浪費、冷酷無情，而且就是很蠢」。《聖彼得堡時報》的社論說隨機方法是「一個殘酷的玩笑」，將會耗費數百萬美元來否定扶養年幼孩童的母親得到她們應得的職業訓練。數週內，其他州的政治人物也宣布反對隨機試驗。《華盛頓時報》預測：「民間的抗議會促使社會救濟實驗終結。」[26]

蓋倫在佛羅里達州作證時，把焦點集中在該計畫從未經過適當的評估。「如果我們有一種唾手可得的仙丹，能幫助民眾養活自己、不依靠救濟金，我很肯定在場沒有一個人不會使用它。如果獨立計畫就是仙丹，我認為你們會投入更多經費。既然我們不知道計畫是不是仙丹，經費也有限，那麼你們先得到答案才是上策。」[27]州議會核准了試驗。幾年後，評估結果出來了：就業方案為納稅人省下的錢，跟實施計畫所需的成本差不多。這個計畫不是仙丹，但是值得繼續進行。佛羅里達新聞界把蓋倫的團隊比喻成一群把蜘蛛的腳拔掉的科學家，然而他們不但反擊，還成功做出對「獨立計畫」的決定性評估。

在使用隨機評估前，社會計畫的爭議中經常看到互相矛盾的研究，使用一團混亂的研究方法。專家意見分歧時，決策者與民眾便無所適從。經濟學家艾倫（Henry Aaron）便曾說過：「部落裡的巫醫意見不合時，族人要怎麼辦？」[28]在佛羅里達的案例中，負責獨立計畫的官員在找上蓋倫之前，已經委託進行了三次非隨機研究；那些研究都使用不同的研究法，做出的結論也不同。他認為：「要脫離這些彼此矛盾又無法證明的結果所形成的困境，唯一的方法是做一次品質毫無爭議的評估。」[29]對蓋倫而言，隨機評估是一種強大的溝通工具，因為它簡單易懂。「任何人都能瞭解這些分析的基本原理。這裡面沒有高難度的統計技巧。」[30]

蓋倫還記得在一九六〇年代晚期，「研究者知道隨機指派在理論上的效力，只是不認為它可以用來評估現實生活中的社會計畫，並且解決重要的政策問題。」[31]但是蓋倫一路走來，成功在法庭、學校、社區大學、職訓中心及社區組織策劃了許多政策實驗。久而久之，她也不再警告同事「沒人想參加隨機指派研究」了。[32] MDRC遭到排拒的次數比被接受的次數還多，但是社會實驗的普及程度有了穩定成長。這種實驗直截了當，讓失敗無所遁形。

「隨機指派的關鍵，」蓋倫下結論說，「在於它是公開透明的象徵。擲一枚硬幣，成立兩個或更多組別，計算平均的結果，然後刪減……那種力量必須受到珍視，並且與先前許多在專家之間引發研究方法爭議的評估做比較，如此一來便會終結那些對政策造成影響的研究。」[33]她從自己職業生涯中學到最重要的一件事：「為隨機指派奮鬥是值得的。」

5 學習如何教導

在《芝麻街》裡，垃圾鬼奧斯卡允許孩子感到不開心。大鳥對什麼事情都有疑問。史納菲先生是幻想出來的朋友。伯爵熱愛數學。高華表現出自信。恩尼最喜歡惡作劇。畢特的個性與恩尼完全不同，卻是他最好的朋友。科米蛙一向都很紳士。

一九六七年，瓊．庫尼（Joan Cooney）開始策劃一個與眾不同的電視節目：讓充滿創意的構思者與兒童科學專家合作。在那個兒童都收看《樂一通》、《摩登原始人》等節目的年代，這個節目將會採用自己的教學課程。最特別的是，兒童電視工作室（Children's Television Workshop）要使用證據來製作這個節目。庫尼說，將研究與電視製作結合的觀念在當時「無疑是離經叛道」。[1] 就這樣，一個由構思者與社會科學家組成的非正統團隊打造出了《芝麻街》。

開播的第一年，《芝麻街》在一項隨機試驗中接受評估；試驗將一個實驗組（受鼓勵收看這個節目的兒童）與一個普通的對照組進行比較。可惜的是，研究者當初並未想到節目會那麼受歡迎。全美有超過三分之一的兒童每一集都收看，所以兩個組別的收視率差異不大。[2]

於是研究者在隔年採用了不同的方式，集中研究只能透過有線電視收看《芝麻街》的城市，並且隨機提供有線電視服務給一群低收入戶，而這些家庭的孩子則受到鼓勵去看大鳥和牠的朋友。這一次，對照組（沒有收看《芝麻街》）與實驗組的收視率差異很大，他們詞彙能力的差異也很顯著。[3]收看《芝麻街》的兒童，其認知技能相當於沒有收看該節目、而且比他們年長一歲的兒童。

過去半個世紀以來，針對《芝麻街》所做的研究有一千個以上，許多研究結果也反饋在節目的發展中。[4]在其中一項實驗裡，節目構思者想知道怎麼教導學齡前兒童他們眼睛、鼻子和嘴巴的功能才是最理想的。兩群幼童分別被隨機指派觀看測試影片，一支影片的內容是高華跟一個名叫雀兒喜的小女孩互動，另一支則是艾蒙在〈蒙娜麗莎〉畫像上指出身體部位。後來進行測試時，被分配到觀看高華影片的幼童比觀看艾蒙影片的孩子更理解身體部位的功能。研究者推斷，〈蒙娜麗莎〉畫像做為教具太抽象了，幼童在同時有布偶與真人演員的影片中認識身體部位，效果才是最好的。

關於教導兒童有生命和無生命物體的概念，一項隨機研究指出學齡前兒童在節目中同時看到植物與動物時會顯得困惑。他們能理解雞為什麼與石頭不同，但是再加一棵樹就會太過混淆。測試過不同版本的「什麼是活的？」影片後，構思者移除了那棵樹，播出的影片只比較動物和無生命的物體。

還有一個問題是每一集應該教幾個字母。《芝麻街》構思者隨機指派學齡前兒童分別觀看介紹一個或兩個「今日字母」的單集節目，結果發現一次教兩個字母的效果並不好。後來被要求正確辨識字母時，一集學兩個字母的孩子認識其中一個字母的比例，比一集只學一個字母的孩子來得低。

研究結果甚至決定了哪些主題可以播出。一集關於商店老闆胡柏先生死去的試播顯示，本集節目讓兒童對死亡有了更好的認識，而且並未出現負面反應。然而一集關於史納菲先生父母離婚的試播則讓試看觀眾裡的部分兒童有了錯誤印象，以為雙親爭吵最後必定會導致離婚。《芝麻街》播出了關於死亡的那集，離婚那集則從未播過。

值不值得提早投入幫助兒童的問題，與我們對兒童期的理解密不可分。的確，我們常把焦點放在幼童做不到的事情上。他們無法餵飽自己、走路、踢球，而且是很糟糕的晚宴賓客。英文的「嬰兒」（infant）一詞源自拉丁文的形容詞infans，意思是「不說話的」。我們不經意地把兒童當成有缺陷的成人。我們認為雙親與教育者的角色就是糾正兒童的錯誤，讓他們不會遇到困難，並且幫助他們長成完美的大人，跟爸爸媽媽一樣（我們是這樣告訴自己的啦）。

心理學家艾莉森．高普尼克（Alison Gopnik）則支持另一種看法。她說，如果一個家是一間公司，小孩就是研發部門，而大人則是製作與行銷部門。「他們〔小孩〕會想出一百萬個新點子，大多數都沒有用，而我們就把那三、四個好點子拿來加以實現。」[5]從這個觀點來看，打造能讓孩子創意玩樂的環境對於確保人類物種的強盛至關重要。同樣的觀點也影響到我們如何看待來自弱勢背景的兒童，以及他們的人生機會是否已經注定了，抑或還有塑造空間。

一九五八年，另一名心理學家韋卡特（David Weikart）開始擔任密西根州伊普西蘭提市的特殊教育主任。[6]當時學校實施種族隔離，城裡所有非裔美籍學生都上同一所小學——裴瑞小學。韋卡特注意到這所學校非常簡陋，校內沒有操場，只有一片長滿薊草的野地。許多非洲裔學生最後不是留級，就是進入特殊教育課程或輟學。

然而韋卡特針對這些問題對校長們提出口頭報告時，他們做出很有防禦性的反應。其中一人雙手緊緊抱胸坐著；有些人站在窗邊抽菸；幾個人離開現場。當他對校長施壓，要他們採取行動時，他們說自己無能為力。黑人學生天生就是那樣。於是韋卡特想到另一個解決方法：「我無法改變學校……那麼顯然就要從上學前做起。」

在一九五〇年代後期，唯一和幼兒園有幾分相似的機構就是托兒所，只注重玩樂。相較之下，韋卡特很關注皮亞傑（Jean Piaget）等心理學家的研究；他們提出幼童的心智從出生起便活躍發展。但是關於早期介入，韋卡特表示：「並無證據顯示早期介入會有助益。沒有資料佐證。」所以他決定讓皮亞傑的理論首度接受嚴密測試。

一九六二年，裴瑞學前計畫開始運作，招收三到四歲的幼童。有二十八個家庭表示想要讓家中的小孩入學。研究者從這些幼童裡選出十三個進入幼兒園，另外十五個則留下來擔任對照組。[7]選擇方式是隨機的，其實就是透過擲硬幣決定。接下來的四年，實驗對象增加到一百二十三名幼童（五十八名入學，六十五人是對照組）。

曾經任教於裴瑞學期計畫的伊芙琳．摩爾（Evelyn Moore）還記得，這個計畫反駁了兒童智力無法改變、以及當地許多孩子「弱智」的普遍認知。她看到了差異——這些孩子知道棒球選手的名字。他們記得歌詞。而且，他們的雙親有了希望。摩爾進行家庭訪問時，看到幾乎每一家牆上都掛著約翰．甘迺迪（John f. Kennedy）和馬丁．路德．金恩（Martin Luther King）

這兩人的照片。

這個學前計畫的課程高度口語化。孩子們學習繪畫、編故事，以及完成難度逐漸升高的拼圖。老師問他們開放式問題，採用一種稱為「言語轟炸」的教學法。[8]他們造訪農場、消防站與蘋果園，在蘋果園裡面摘蘋果、把蘋果煮成蘋果醬。幾個月後到了冬天，他們又回到那座蘋果園去觀察季節性變化。伊芙琳・摩爾問孩子們蘋果到哪去了，其中一個孩子反射性地回答：「老師，我沒有拿。」

過了數十年，其中一名參與者「大衛」還記得裴瑞學前計畫把教育融入日常經驗的情形：「就連遊戲時間似乎都帶有學習的成分。我現在知道那就是建立關係，跟別人一起玩遊戲，習慣跟別人互動。」

裴瑞學前計畫只持續兩年，但是研究者在往後的數十年中追蹤參與者以及對照組成員的狀況。他們發現在兒童期，上過幼兒園的人智商測驗成績較好，但是這個效果會隨時間消失。[9]到了青少年時期，他們開始注意到其他影響。上過幼兒園的人裡面有七七％高中畢業，相較之下對照組的比例是六〇％。二十幾歲時，上過幼兒園的人有車子、房子及穩定工作的機率較高，使用毒品與接受社會救濟的可能性較小。到了四十歲，上過幼兒園的人有二八％曾經入獄，而對照組的比例則是五二％。

這個計畫最重要的經濟學分析估計，每在裴瑞學前計畫上面花費一美分，社會可以回收七到十二美分。[10]目前為止最大的利益來自犯罪率降低，這證明如果針對有一半入獄機率的人施以早期介入，可以改變參與者的人生，其成本對地方整體而言很合理。

在這個研究之後的數十年，極度弱勢兒童幼兒期計畫的隨機評估不斷顯示早期介入的益處。[11]從一九七二年到一九七七年，北卡羅來納州有一百一十一個嬰兒參與「初學者」實驗，該實驗為四個月大的孩子提供一週五天的托育，直到他們上小學。參與者長大後，進入大學、成年受僱的機率都比較高，而且通常會等久一些才會自己生育小孩。[12]到了參與者三十五歲左右，計畫已經結束三十年了，但是曾經參與初學者計畫的人血壓明顯較低。[13]

有些幫助幼兒的隨機試驗則把焦點擺在育兒策略。昆士蘭大學策劃的「3P」正向育兒計畫與家長合作，透過大約八堂課程建立讚美孩子的技巧、創造有吸引力的活動、設下規則，以及管理不良行為。隨機試驗證實3P計畫能有效讓家長對自己的育兒技巧更有信心，並且減少家長觀察到的不良行為。[14]

看到一般社區的成果後，布里斯本的一群教育研究者與原住民社工合作，規劃出一個適合原住民文化的3P計畫版本，然後透過隨機試驗進行測試。[15]參與實驗的家庭有五十一個，這種樣本數通常無法把真正的政策影響從背景的統計雜訊中區分出來。然而在這個實驗中，

3P計畫的效果非常大，出現行為問題的孩童比例在統計學上有了顯著下降。心理學家做了一個測驗，提出與三十六個問題行為有關的問題。由於有了3P計畫，回報的孩童問題行為比測驗標準少六個，讓樣本群體中的一般孩童脫離「臨床範圍」而進入正常範圍。

在先進世界中，愛爾蘭是兒童貧窮率最高的國家之一。當地有一項十二堂課的正向育兒計畫，名為「好年代基礎育兒計畫」，在三到七歲的兒童身上展現了類似的強大成果。[16]該計畫針對愛爾蘭一些最弱勢的兒童，隨機試驗的初步結果指出「好年代」計畫中的介入手段，最後可能對社會造成極好的結果，因為犯罪率、社會救濟支出與醫療費用都下降了。[17]

有些育兒介入計畫從孩子還是嬰兒時就開始實施，會有護士在小孩剛出生的頭幾個月進行家訪。[18]一般來說，這些計畫以「有風險」的兒童為對象：因為他們的雙親貧窮，因為寶寶出生時體重不足，或是因為社福機構擔心這家人的生活狀況。護士會提供諮詢、指導父母如何讓寶寶入睡，並且提醒他們對新生兒說話和唱歌的重要性。隨機評估結果顯示，護士家訪會使養育狀況改善、兒童的認知能力提升。也有證據顯示，護士家訪會降低婦女遭受伴侶身體暴力或性暴力的發生次數。[19]

不過，一項仔細的綜合證據分析也指出隨機試驗對於衡量實際成效的重要性。這項分析發現，非隨機研究通常會高估護士家訪的好處達三到六倍。[20]我們很難確知非隨機研究的問題出在哪裡，但有一個可能是這些研究把要求家訪與沒有要求家訪的家長做比較。如果想要護士來訪的家長的動機較強，研究結果就很可能偏向對家訪有利。

神經科學讓早期介入有了一個強大的動機。誠如專門研究幼兒期的達娜．蘇斯金（Dana Suskind）所言，我們的肝、肺與心臟從一出生就完整運作。唯有大腦在出生時僅有部分發育。[21]然而神經科學也有遭到濫用的風險，有可能被用來為任何早期介入辯解，或者暗示早期的劣勢會造成不可逆的傷害。有些人因為人腦在三歲時已經發育五分之四，而草率地論斷所有早期介入計畫都值得花錢。在提倡者的投影簡報與TED演說中，時常出現一幅驚人的三歲幼童大腦掃描影像，但是似乎沒有人知道那張圖來自哪裡，更遑論那個孩子的教養環境。在歐洲，「關鍵一千零一天」運動主張這個時期決定了小孩一輩子的表現，有時候甚至會宣稱「兩歲已經太晚了」。[22]這個運動如果致力於嚴謹分析怎麼做才有效，而不是斷言孩子一旦進入幼兒期就「沒救了」，反而會比較好。

韋卡特創立裴瑞學前計畫後過了半個世紀，一群研究者在墨爾本運用一種科學方法來瞭解如何為有風險的兒童設計有效的幼兒期計畫。「幼兒教育計畫」是澳洲第一項針對極度弱勢兒童的高品質學前教育所做的隨機試驗。[23]

走進位於西海德堡的幼教中心，我立刻被那種家的感覺打動。那裡有柔和的燈光、地毯和長沙發。遊戲區看起來很清爽，籠子裡還有雞和天竺鼠。中心裡的教師散發出沉著與自信的氣息。他們大多具有十年以上的幼教經驗。對於最年幼的那群孩子，一個成人只需負責照顧三個幼童。

如同醫院的加護病房，這個中心的目標是修復創傷。濫用藥物、家庭失能等嚴重問題在進入中心的嬰兒與幼童生命中造成了一種「毒性壓力」的氛圍。一個四歲男孩「威爾」曾被兩家托育機構拒絕，因為他會咬人、罵髒話、吐口水、在遊戲室小便。[24]威爾的母親經歷過三段暴力的感情，威爾自己也在三歲時遭到母親的伴侶性侵。他母親經常掌摑他、對他大吼大叫；他到現在還在穿尿布，因為他太害怕用馬桶。

繼續處於這種情況下，威爾極有可能會被送到兒福機構、仰賴社會福利金生活，或者入獄。在他一生中，他可能會極度窮困，也可能讓社會為他付出數萬澳元。不過，西海德堡幼教中心的收費也不低。高度勝任的教師、小團體與一個每天供應兩餐的廚房，都令威爾受惠。初期的跡象很理想：威爾被指派負責照顧雞和收取雞蛋。然而，我們唯有經過嚴謹分析才會知道威爾與其他孩童在幼教中心得到的益處，能否證明這筆花費是值得的。

和參與幼兒教育計畫的家長談話時，我對他們在隨機分派過程中感受到的緊張情緒印象深刻。[25]一個母親告訴我，她是屏氣凝神地聽取從電話那頭傳來的消息。家長報名時都被告知，得到資格的機率是一半一半。對一些人而言，這就像買彩券，只是幼教中心名額有限，沒有被選中的家庭還是能使用一般托育服務。有一個研究者對我說：「百分之五十的機率，還是優於許多家庭一生中在其他方面得到的機會。」

如果沒有隨機分派，必定會出現一種風險，即進入幼教中心的孩子，父母都是最有動機的那群，所以那些孩子可能無論如何都會發展出較好的結果。由於研究者確信他們的比較組很可靠，所以他們希望接下來五十年對兩個組別都加以追蹤，以瞭解優良的幼教計畫是否真能改變人生。

◆

教育研究者習慣以懷疑的眼光看待隨機評估。他們對目前已有的知識一直不滿足，所以也投入大筆花費來做教育評估。但是誠如一項分析在十年前指出的，「關於怎麼做才有用，我們並未學到什麼。」[26] 著名的教育研究者傾向拒絕隨機試驗，他們爭辯的理由是這世界太複雜、對照組有違倫理，或者隨機試驗在政策上不可行。[27]

讓學校發揮更好的作用，是相當複雜的任務。從入學第一天到高中畢業，學生在學校度過大約一萬六千小時。但那只占他們非睡眠時間的一小部分，所以學生表現的變化大約有一半取決於家庭而非學校，這或許並不令人意外。[28]教師向來都要應付年輕人的頂嘴、懶散與衝動。現在，他們還得設法讓頻繁使用智慧型手機、平板電腦和遊戲機的孩子持續注意他們。

學校在吸引和留住教職員方面也面臨挑戰。半個世紀前，學校是職業婦女的主要雇主之一，因為她們在其他職場面對的性別歧視嚴重多了。如今，學業成績優異的女性可以選擇在商業、醫療和法律這些領域發展事業且前途看好，因此新進教師的標準也就往下降。

這些因素導致的結果都呈現在測驗分數裡。過去一個世紀當中，全球人口的智力測驗分數穩定上升，每十年都持續提高。但是現在看來，促成「弗林效應」——以紐西蘭社會科學家弗林（James Flynn）命名——的因素可能主要是我們接受了更多教育，而不是學校有進步。過去二十年來，經濟合作暨發展組織在「國際學生能力評量計畫」中讓一群十五歲的受測者接受統一測驗。在許多先進國家，測驗結果愈來愈差。先進國家在數學、閱讀與科學的平均分數都下降了。[29]我們要如何翻轉這個趨勢？

針對以學校為基礎的計畫進行隨機試驗，可以產生令人意外的結果。近年來，美國教育部每年投入超過十億美元，推行一個名為「二十一世紀社區學習中心行動」的課後計畫。[30]學童放學後去學習中心參加最多四小時的課程，內容包羅萬象，從課輔到戲劇、運動都有。該計畫的一項初期評估，在成效方面得出了正面結論。研究者在對教師做調查時發現，去學習中心的學童一年下來，學業成績、積極程度、專注力與教室行為都有進步。[31]

情況似乎很樂觀，直到你停下來，花一點時間思考其中的反事實。實際上，研究者假設一年時間過去，學童對教材的理解程度或學習能力不會有進步。他們把學生在思考及行為上的改善全部歸因於課後計畫。這意味評估者是在偏好這項計畫的狀態下影響了結果。

然後，數學政策研究公司（Mathematica，專門做隨機試驗）的一群經濟學家公布了他們的評估結果。該機構的評估並沒有比較學生一年前後的差異，而是隨機分配小學生去參加課後計畫，或者進入對照組（通常是跟一位家長或親戚待在家裡）。

結果跟前述的初期評估相去甚遠。參加課後計畫的孩子，在學校明顯更常出現失序行為——他們會做出一些舉止，導致自己被留校察看、家長被請到學校，以及造成紀律問題。[32]參加課後計畫讓學童的停學率從八％提高到十二％：可能是因為去課後學習中心讓他們更有機會與錯誤的團體混在一起。歸根究柢，並沒有證據顯示課後計畫能改善學業成績，卻有許多證據顯示這種計畫會令行為惡化。[33]這項每年花費美國納稅人超過十億美元的計畫，並沒有改善學生的學習狀況，倒是引發了紀律問題。

遺憾的是，這個故事沒有快樂收場。一群支持者成功遊說國會維持聯邦政府對二十一世紀社區學習中心的資助，其中最著名的就是前加州州長阿諾・史瓦辛格（Arnold Schwarzenegger）。

史瓦辛格不認為他有責任討論研究資料，或者說明他為何認為數學政策研究公司做的研究有瑕疵。反之，他只是空泛地宣稱：「以那些研究結果為理由，用來減少目前對課後計畫的出資額度，是極大的錯誤；我再說一次，這是極大的錯誤。」[34]美國國會決議繼續出資辦這個計畫。國會原本可以選擇把這筆錢花在已經證實能幫助低收入戶兒童的方法上。舉例來說，十億美元可以為八萬八千名新手媽媽提供護士家訪，為九萬六千名學齡前兒童提供高品質的幼兒期計畫，為二十九萬五千名小學三年級生提供密集閱讀訓練，或者為一百三十萬名青少年提供一項以證據為基礎的計畫，以減少青少年懷孕的情形。[35]

在英國，「教育基金會」（Education Endowment Foundation）委外進行了一百多項評估以測試哪些做法在課堂上能發揮作用，其中許多是隨機評估。在產生正面結果的隨機評估中，包含單獨課業輔導、個人閱讀輔助、一個由新加坡人設計的數學教學法，以及一個以哲學為基礎的介入手段，用以鼓勵學生多參與課堂討論。[36]

由於教育基金會做的隨機試驗非常多，所以他們的專家也設法確保研究者能比較試驗結果的尺度。正如買車時，正確的問題不是：「這車有多好？」而是：「我花錢能換來什麼？」教育資源會一直缺乏，所以知道哪些計畫效益最好，這一點至關重要。

教育基金會比較各項計畫的其中一個方法，是檢視以相當於一個月的學習時間來改善學生成績所需的費用。[37]他們發現就連在有效的計畫中，費用的差異也極大。要讓一個學生得到一個月的改善，單獨課業輔導的費用是二百八十英鎊，個人閱讀輔助需要二百零九英鎊，數學教材要價六十英鎊，而以哲學為基礎的介入方法則需要八英鎊。[38]所以儘管全部的計畫都「有用」，卻有一些計畫的成本效益比其他計畫高出三十五倍之多。

有些教育基金會測試的計畫聽起來大有可為，但是沒做出成效。「聊書」計畫專門為英文程度落後的兒童設計。[39]圖書館在週六早上舉辦聊書活動，並由受過訓練的閱讀講師帶領，讓小學生有機會閱讀及討論一本新童書。聊書是那種會令人感到暖心的計畫。可惜，一項隨機試驗顯示這個計畫對閱讀能力毫無改善。

另一項教育基金會的試驗則是檢驗學音樂會讓人更聰明的說法。一個全國音樂教育協會的前會長堅稱：「音樂能加強數學、科學、地理、歷史、外語、體育和職業訓練這些領域的理解能力。」[40]關於這個問題的研究，大多是將選擇學習樂器的人和沒有選擇學習樂器的人做比較。但是三歲就拿起小提琴的孩子也許本身就與沒有學琴的孩子不同——比較積極、天生認知能力較強，或者家長管得比較緊。在教育基金會的研究中，九百名學生被隨機分派上音樂課或戲劇課，後來再接受讀寫與計算能力測驗。[41]研究者發現兩個組別之間沒有差異；這意味學音樂對人腦並沒有我們所想的那麼有益，要不然就是戲劇課也同樣有幫助。

在大西洋彼岸，得到嚴謹證據支持的教育介入方法甚至更少。二〇〇二年，美國成立了有效教育策略資料中心（What Works Clearinghouse），這個聯邦組織負責透過科學證據評估哪些教育介入方法最有成效。他們檢視每個細節，從科學教學到協助身心障礙學生。有效教育策略資料中心成立的頭十年當中，委外進行的隨機試驗有九成並未產出正面效果。[42]有人開始戲稱它為「無效教育策略資料中心」（Nothing Works Clearinghouse）。[43]

成立至今這些年，有效教育策略資料中心得到兩大黨的支持。除了委外進行新的研究之外，該組織也負責檢查可用的證據，檢視最佳的評估研究得出的結論。為了達到最高評級，研究必須採用隨機分配方式。[44]有鑒於美國的學校教育分屬各州管轄，有效教育策略資料中心便成為教育者與家長等人士的一項資源。

雖然許多新計畫沒有作用，也有一些產生了重大的影響。比爾與梅琳達．蓋茲基金會在一項實驗中，對教師輔導計畫進行隨機試驗。教師每個月把自己上課的影片寄給一名專家指導人員，專家會與他們合力改掉他們的壞習慣，並且嘗試新的教學方式。到了年底，參與輔導計畫的教師在課堂上的成效有所提升，相當於多上了幾個月的課。[45]

由於學校運用科技教學的情形激增，也有隨機試驗在探究硬體與軟體是否能幫助孩子加速學習。分送學童免費電腦對學生的讀寫與計算分數並未造成顯著影響。[46]然而評估線上學習工具的實驗卻發現有很大的影響，尤其是在數學方面。[47]透過把問題化成遊戲、把技能拆開成容易理解的很多小部分，並且給予迅速回饋，ASSISTment與SimCalc這類應用程式大舉提高了學生的算數、代數與微積分成績。隨機試驗也為一些不合乎常規的學業成績改善策略做了背書。在以色列，一項隨機試驗在四十所成績偏低的學校提供一千五百美元給通過期末考的學生。這筆報酬讓畢業率提高了三分之一以上。[48]在英國，學校每週發簡訊給學生家長，告訴他們接下來的考試日期，以及學生當週的學習內容，大幅提升了高中生的成績。[49]相較於隨機分配的對照組，這些簡訊（每個學生的費用為六英鎊）一年提高的數學成績，相當於額外學習一個月的效果。另有一個很划算的介入手法是寄信給缺課嚴重的學生家長（這些學生平均一年缺課十七天）。[50]因為家長會低估自己小孩的缺課時間，所以直接告訴他們孩子的缺課天數，便讓缺課時間減少了十分之一。

針對紐約哈林區一所特殊學校「希望學園」所做的一項隨機評估也觀察到極大的影響。哈林區年輕人的出路很艱困：曾有一項研究發現，出生於哈林區的年輕人，預期壽命比出生於孟加拉的年輕人還短。[51]古柯鹼、槍枝、失業與家庭失能所造成的環境，讓當地居民世世代代皆處於弱勢。二〇〇四年成立的希望學園多了一天上學時間，早上八點到下午四點上課，課後活動通常持續到晚上七點。週六有補救課程，暑假也比大多數學校短。結果學生待在學校的時間比一般兒童多了將近五〇％。這所學校以「無藉口」模式運作，強調堅忍不拔的精神。學校預期每個孩子都會進大學。校方嚴格監管學生與教師，並且非常致力於提升考試成績。

希望學園是全美六千九百所特許學校之一。這類學校的申請人超過入學名額時，就會透過抽籤來分配名額。一如威力球彩券或越戰抽籤，這些特許學校的抽籤都是公開進行。有些使用電腦演算，有些則把學生姓名寫在紙上，集中在箱子裡抽選出來。有時候，學校會借來博弈彩券的開獎設備，分配號碼給學生，然後從箱子裡抽出號碼球。紀錄片《等待超人》（*Waiting for Superman*）中呈現了哈林區兩所學校的抽籤過程，兩邊各有二十人申請入學。學生抽選出來後，可以看到他們父母高興得大叫。接下來，又看到失敗父母臉上的淚水。那些沒被抽中的學生包括還在上幼兒園的碧安卡；她的母親身兼多份工作，期望碧安卡能夠上大學。另外還有閱讀障礙的一年級生法蘭西斯科。

抽完籤後的喜悅與心碎，形成了清楚的對照。研究者追蹤碧安卡與法蘭西斯科這樣的學生，並且將他們與贏得希望學園入學資格的學生比較。他們發現希望學園對成績的影響非常大。全美黑人高中生的學業表現平均落後白人同儕二到四年。被抽中就讀希望學園的學生，成績進步的幅度大到足以彌補黑人與白人考試成績之間的落差。[52]研究主持人弗萊爾（Roland

Fryer）指出，這顛覆了一般人抱持的宿命論觀點，亦即貧窮根深柢固，而學校沒有能力扭轉現況。他聲稱哈林兒童特區的成就「對這些孩子而言，相當於治癒癌症」。「這非常驚人，」他若有所思地說，「應該加以讚揚。」[53]在這個從住房持有率到預期壽命都存在著種族差異的國家，這類計畫讓建國時承諾的那句「人皆生而平等」，有了實現的可能。

對社會改革的熱情，以及針對介入手段所做的嚴謹評估，兩者可以相輔相成。「三千萬字行動」的名字來自一項一九九五年的研究，當時的結果指出弱勢兒童在滿四歲前聽到的單字，可能比來自富裕家庭的兒童少三千萬個。[54]該機構的創辦人認為，要克服這項差異，有個辦法是針對家長與自己孩子聊天時的情況，給予他們回饋。二十幾年前進行這項研究時，只有安排一個研究者在場才能計算字數。不過現在語音辨識裝置就能做那個工作了。有一種要價大約四百美元的數位裝置名叫「莉娜」（LENA，「語言環境分析」〔language environment analysis〕的縮寫），可以放在兒童的口袋當中計算親子之間每天說話說了多少單字。所以三千萬字行動展開了一項隨機試驗，想知道如果把每天的資料給家長，讓他們知道自己對孩子說了多少話，是否會激發他們說得更多。目前為止的結果很樂觀。[55]

最優秀的非政府組織總是在找方法檢驗自己的計畫，並藉此改善做法。他們知道如果檢驗出來的成效很差，對社會而言終究也是非常好的結果，因為這代表我們可以停止把錢花在無效的方法上。

隨機試驗的結果令我們感到些許不自在時，才是最有作用的。我常把考試成績當作有用的學生資質指標，所以我讀到一份研究報告時，覺得很不安。那個研究在芝加哥進行，內容是在小學生考試前給予他們意外的刺激。[56]就在考試開始前，部分學生被告知如果他們這次的分數比上次高，就會得到獎勵。就連小小的獎賞都會讓學生的分數提高，幅度相當於多上了幾個月的課。年紀最小的學生最容易被廉價的獎品打動，而年長一些的學生則對二十美元的現金有反應。如果研究者把獎品放在學生桌上，並告訴他們如果考不及格，獎品就會被拿走，這些刺激就會特別有用。相反的，如果研究者答應學生會在一個月後把獎品給他們，就不會造成什麼影響。學生是在考試前幾分鐘才得知獎品的事，所以差異極大的結果顯示大多數芝加哥學生平常考試時並沒有盡力。所以這也意味用考試分數來評量能力，並不若研究者先前所想的那樣精準。

隨機評估甚至可以用在超大型計畫上。我們會在第七章看到，開發中國家的研究者曾經利用隨機試驗來檢驗在村子裡設立新學校，或者將學校老師薪資加倍這種巨大改變帶來的好處。

然而，樣本大小並不是唯一的重點——被檢驗的計畫是否能合理預期會發揮效用，也很重要。在紐約，一項遍及六百多所學校的隨機試驗被安排用來檢驗教師的績效獎金是否能發揮作用。然而這個系統並不是獎勵個別教師，而是基於整所學校的表現來決定獎勵。一般的紐約學校有六十名教師，一個教師的努力根本難以影響全校的最後成績。不僅如此，計算學校成績的公式太複雜，大多數老師都極度難以理解。[57]毫無意外，實驗結果發現績效獎金對考試分數沒有影響。[58]這對於那類績效獎金計畫而言是很精確的評估，但是不應該依此推斷績效獎金毫無作用。[59]

類似的問題也出現在「師生成就比例計畫」的實驗中，這是針對小班教學所做的隨機試驗。這個實驗於一九八〇年代在田納西州進行，結果顯示學生在小班級的成績比較好。[60]然而，有人說會產生這個影響是因為實驗組的教師知道如果實驗得到正面成效，那麼全州的班級規模就會永遠縮小。[61]若這個評論屬實，就代表小班教學確實有可能增強學習效果，但前提是教師有強烈的誘因要達到更好的成效。

◆

在大學的層級，隨機實驗的數量正在激增。俄亥俄州與北卡羅來納州的研究者與布洛克兄弟（H&R Block）稅務服務公司合作，找出有一個孩子即將高中畢業的低收入戶。[62]這些家庭有半數隨機獲得協助，完成申請獎助學金。從稅務服務公司的角度來看，填表申請只花了八分鐘左右，花費不到一百美元（包含軟體費用），卻對那些家庭造成顯著差異。兩年後，得到幫助申請獎助學金的孩子進入大學的比例提高了四分之一。

由於沒有就讀過大學的家長通常缺乏大學申請手續的相關資訊，適度介入可以產生很大的影響。在安大略，一個為十二年級生舉辦的三小時工作坊讓參加者的大學入學率比隨機分配的對照組高出五分之一。[63]在麻薩諸塞地區，同儕傳送的支持簡訊也提高了十二年級生進入大學的機會。[64]在智利，有一項提供收入資訊的隨機試驗讓貧窮學生更傾向選修比較能提高收入的課程。[65]在屬於低收入戶而成績優異的美國高中應屆畢業生當中，一項告知學生更多大學特質的實驗顯著提升了他們選擇適合自己的大學院校的機率。[66]

隨機分子甚至查明了上大學的直接利益。在正常情況下，我們不可能知道上大學的反事實是什麼。但是在荷蘭，一項不尋常的隨機試驗得出了一個答案。由於申請進入醫學院的人數實在太多，荷蘭政府決定抽籤分配名額。這使得研究者可以比較少數得以念醫學院的幸運學生和運氣比較差的同儕之間，在收入上的差異。結果是一個醫學院名額能讓終身所得增加五〇%，相當於一百萬歐元左右。[67]

光是入學還不夠。沒有修到學位，就不太可能享受學位帶來的好處。在先進國家裡，十個大學生中只有四個準時畢業。[68]即便預計的畢業時間已經過了三年，十個人當中也只有七個取得學士學位。隨機試驗能不能教我們任何與改善大學畢業率有關的事？

事實證明，答案是肯定的。有一個實驗用個人專屬的課業輔導提升了有危險學生的畢業率。[69]另一個實驗證明學業輔導服務結合獎助學金可以降低輟學率，但是只對女學生有用。[70]鑒於輟學對大學院校與學生個人來說代價都很高，這兩項計畫似乎意味輔助費用花得很值得。

把「測試、學習、適應」的哲學運用在改善教育方面，有其恰當之處。然而這個哲學促使《芝麻街》成為全世界最有影響力的教育節目，是否也能運用在警察部門與監獄？[71]透過隨機試驗來降低犯罪率和入獄率，是否實際或可行？

6 控制犯罪

坎培拉郊區有一棟房屋成了連續竊盜的目標。這戶人家第六度被人從窗戶闖入，偷走家中九歲兒子房間裡的物品。[1]不過這次小偷被逮個正著，是隔壁人家的九歲男孩——當時他拿著一個枕頭套，裡面裝滿樂高積木。

員警拉莫斯（Rudi Lammers）獲報到現場時，決定不要只按照平常處理少年犯的程序辦案。反之，他和兩個九歲男孩坐下來，然後問受害者：「你覺得我們應該怎麼做？」

答案令他很驚訝。受害者從枕頭套裡倒出一半的樂高積木，把剩下的給了小偷。然後他說：「只要你想玩樂高，就過來玩吧。可是你能不能從前門進來？因為每次你從窗戶進來，我爸都很生氣。」

數十年後，拉莫斯在坎培拉的一家俱樂部遇到一個男人上前在他耳邊低語：「你知道我是誰嗎？我是那個樂高男孩。那次的事改變了我的人生。」先前那個小小偷從那次之後便不再偷竊，現在經營一家建設公司。

當時拉莫斯是以非正規的方式實行「修復式司法協商」——將犯案者與被害人集合起來，討論犯案者該如何修補自己造成的傷害。修復式司法在傳統社會相當常見，包括紐西蘭的毛利人，以及美洲和澳洲的原住民社會。從一九八〇年代開始，犯罪學家便主張修復式司法會引發羞愧感與補償心態，可能比罰金或刑期更能遏制犯罪。但是修復式司法剛開始實施時，許多人認為它很愚蠢，或者太溫和。

一九九〇年代後期開始，印第安納波利斯、倫敦與坎培拉這些特質各異的地方都在進行實驗，把罪犯隨機送入修復式司法或傳統司法程序。某些案件種類——例如家暴或詐欺——不適用修復式司法，不過這些實驗涵蓋其他罪行，範圍相當廣，包括侵犯人身、強盜與汽車偷竊。

研究者整合來自世界各地的十個修復式司法實驗結果（這個處理方式稱為後設分析），結論認為修復式司法確實能減少犯罪。[2]經歷過修復式司法程序的罪犯，在接下來兩年中再度犯罪的比例明顯較低。社會因此得到的好處多於付出的成本。在倫敦的實驗裡，因犯罪減少而得到的收益，價值比實施修復性司法的成本高了十四倍。在一項令部分理論家感到意外的結果中，修復式司法似乎對遏制暴力犯罪特別有效。

坎培拉的實驗結果顯示，修復式司法也幫助了被害人。相較於那些被隨機分配由法庭審理的案件，透過修復式司法處理案件的暴力犯罪受害者比較不擔心加害者會再度傷害他們。在修復式司法之下，受害者得到誠心道歉的機會也多了五倍。受害者也被問到如果他們有機會，是否會傷害加害者。在上法庭的案件中，將近半數的受害者後來說他們仍然想要報復；相較之下，以修復式司法處理的案件只有不到十分之一的受害者這樣說。許多犯罪行為的動機就是報復，所以這個結果意味修復式司法也許能幫助避免一報還一報的暴力循環。[3]

在刑事司法中，直覺想到的解決方式不一定能產出最好的結果。美國的暴力犯罪率自一九九〇年代初期至今下降了一半。[4]與此同時，入獄率卻幾乎翻倍，有將近百分之一的美國成年人在獄中服刑。[5]未完成高中學業的黑人一生中會入獄的機率是三分之二。[6]參議員布克（Cory Booker）曾在二〇一五年指出：「目前受到刑事管束的非裔美國人，比一八五〇年的奴隸總數還多。」

隨機試驗能否同時促進降低犯罪率和入獄率？在本章裡，我要探討四種刑事司法實驗：防治、管制、懲戒、監獄。要創造一個犯罪和懲戒較少的社會，這些步驟每一個都必須做得正確。隨機試驗能幫我們達到目標嗎?

◆

這種活動名叫「拳頭」。年輕男子分成兩人一組,其中一人拿到一顆高爾夫球,另一人則被告知要在三十秒內拿到那顆球。

那些學生立刻開始又抓、又打、又扭。

時間到之後,老師問他們為什麼沒有人直接開口向搭擋要球。「他不會給我的,」其中一個學生說。「他一定會覺得我是娘炮,」另一個學生這樣回答。

然後老師轉向拿球的學生,問他們會怎麼回應禮貌的要求。「我會把球給出去,不過就是顆無聊的球罷了,」一個學生回答道。

這些來自較貧窮內城區的年輕人正在參與一項犯罪防治計畫,名稱是「變成男人」。計畫的目標是讓青少年從不自覺地做出反應轉為謹慎思考,認知到在街頭混的正確策略,到了教室裡可能會是錯誤方法。舉例來說,一個高犯罪率社區的年輕男子如果對「手機給我」這類要求很順從的話,可能會被當成往後作案時容易下手的目標。相反的,如果同一個年輕男子在課堂上不聽老師的要求坐下,他可能會被學校停學。

「變成男人」不會叫年輕人不要打架。有別於來自富裕郊區的小孩，在貧窮社區長大的青少年也許要表現得很強硬，才能保持安全。所以這個計畫的角色扮演活動會鼓勵青少年視情況選擇正確的反應方式。經過敵對幫派成員時，眼神接觸可以讓人送命，在求職面談時卻一定要有眼神接觸。以認知行為療法為基礎的「變成男人」旨在讓年輕人緩和下來，判斷情勢，並且謹慎選擇要順從、爭辯還是反擊。

這個計畫有用嗎？從二〇〇九到二〇一四年，芝加哥的研究者進行了兩項隨機試驗，把青少年隨機分配參加「變成男人」計畫或者課後體育活動。[7]「變成男人」把逮捕情形大幅減少了三分之一到二分之一。現在有部分研究者認為減少「自動性」（automaticity，年輕男性出於本能而猛烈攻擊的傾向）對於年輕男性生活的改善幅度，也許大過一般的學科補救及職業訓練計畫。阿蒙森高中的十二年級生艾丁森對「變成男人」計畫的總結是：「男孩會有問題。男人會找出辦法解決問題。」[8]

值得注意的是，認知行為療法在其他環境中似乎也有效果。在飽經戰亂的賴比瑞亞，研究者招募到將近一千名該國首都最暴力的男性，然後隨機提供其中一些人機會，讓他們完成一個減少自動性並提高自覺的短期課程。[9]一年後，經歷過認知行為療法的男性販毒、偷竊或攜帶武器的比例都降低了。成效在進入第二項隨機實驗（領到二百美元現金）的人身上特別明顯。綜合來看，治療加上一筆一次性的補助金讓犯罪率從每年六六％降到了三〇％。

賴比瑞亞實驗其中一個令我喜歡的地方是，布拉特曼（Chris Blattman）和他的共同作者承認自己對實驗結果很訝異。那筆現金只支付一次，所以他們沒有預料到會對長期行為產生影響。研究團隊目前正在探索可以透過什麼方法來用暫時性的補助改變人的生活。

這世界有許多我們不懂的地方，所以對實驗發現感到訝異是完全健康的事。其實，對於任何只根據理論或小規模觀察就宣稱知道什麼方法有用的人，我們都應該高度懷疑。經濟學家凱因斯（John Maynard Keynes）就曾經說過：「事實改變時，我也會改變想法。閣下，你會怎麼做？」[10]

幫助問題青少年避免犯罪的計畫，可以對他們的生命軌跡造成極大的影響。在芝加哥，被隨機分配得到八週暑期兼職工作的非裔美國高中生，犯下暴力罪行的比例低了四〇％。這個效果在暑期工作結束後還持續超過一年。[11]防治計畫發揮作用的話，不僅能挽救年輕人，讓他們免於揹著案底過一輩子，還能透過預防犯罪來免去受害者的痛苦與損失，並且為納稅人省下更多監禁的花費。

◆

一九七〇年代初期，密西根州有一家保齡球館推出一個廣告，標語是：「盡興地玩，今晚打爆你老婆。」[12]這反映出家暴在當時被視為常態。受虐婦女經常被別人問：「你做了什麼惹他生氣？」社工力勸婦女留在有暴力傾向的男性身邊，說這是為了孩子好。醫護人員包紮傷口時不敢看受害者。安全的庇護所非常罕見。接到家暴的報案電話時，員警有時會嘲笑受害者。他們很少將施暴男性帶離家中。警察通常使用「柔性勸導」的方式，目的是緩和緊張情勢。有一州的警察指導手冊就建議員警，「不要太嚴厲，或者批評別人。」[13]

到一九七〇年代後期，警方的態度開始轉變。受暴婦女運動（Battered Women's Movement）興起，挑戰對待家庭暴力應該比對待街頭暴力更寬容的觀念。[14]一項殺夫案件的研究發現，多數婦女在犯案前的一年當中至少向警察求助過五次。[15]有些人主張如果警方態度更強硬，或許會有人因而得救；也有人認為逮捕施暴者不會造成什麼差異。許多被害人不願意簽署起訴書，因為她們擔心被捕的恥辱會導致施暴男性日後採取報復行動。

美國警察基金會董事長墨菲（Patrick Murphy）認為，警察的反應只不過是基於「直覺、假定、傳統」。所以該基金會在一九八一年與明尼亞波利斯市政府合作，參加了一場不尋常的實驗，尋求「透過科學探究……以事實取代傳統來解開這個問題：警方能用什麼方法遏止未來的家庭暴力？」[16]

在明尼亞波利斯的家暴實驗中，員警拿到一本特製的報案表格，上面列出三種處理方式：逮捕施暴者、將施暴者帶離家中八小時，或者勸告當事夫婦。這三種方式（逮捕、帶離、勸告）以隨機的順序出現在報案表格中。在受害者傷得不嚴重的家暴案件中，員警必須按照表格第一頁的指示行動。

結果很明確。無論在警方報告或受害者調查中，施暴者被逮捕的家庭在接下來六個月內發生家暴的比例，較施暴者被警察送走或當事夫婦收到警察勸告的家庭少了一半左右。[17]讀過研究報告後，紐約市警察局長立刻告訴局內員警，如果家暴受害者有意正式提告，就要逮捕施暴者。[18]不到幾個月，達拉斯、休士頓與明尼亞波利斯也都改變了方針。[19]研究結果公布一年後，全美家暴案件逮捕率從一〇％上升到三一％。[20]兩年後則變成四六％。

後來幾年中，重複驗證的研究又有了更細微的發現，可看出被捕一事對家庭的影響，在施暴者有工作時比失業時來得更大。[21]然而若不是有隨機試驗，幾乎可以肯定管制執行不會轉變得如此劇烈。瞭解怎麼做才是警方對家暴最好的反應方式，依然至關重要。全球有五成的女性凶殺案被害人是被伴侶或家人殺害的。[22]誠如一份聯合國的報告所說：「女性被那些應該照顧、甚至保護她們的人殺害的風險最高，真是諷刺得令人心酸。」[23]

明尼亞波利斯家暴實驗的主要學者調查員中，有一個是謝爾曼（Lawrence Sherman），當時年紀三十出頭。謝爾曼的雙親分別是浸信會牧師與基督教青年會員工，所以他說：「我從小到大都有強烈的社會正義觀念。」[24]他在俄亥俄州只花別人一半的時間就取得大學文憑（兩年而非四年），並於一九六〇年代後期面對徵兵委員會，基於良心拒服越戰兵役。其他拒服兵役的人不是逃到加拿大就是入獄，謝爾曼卻充滿自信地告訴徵兵委員會，他可以透過接受公職來逃避兵役，而他打算在紐約市警察局擔任研究員。「徵兵委員會很不悅，」他回想道。「不過總局在我到職前的那個週末遭到炸彈攻擊，他們瞭解到我在紐約橫死的機率跟在越南一樣，所以就沒那麼不高興了。」[25]

由於跟各大警局合作，謝爾曼著迷於瞭解為何有些管制策略有效，有些則無效。他的回應是打造一個新的學門：實驗犯罪學。這不但在警界別開生面，對犯罪學這個學科本身也是。「犯罪學發展至今，」謝爾曼表示，「基本上是一種描述性或觀察性的科學，有點像天文學。」[26]天文學家研究天體運行；他們不會嘗試改變天體的軌道。謝爾曼認為犯罪學應該要比較像醫學，致力於讓病人更健康，或者更棒的是在人患病之前就先介入。他相信犯罪學應當要有一個重點是想出如何減少犯罪。實驗犯罪學明顯偏離涂爾幹（Émile Durkheim）等人的思想；涂爾幹認為犯罪無法避免，因為它「與所有社會生活的基本狀態綁在一起」。[27]涂爾幹要闡明犯罪。謝爾曼則要減少犯罪。

一九九〇年代初期，堪薩斯城使用快克古柯鹼的問題大增。毒販住在「快克窟」，就是可以用來出售毒品的廢棄住家。市警局想知道關閉快克窟的效果，所以跟謝爾曼合作策劃一項實驗。[28]

一開始，警方必須證實某一棟住家被用來販毒的投訴。會有一個臥底員警或線民到被投訴的住家，用做了連續記號的鈔票購買快克古柯鹼。然後就輪到謝爾曼的團隊上場。警局中放了一系列有編號的信封，每個信封裡都有一張紙條，上面根據亂數產生器產出的結果寫著「臨檢」或「不處理」。如果紙條上寫「臨檢」，警察就會向地方法官申請搜查令。如果紙條上寫「不處理」，警察對證據就置之不理。

臨檢由街頭緝毒組派出的一個八人戰略小組帶頭。為了確認他們鎖定正確住家，小組有時會再派一個臥底探員去買毒品。幾年前，街頭緝毒組臨檢時搞錯住家，讓他們名聲受損，所以他們想要確定找到的是正確的住家。

購買確認後，街頭緝毒組立刻展開臨檢。一輛沒有標示的廂型車開到目標住家前，側門打開，一名員警用撞槌撞開前門。其他員警衝進屋內，有時會使用閃光彈讓屋裡的人失去方向感。每個人都被命令趴下，然後上銬。屋外也有員警等著抓捕跳窗或是從後門匆忙逃出的人。附近居民會從家裡出來看發生了什麼事，有時候會對員警鼓掌及喝采。快克窟裡每個人都被押到警局問話，警方也會在屋內搜尋毒品。偶爾會有新買家在警方搜查時抵達，一知道發生什麼事就趕緊逃跑。

為期八個月的實驗結束前，堪薩斯警方隨機臨檢了九十八處快克窟；另有大約相同數量的快克窟則未加以處理，做為對照組。謝爾曼與他的團隊在審視兩組社區的刑案報告時，看見臨檢對犯罪活動有立即效果。臨檢過後兩天，被臨檢的街區報案率是原來的一半。然而影響很快就消失了。不到兩週，被臨檢區域的犯罪率跟信封內隨機寫著「不處理」的那些地方沒有差異。

儘管臨檢減少犯罪的效果無法持久，實驗犯罪學家還是發現其他證據，指出「熱點」管制（就是把資源集中用在報案數量最多的區域）可以減少犯罪。[29]在澤西市，警方於一系列最危險的街角執行嚴格取締。被隨機選中進行取締的十字路口，犯罪減少的幅度比其他被隨機選為對照組的類似街角更大。[30]在費城，一項實驗發現二到三公里的步行巡邏路途夠短，警方會反覆經過同樣的地點，結果在危險的社區大幅減少了犯罪。從警車巡邏等傳統方式改成熱點步行巡邏，每週可以避免四個暴力犯罪案件發生。[31]

這種做法會不會只是把犯罪地點轉移到別的地方？有一個方法可以回答這個問題，就是檢視熱點周邊區域，看看街上的犯罪活動是否有增加。在澤西市與費城，研究者都沒看到什麼證據顯示罪犯只是把他們的活動轉移到幾個街區外。如果正確執行，熱點管制似乎確實能減少整體的犯罪活動。[32]多數美國警局目前都使用這種做法，也有新一波研究在觀察哪些種類的熱點管制最有效。[33]最新的發現中有一項是「問題導向管制」這種熱點管制形式，亦即由警方與社區領袖合作處理犯罪的根本原因，這可能比只著重於逮捕罪犯的策略來得更有效。[34]

也許熱點管制的結果並不令你感到訝異。畢竟費城有些街角的刑案數量是其他街角的十倍，所以「集中火力」的做法可以降低犯罪率，會讓人直覺認為有道理。然而高品質的管制計畫評估，並不一定會產出預期的結果。以守望相助會為例，這種組織透過鼓勵回報事件、標記房產和針對安全措施進行調查來推廣居民參與防治犯罪。守望相助會組織者的非正式報告，幾乎一面倒地指出該計畫減少犯罪的效果很持久。低品質的評估也有類似的樂觀結果。但是隨機試驗卻顯示這種計畫毫無影響。一如實驗犯罪學家謝爾曼所言：「文獻資料中最前後一致的發現，其中有一項也是最不為決策者與民眾所知。最古老最著名的社區管制計畫——守望相助會，並沒有防治犯罪的效果。」[35]

◆

我們檢視過了防治與管制，現在要來看看懲戒。一如我們所見，並不是每一種聽起來很理想的懲戒都會真正帶來好處。在恐嚇從善的例子裡，計畫的動人故事都可以得奧斯卡金像獎了。然而若在嚴謹評估下接受檢驗，恐嚇從善卻會提高犯罪率。短期待在監獄中的經驗讓少年置身險境，最後提高了他們在未來犯法的機率。

提起懲戒犯罪，大多數人都會想到監獄。但是監獄並非社會懲罰作惡者的唯一方法。千百年來，懲罰手段包羅萬象，從斷頭臺到頸手枷，從連鎖囚犯到居家軟禁都有。

然而，這些懲罰與罪行相稱嗎？談到處置成癮者，總會有一種誘惑，吸引人採取零容忍手段。心理學研究提出，吸毒者經常挑起發自內心的憎惡感，可能會令人更難支持降低用藥過量率以及藥物相關犯罪率的理性政策。[36]從尼克森（Richard Nixon）的反毒戰爭到中國為吸毒者設立的勞改營，全球各地的社會通常會選擇「對毒品強硬」的政策。

在現今的監獄中，許多囚犯是因為在吸毒狀態下犯了罪而入獄。快克古柯鹼或甲基安非他命之類的新興毒品經常導致犯罪率飆升。任何嘗試過戒菸的人都知道，要停止施用成癮物質並不容易。然而傳統法庭體系是建立來懲罰犯罪的，而不是幫人戒除吸毒的習慣。

一九九九年的澳洲，正處於一場海洛因氾濫的風暴中。使用這種類鴉片藥物的比例在十年間升高了四倍，將近十五萬人習慣性注射。[37]新南威爾斯省省長卡爾（Bob Carr）曾有一個弟弟因為過量施用海洛因而喪命，他宣布他的省要試用一個有爭議的替代選項：毒品法庭。毒品法庭的目標是在監獄體系之外治療成癮問題。順利完成一年計畫的罪犯，通常會被判兩年的良好行為約束期。[38]失敗的話，通常就代表要入獄。

這個毒品法庭並非世界首見，但是在澳洲依然算是很激進。[39]為了應付批評者，省政府決定找出強力證據證明毒品法庭的成效。於是他們展開一場試驗。一批合適的罪犯——他們犯的不是暴力罪行，也願意認罪——被隨機分配進入毒品法庭或傳統司法程序。然後研究者將那些罪犯與法庭紀錄配成對，以比較後續一年或更長時間的再犯法機率。

研究發現每一百個在傳統法庭受審的罪犯，獲釋後一年內犯下六十二件毒品罪。[40]在毒品法庭受審的罪犯於隨後一年內則是犯下八件毒品罪。這顯示就連不在乎毒品使用者生死的公民都應該支持毒品法庭，因為毒品法庭降低了犯罪率，而花費的成本與傳統體制差不多。其他地方的毒品法庭隨機試驗也得出相似的結論。[41]省檢察長考德瑞（Nicholas Cowdery）承認，他已經從原本的懷疑者變成強烈支持者：「新南威爾斯的毒品法庭很成功。」[42]

如今，新南威爾斯毒品法庭仍是司法體系中一個非常規的部分。毒品法庭採用非正式的作風，並且把焦點放在罪犯是否有在努力戒除毒癮。他們一週可能要接受多次藥檢。承認施用毒品會被記一次懲戒。被抓到謊稱未施用毒品會被記三次懲戒。累積十四次懲戒就得入獄。

參與者若有大幅進步，不管是找到工作、遠離毒品，或者從計畫中畢業，法官會帶領整個法庭為他們鼓掌。資深法官戴夫（Roger Dive）說：「你能看到參與者從那些掌聲中得到多少鼓勵。你也能看到那些不進反退而沒有得到掌聲的人是多麼羞愧。那些掌聲對他們極度重要。」[43]一個曾有重度毒癮且販毒的男子從計畫中畢業、在法庭上接受鼓掌時，他哭了。「你們是最先給我機會的人。」[44]

毒品法庭也維持著以證據為本的哲學。二〇一〇年，毒品法庭進行了另一場隨機試驗，這次是要調查把毒品罪犯帶去見法官的頻率從一週一次調整成一週兩次，是否有好處。評估發現，加強司法審查讓藥檢出現陽性結果的機率下降了一半。[45]

在太平洋彼岸，另一個法官也一直在考慮類似的突破性做法。阿爾姆（Steven Alm）於二〇〇一年結束夏威夷的聯邦檢察官任期後被任命為法官，一上任就對該州對違反緩刑規定者施加懲罰的做法感到訝異。緩刑觀護人會通融罪犯違反規定（例如未通過藥檢）十次到十五次之後才建議法官將對方發監服刑。執行制度的人對於大多數違規者並未受罰感到很挫折。罪犯也自然而然地認為制度反覆無常。當他們因為違規而入獄時，總是責怪緩刑觀護人、法官，以及制度不公平。

看著這種違反緩刑規定的處理手段，阿爾姆想到我們對待兒童的方式。如果規定明確且迅速執行，孩子調皮的機率比規定多變且無法預測的狀況來得低。「我想到我父母養育我和我養育自己小孩的方式。要告訴他們規定是什麼，如果他們有不良行為，就要立刻讓他們嚐到後果。這就是理想養育的重點。」[46]

在緩刑方面，阿爾姆發明一個制度，稱為「夏威夷機會緩刑強制執行方案」，簡稱希望方案（HOPE，Hawaii's Opportunity Probation with Enforcement的縮寫）。罪犯沒有通過藥檢或沒有按時向觀護人報到時，法庭會盡速召開司法聽證會，通常是在七十二小時內。如果法官認定有違規情事，緩刑犯就會立刻被監禁數天。這種做法旨在迅速、確實、符合比例。一如阿爾姆所說，這是「養育守則」。

在樂觀結果的激勵下，一個外部團隊規劃了一場隨機評估。研究發現分配給希望方案的罪犯比較不會錯過緩刑報到，待在獄中的時間減少一半，而且在接下來一年中犯罪的機率也降低一半。[47]

與假釋犯談話也揭露了希望方案很有趣的一個面向：罪犯偏好這個方案。其中絕大多數覺得希望方案幫助他們遠離毒品，也改善了他們的家庭關係。許多人把這個法庭制度視為他們改過自新的夥伴，而不是敵人。希望方案執行初期，一個研究者與一名因為沒有通過藥檢而在獄中短期監禁的男子談話。這個緩刑犯告訴採訪者：「阿爾姆法官這個人很嚴格，但是很公正。你知道自己的立場在哪裡。」[48]各種以希望方案模式為基礎的方案，目前在美國三十幾個州實施。[49]

公正是希望方案的核心，但是諷刺之處在於這個方案的隨機評估卻是隨機的。一如每一場隨機實驗，參與者被分配到實驗組還是對照組，完全憑運氣決定。例如澳洲毒品法庭的試驗，參與者無從選擇要不要加入研究。司法平等的原則要求讓同樣的罪行接受同樣的懲戒。然而一旦進到實驗中，原本犯下同樣罪行的罪犯卻被隨機分配到不同的懲戒。

這樣是否合乎倫理？我認為是的。新刑事司法方案的規劃者期望能得到好結果，但是他們無法確知身在實驗組是不是比身在對照組還要好。事實上，雖然希望方案與毒品法庭實驗中的實驗組表現較好，但是在恐嚇從善與守望相助會的實驗中，卻是對照組的結果較佳。

隨機方法的倫理問題可以從一個方向來思考，那就是這個問題取決於我們對計畫效果的瞭解程度。[50]加摩蘭（Adam Gamoran）是威斯康辛大學麥迪遜分校的社會學家，他認為如果確信一個計畫行得通，進行隨機試驗就不符合倫理。但是如果不知道計畫有沒有用，又可以做隨機試驗的話，加摩蘭認為不做試驗才是違反倫理。

針對懲戒來進行隨機實驗，結果經常無法預測。如我們所見，恐嚇從善的實驗結果顯示，在獄中待過一小段時間會提高年輕人犯罪的可能性，而不是降低。同樣的，針對軍事化「戰鬥營」所做的研究發現，這些營隊唯有教導囚犯新技能才會降低再犯罪率，光令他們日子難過是沒有用的。[51]

◆

最後我們來看看監獄，這些機構目前監禁了超過二百萬名美國人。監獄人口迅速成長的程度是美國歷來之最，但是在其他國家也看得到類似的趨勢。過去數十年間，英國的暴力犯罪率大幅下降，入獄率則顯著上升。澳洲的情況也一樣，當地目前的監禁率是建國以來最高的。[52]

雖然部分人士聲稱大監獄讓我們的街道更安全，絕大多數專家卻不認同。因為監禁率升高的原因主要是從重量刑，例如加州的「三振出局」法，然而證據顯示這種做法對犯罪行為沒有什麼影響。[53]希望方案評估實驗的主要研究者克萊曼（Mark Kleiman）表示，大多數即將犯下暴力罪行的人都是過一天算一天，所以把最重刑期從十年調高到二十年不太可能產生很大的嚇阻效果。在夏威夷，希望方案成功並不是因為嚴苛，而是因為可以預料。如果要遏制犯罪，就要著重於確定性，而非嚴厲程度。[54]

監獄也有可能藉由「失能效應」減少犯罪——這是個好聽的說法，意思就是「你在牢裡，所以不能偷我的電視機」。然而從事犯罪活動者以年輕人居多，所以超長刑期對那些原本會危害大眾的囚犯沒有太多失能效果。上了年紀的囚犯愈來愈常見。美國國家科學院的一個專門小組檢視過證據後認為：「絕大多數的研究推估，監禁對於減少犯罪的效果很小。」[55]反而是大量關押囚犯會有在往後造成弱勢的風險，因為獲釋的罪犯很難找到合法工作，也難以重新融入家人及社會。

要是我們有監獄影響效果的隨機試驗證據就好了。不過實在很難想像有任何監獄主管單位會同意做實驗來回答這個問題。法庭與假釋委員會旨在執行平等的司法，不是仰賴運氣。要達到足夠的統計檢定力，需要有數千名囚犯參與實驗。實驗組與對照組的刑罰差異必須很大，而且全部靠運氣。斥責不公的聲浪必定會非常強大。

或許你就是這樣想的。一九七〇年，加州假釋委員會就同意進行一場這樣的實驗。那年有三千名即將獲釋的囚犯被分成兩組。藉由一張亂數表，半數囚犯的刑期被減少六個月，其他人則服刑到期滿為止。囚犯出獄後，主管單位留意哪些人再度犯罪。他們發現兩組之間沒有差別，這意味在牢裡多待六個月並沒有降低再犯率。[56]

設立監獄有四個目的：讓囚犯改過自新、讓囚犯因為傷害社會而失去行動自由、以囚犯為鑒戒來嚇阻可能的犯罪，以及代表社會執行懲罰。但是有愈來愈多證據（包括前段所述的加州實驗）指出，較長的刑期可能只達到其中一個目的：懲罰。五年刑期耗費的社會成本是一年刑期的五倍，卻不太可能有五倍的效果。如果目標是讓社會安全，我們立法時最好還是本著周慮的思考，而不是一時的怒氣。

◆

如果你曾經是犯罪行為的受害者，你一定深知要冷靜看這件事非常困難。但是在憤怒之下決定的政策經常導致像「三振出局」這樣的規定：這項法規讓安德拉德（Leandro Andrade）因為在加州安大略的商店裡偷竊了價值一百五十三美元的錄影帶而被判五十年徒刑。[57]安德拉德曾經被判吸毒與竊盜罪，所以偷錄影帶讓他收到第三個好球而出局。他出獄時將會是八十七歲，而監禁他會花掉納稅人超過一百萬美元。

「蘿拉．諾德」（Laura Norder，治安〔law and order〕的諧音）這個名字出現在選票上時，得到了許多票數。但是一如實驗犯罪學家所證實，我們的直覺無法引導我們想出真正能夠改善社會安全的方法。無論是防治、管制、懲戒還是監獄，面臨的挑戰都不只是要進行精確的研究，還要把傳遞專家共識給社會大眾的工作做得更好。美國司法部從二〇一一年開始經營「犯罪解決方案」網站（CrimeSolutions.gov），這個網站對有隨機實驗支持的計畫與做法給出最高評級。謝爾曼等實驗犯罪學家逐漸取得優勢，但是還要很長一段時間，我們才能將所有失敗的打擊犯罪計畫束之高閣。

7 貧窮國家的寶貴實驗

拉莉亞・艾爾哈珊（Lariat Alhassan）在奈及利亞的阿布朱亞銷售油漆。[1]生意還過得去，但她不知道要如何拓展業務。艾爾哈珊把油漆放在後車廂，開車到處去見客戶。如果她想接到較大的訂單，就需要一個展示間，但是銷量必須提高才能負擔得起。

二〇一一年，艾爾哈珊在廣播中聽到一個廣告，邀請創業者報名參加一項新競賽。廣告對業主說：「你的事業現在也許很小，但是在『你贏了！』青年創業與創新比賽後就不一樣了。」起初，艾爾哈珊以為「你贏了！」一定是某種詐騙花招。結果這是財政部長奧孔喬－伊韋拉（Ngozi Okonjo-Iweala）策劃的一種積極手法。奧孔喬－伊韋拉說：「當時我們的失業問題很嚴重……尤其是年輕的大學畢業生。這些人都夠成熟，很適合在其他人的支持下創業。」

於是奈及利亞政府為自行創業的業主舉行了一項競賽。政府審查簡短的營運計畫，發給獲勝的業主最多一千萬奈拉（大約六萬四千美元）。這筆錢相當於一般奈及利亞人大約十年的薪資。

然後麥肯齊（David McKenzie）登場了，這名在紐西蘭出生的發展經濟學家目前任職於世界銀行。為了檢驗「你贏了！」補助金對公司行號的影響，麥肯齊說服奈及利亞政府隨機補助部分進入準決賽的參賽者。政府公布一千二百家獲選商號，其中大部分是麥肯齊隨機選出的。播客節目《金錢星球》提到，其中一家獲勝的公司是拉莉亞．艾爾哈珊的油漆店。她用那筆錢請了員工、買了一輛送貨卡車，還租了一個展示間。

妥善運用那筆補助金的獲選者並不只有艾爾哈珊。補助金發出三年後，麥肯齊的隨機試驗比較了幸運的贏家與不幸的輸家。他判斷獲得補助的創業者比較創新、發展得比較快，僱用的員工也比較多。[2]把就業影響除以計畫的總花費，政府為每個新增的就業機會付出八千五百美元，效果遠勝絕大多數的類似計畫。一個著名發展經濟學家在閱讀結果時問道：「這是不是史上最有效的經濟發展計畫？」[3]

隨機試驗在其他的政策領域，大概都不像在發展經濟學領域成長得這麼快。一九九〇年代，全球每年發表的開發中國家隨機試驗還不到三十場。二〇一〇年代，每年發表的隨機方法經濟發展研究報告至少有二百五十份。[4]現在，發展中經濟體的所有影響評估有三分之二透過隨機方法進行。[5]隨機試驗在各大組織裡數量激增，例如世界銀行、比爾與梅琳達・蓋茲基金會、英國國際發展部，以及美國國際開發總署。耶魯大學教授卡蘭（Dean Karlan）說：「現在有數不清的隨機試驗正在進行，十年前可不是這樣。」[6]

隨機方法之所以受到重視，部分原因是經濟學界承認要緩和全球貧窮問題，可能沒有單一方法。曾經有一個時期，許多發展理論家認為解決方法就是直接讓開發中國家可以在國際資本市場中借貸。後來有人說問題是人口過多，提供免費保險套會迅速提高生活水準。在那之後又有人推動債務豁免，其原理是只要負債國家不再受到沉重的還款束縛，就會有迅速的經濟發展。這些方案由立意良好的理想主義者提出，卻都沒能實現最初的承諾。[7]

希臘詩人阿爾基羅庫斯（Archilochus）曾經寫下：「狐狸知道許多事，但刺蝟知道一件大事。」[8]在經濟發展領域中，隨機分子是狐狸，而主要規劃者是刺蝟。規劃者針對為何會有數百萬人每晚餓著肚子上床睡覺提出單一原因，支持在發展領域做隨機測試的人則在尋找多種解決方案。刺蝟確信自己知道什麼方法有用。狐狸沒有把握，但是會到處調查。

隨機分子的做法兼容並蓄，所以追蹤他們的進展不免會很麻煩。在本章中，我設法將經濟發展領域的隨機試驗分為四大類，藉此歸納出一些條理。這四大類分別是：旨在創造更多商業活動的實驗、尋求讓政府發揮更多作用的實驗、嘗試改善健康的實驗，還有以提升教育水準為目標的實驗。

◆

對於幫助創業者建立事業，我們已經從「你贏了！」實驗中瞭解到取得現金可能很關鍵。如果一個聰明的瑞典年輕人有優秀的創業構想，大概可以向朋友、家人或銀行借錢。一個同樣聰明的索馬利亞創新者或許就無法從這些來源取得資金。然而規劃一個能在貧窮國家發揮作用的財政系統，一點都不容易。若你曾經借錢給欠債不還的人，就會知道銀行面臨的主要挑戰：要怎麼分辨誠懇的人和騙子？

一九七六年，孟加拉的一名大學教授尤努斯（Muhammad Yunus）借了二十七美元給一群用竹子製作家具的貧窮村婦。尤努斯說她們還清了借款，生意也變得更加賺錢。於是他創辦一家銀行，提供「小額貸款」，最小的金額只有幾美元。

時間快轉到二十年後，小額貸款成了發展領域最熱門的趨勢之一。尤努斯的格萊珉銀行（Grameen Bank）已經發展成一個擁有數十億美元的組織。孟加拉總理表示，小額貸款「讓世上最貧窮的人得以掙脫貧窮與剝削的束縛，大顯身手，實現最大的可能」。[9] 在國際間，小額貸款因為特別著重貧窮婦女而贏得左派的支持，也因為強調個人責任而贏得右派的支持。有兩個支持者寫道：「如果一個社會傳道者可以挑選一種工具、一個運動，目標是解放地球上最貧窮的女性，小額貸款毋須經過激烈的競爭就會獲勝。」[10]

柯林頓（Bill Clinton）在美國總統任內向小額貸款方案提供發展協助，並支持尤努斯角逐諾貝爾和平獎。[11]諾貝爾委員會於二〇〇六年頒發和平獎給尤努斯，並讚揚他「將小額貸款發展成一種愈來愈重要的工具，用以對抗貧窮」。U2合唱團的主唱波諾（Bono）則寫道：「給男人一條魚，他會飽足一天。給女人小額貸款，她和她的丈夫、小孩及其他家人，都會飽足終生。」[12]

但是這些對小額貸款的盛讚其實大多是基於趣聞軼事，以及無法區分相關性與因果關係的評估。到了二〇〇〇年代，研究者已經開始對波士尼亞、衣索比亞、印度、墨西哥、摩洛哥及蒙古的小額貸款方案進行隨機試驗。一個由頂尖發展經濟學家組成的團隊在總結這六項實驗時推斷，小額貸款對提高全戶所得、讓兒童繼續就學，或者賦予女性能力，都沒有任何影響。[13]小額貸款方案確實提供了更多財務自由，致使民眾將更多金錢投入自己的事業，但是並沒有令這些事業更加賺錢。

小額貸款難以改變人生，有部分是因為貸款金額很低，利息卻很高。奈及利亞的創業者可以保住他們的「你贏了！」獎金，然而小額貸款的借款人在還款時支付的利息，有時候會超過百分之百。小額貸款銀行辯解指出，他們的利息比那些更早興起，而且會毆人的地下錢莊還要低。然而就算是全世界最頂尖的公司，也很難在支付百分之百的利息之餘賺取利潤。誠如卡蘭所言，世上就是沒有那麼多會下金蛋的鵝。[14]

隨著小額貸款的光環褪去，一些經濟學家認為幫助人存錢所帶來的利益可能大於幫助人借錢。一份檢視最近幾項隨機試驗的報告顯示，存款方案經常導致收入與財富增加、提高醫療與教育的花費，並且在發生意外衝擊時提供緩衝。[15]世上最貧窮的人需要銀行帳戶多過需要信用卡，這點與柯林頓及諾貝爾委員會過去的看法相反。

「富人與你我不同，」費茲傑羅（F. Scott Fitzgerald）寫道。「沒錯，」海明威（Ernest Hemingway）如此回應，「他們比較有錢。」[16]近年來，一些研究者探索了一種更簡單的做法：送現金給窮人。一個研究團隊分別在衣索比亞、迦納、宏都拉斯、印度、巴基斯坦和祕魯，測試將一套方案提供給極度貧窮的人會有什麼影響；這套方案包括財產（通常是家畜）、收入補助、銀行帳戶與商業訓練。[17]計畫結束一年之後，影響仍然清晰可見。相較於被隨機決定拿不到資源的家庭，接受補助的家庭靠著務農賺了更多錢。他們挨餓或承受壓力的比例較小，工作比較努力，也覺得自己在社區裡的地位較高。烏干達一個發放現金給赤貧婦女的計畫也得到相似的結果。這些影響都不如奈及利亞的「你贏了！」實驗那麼明顯，但是看起來依然很樂觀。

這些結果促成一群美國慈善家創立一個慈善組織，名叫「直接給與」。[18]這個組織一如其名，只有一個簡單的任務：讓捐款人可以送錢給赤貧者。「直接給與」即將在非洲開始一場隨機實驗；該組織每天會給至少六千個村民一美元，保證發放十年。[19]如果成功的話，將會徹底重塑我們對援助的看法。

許多幫助小生意發展的計畫著重在錢，自有其原因。但是我們不應低估動機的重要性。在一項最近的隨機試驗中，衣索比亞鄉下的村民在一個小時裡連續收看了四支影片。[20]影片內容都是描述貧窮人士透過努力工作、設定目標和謹慎決策，成功改善自身狀況的歷程。觀看影片的村民極度窮困，大多數一天收入不到一美元。他們面臨大量挑戰，包括不識字、貪腐、疾病與極差的道路。

其中一支影片訴說德伊芭．阿布德拉（Teyiba Abdella）的故事，以她鄰居的熱情描述開頭。[21]一個鄰居說，阿布德拉以前即便是懷孕期間，也要搬運大量貨物。不過另一個鄰居告訴我們，她的生活愈來愈好了。然後阿布德拉本人出現在螢幕上：一個高挑的衣索比亞村民。我們聽到她以前揹著五十公斤麵粉，步行三小時去市場的故事。阿布德拉說，在還買不起驢子的時候，「我就像驢子那樣工作。」現在除了麵粉之外，她也銷售蛋和雞。十分鐘的短片結尾是阿布德拉的丈夫說自己非常以她為榮，她是「其他村民的榜樣」。

聽到像阿布德拉這樣的事蹟，能不能激勵一個人改變自己的人生？研究者於六個月後做後續調查時，發現光是看那一小時的勵志影片就創造了持久的差異。看過影片的村民志向比較遠大、儲蓄率較高，而且讓小孩上學的比例也較大。研究團隊總結他們的發現時承認：「他們的反應，其廣度與性質都令我們訝異。」不過這個結果似乎不是單一個案。在非洲大陸的另一側，一項在多哥共和國進行的隨機試驗發現，針對創業者的個人創動（personal initiative）訓練讓盈利增加了將近三分之一（影響遠大於傳統創業訓練）。[22]

◆

貧窮國家通常治理得也不好。全球基礎建設最差的國家是剛果、查德及葉門。[23]貪腐最嚴重的國家是索馬利亞、南蘇丹及北韓。[24]最脆弱的國家是中非共和國、剛果及南蘇丹。[25]開發中國家缺少經費與訓練有素的公務人員，所以政府沒有以瑞士的高效率運作，並不令人訝異。不過也許隨機試驗能幫助這些政府決定如何分配他們稀少的資源。

在中國，研究者利用隨機實驗瞭解政府如何回應民間的聲音。在一項遍及二千多個縣的實驗中，一篇要求協助取得「低保」（發給無法找到工作者的最低社會救濟金）的文章發表在政府的網路討論區。[26]在一些縣裡面，研究者只發出一篇禮貌求助的貼文。在另一些縣裡面，文章中的要求更多，不是威脅採取集體行動（「要是不幫我們，我們就會想想大家要怎麼一起處理這個情況」）就是威脅要告狀（「要是問題沒解決，我就要向上級官員告發」）。兩種威脅都讓中國地方官員做出某種回應的機率提高了三分之一左右。

一如威脅會激出較好的行為，收買也能導致較差的行為。印度有一項新奇的實驗想知道，如果發放現金獎勵給一群隨機選出的年輕男子，要他們早日考上駕照，會發生什麼事。[27]為了拿到那筆錢，研究中的許多人會僱用「仲介」，請他們付錢向考試單位行賄。不久之後，研究者為實驗中的每個人進行臨時駕駛測試。他們的重點在於有多少人明明不會開車卻持有駕照。結果那些能領取現金獎勵的人，有駕照卻不會開車的比例比對照組高出十八%。

我對駕照研究的立即反應是覺得它有違倫理，因為研究者讓不可靠的駕駛把車開上德里街道。我和論文作者穆蘭納珊（Sendhil Mullainathan）聊起研究發現時，他說我不是第一個感到憂慮的人。但是實驗中每個人後來都免費上了駕駛課程，所以他指出：「每一個參與者，無論是實驗組還是對照組，都因為加入這場實驗而成了更優秀的駕駛。」好幾個倫理委員會認可穆蘭納珊的研究，因為他們瞭解對印度貪腐現象做縝密研究的重要性。

核發駕照的貪腐情況猖獗，是因為用誠實手段取得印度駕照宛如一場卡夫卡式的惡夢。如果沒有仲介協助，一般申請者要前往地方交通局處三次，並且和八名官員談話。要是不付錢行賄，通常要花五個月以上才拿得到一張印度駕照。如果實驗是查明一個嚴重問題的最佳方式，我們必須衡量進行隨機試驗的風險與繼續無視問題的風險。我會在第十一章回頭更詳細討論這些倫理問題。

也有部分經濟發展領域的隨機試驗與政府密切合作。墨西哥阿卡由坎市的市長法比歐拉·瓦茲奎茲·薩烏特（Fabiola Vázquez Saút）發現市政府的經費只夠鋪設大約一半的街道時，看到了避開部分選民憤怒情緒的機會，並且瞭解到鋪築道路造成的影響。她沒有自行選擇，而是讓來自牛津與多倫多大學的研究者隨機選出要升級的街道。阿卡由坎這場實驗創造出一個很不尋常的成果：全世界第一項針對公共道路對房價有何影響所做的研究。[28]研究者比較街道旁住家在鋪路前後的房價，發現鋪路後大幅上漲。事實上，房價上漲的幅度和鋪路的花費一樣多。這些家庭有了新得到的財富，便購入家電與汽車，促成物質貧窮降低。

在肯亞，經濟學家與國營電力公司合作，隨機為部分家庭的接線費打折。[29]透過變更補貼金額，研究者得以瞭解有多少家庭珍惜能夠連結到電網一事。有別於墨西哥人與他們的鋪路實驗，連結電網在肯亞家庭心目中的價值，似乎遠低於接上電線所花費的成本。雖然我們可能很想為目前還靠煤油燈勉強度日的家庭亮起電燈，也許把拮据的發展經費改用於道路、學校或醫療院所，會比用來讓偏遠地區電氣化來得理想。

有一名研究者是與低收入國家政府合作進行實驗的先驅，那就是加州大學聖地牙哥分校的經濟學教授穆拉利達蘭（Karthik Muralidharan）。穆拉利達蘭精力充沛、語速飛快又深具魅力，他說服過好幾個政府進行隨機試驗，這些試驗的規模在大約一個世代前還只是夢想。穆拉利達蘭聽說印尼政府打算投入五十億美元讓教師的薪資加倍之後，他和他的共同作者說服了與世界銀行合作的政府官員，同意提前對隨機選出的數千名教師實施這個政策。[30] 研究發現薪資加倍的教師比較快樂，然而學生的學習成果看不出有受到影響。

在印度的安德拉邦，穆拉利達蘭與政府合作，隨機發出採用生物識別技術的智慧卡。[31] 從二〇一〇年起，印度開始核發智慧卡給國民，卡片中存有他們的指紋與照片，並且連結到一個新開的銀行帳戶。穆拉利達蘭與他的共同作者發現，這個方案明確發揮了預期的作用：更多合法公民加入方案，付款收到的時間變快了，被貪腐官員抽走的錢也變少了。在每一個案例中，研究所做的估算都極為準確，因為這場實驗的參與者數量龐大，有一千九百萬人，比智利的總人口還多。

健康不佳大概是全球貧窮現象最實際的指標。正如新藥會例行性透過隨機試驗來測試，公衛研究者也愈來愈常使用隨機試驗，在開發中國家創造更安全的環境。瘧疾是一種得到大量關注的疾病，也是世上最惡劣的殺手之一。瘧蚊從感染者身上吸取血液時，也會一併吸入瘧原蟲。當蚊子叮咬下一個受害者，這個人便有可能染上瘧疾。[32]瘧疾每兩分鐘就奪走一個孩童的生命，也就是說從你開始讀本章到現在，已經有五個孩子死於這種疾病。[33]

蚊子在夜間最活躍，所以有個簡單的解決方法是睡在蚊帳裡面。但是援助人員面臨的挑戰在於找出提高蚊帳使用率的最佳方式。有些人主張，如果只是免費發送蚊帳，受贈者就不會珍惜。紐約大學的伊斯泰利（William Easterly）警告過，免費帳篷「經常流入黑市、在醫院缺貨，或者被人拿來充當漁網或婚紗」。[34]所以從二〇〇〇到二〇〇五年，世界衛生組織致力於補助費用。[35]蚊帳以二到三美元的價格發售，部分收入屬於地方銷售人員。

結果證明，對於判斷如何訂定適合的售價以盡可能提高蚊帳使用率，經濟學理論的幫助不大。理論有可能是：最需要產品的人也最願意付錢購買產品。又或許是：花錢購買產品代表它的品質較好，會令購買者更常使用產品。還有一種理論談「免費的力量」，認為售價下跌到零的時候，群眾會消耗更多產品。你在自己的生活中大概有見過其中幾個理論發揮作用。如果你在吃自助餐時進食過量，就成了免費力量的受害者。但是你如果在夜幕降臨時打開一瓶最昂貴的葡萄酒，就是把價錢視為品質的標示。如我所說，理論並未提供決定性的解答。

最後是一系列的隨機實驗回答了這個問題。[36]蚊帳若是免費贈送，幾乎每個人都會索取。若把價格從零提高到僅僅六十美分，接受率就降低三分之二。研究者拜訪村民時，那些得到免費蚊帳的人睡在蚊帳中的比例，跟用補貼價格買到蚊帳的人一樣。免費發送也更能保護罹患瘧疾風險最大的人。

隨著隨機試驗的結果趨於明顯，世界衛生組織也改變策略，支持免費發送蚊帳。[37]在撒哈拉以南的非洲，現在每三個兒童就有兩個睡在經過殺蟲處理的蚊帳裡；相較之下，二〇〇〇年的時候每五十位只有一位。廣泛的蚊帳使用情形每年都拯救數十萬兒童的性命，而隨機試驗證明了什麼才是達到這個目標的最佳方式。

訂定適合的價格在發展經濟學中是一項重要挑戰。有別的隨機試驗探索了對其他一些介入手段來說，免費是不是最好的做法。這些介入手段包括給兒童的殺蟲片和給家庭的水用消毒劑。結果這兩種產品最好的價錢都是零；家庭毋須付錢時，涵蓋率提高了很多。[38]

事實上，若是關於疫苗，最理想的價錢也許甚至是負的。印度的一項試驗證實，家庭若能收到價值約三美元的食物和金屬盤，就會更願意讓小孩注射疫苗。[39]由於注射疫苗的兒童增加，醫學中心可以省下每個兒童的治療花費，就算扣除發送產品的成本也一樣。

然而，免費贈送不一定會成功。商人麥考斯基（Blake Mycoskie）某次造訪過阿根廷之後，決定要設法解決開發中國家缺乏優質鞋類的問題。麥考斯基是很能幹的創業家，未滿三十歲就創立並出售了四家公司。現在他被自己在布宜諾斯艾利斯以外鄉下所看到的貧窮現象撼動：「以前我內心深處也知道，世界各地的貧窮兒童經常光著腳走路，但這次是我首度看到沒有穿鞋的真正影響：長水泡、疼痛、感染。」[40]

為了供應鞋子給那些兒童，麥考斯基成立了「美好明日鞋」（Shoes for Better Tomorrows），公司名稱很快就簡化為TOMS。這家公司承諾顧客會「賣一捐一」：你買一雙鞋，TOMS就捐一雙鞋給一個貧童。自二〇〇六年起，TOMS已經捐出了六千萬雙鞋。[41]該企業也激發其他公司將賣一捐一的模式運用在眼鏡、足球、保險套、牙刷、手電筒，以及手術服。[42]

六年後，麥考斯基和他的團隊想知道TOMS造成什麼影響，於是勇敢決定讓經濟學家在十八個薩爾瓦多的社區隨機贈送鞋子。研究顯示那些帆布樂福鞋都沒有浪費掉：大部分兒童多數時間都穿著他們的新鞋。[43]但是那些兒童的健康狀況完全沒有改善，因為那些

TOMS的鞋子通常是用來取代舊鞋。免費的鞋子沒有提高兒童的自尊心，卻讓他們感到更加依賴外人。

這些發現令人震驚。企業慈善並不是TOMS的附加項目，而是這家公司的成立宗旨。現在，一場隨機試驗證明在薩爾瓦多的受贈者當中，免費的鞋子並未改善兒童的狀態，而且甚至有可能養成了一種依賴感。不過TOMS沒有質疑評估結果，反而迅速做出回應。首席研究員魏迪克（Bruce Wydick）寫道：

TOMS大概是跟我們所有人合作過的組織中，最靈活的一個；這個組織真正關心自己的作為，尋求基於證據來判斷計畫成效，並且致力於對介入手法做出相應的改變，以求達到最好的效果。兒童說帆布樂福鞋不是他們的第一選擇，所以TOMS現在經常贈送運動鞋……為了解決依賴的問題，他們現在想要把鞋子送給兒童當作在學校出席與成績表現優秀的獎勵……我們研究員從未感受到任何壓力，要我們隱藏可能對這家公司不利的研究結果。按照我們的協議，他們大可以選擇在研究中保持匿名；他們沒有這樣做……儘管有像TOMS這樣的組織，但是有更多無論是世俗組織或宗教組織完全不願意讓外部研究人員來審慎調查他們的計畫成效。現在許多組織不會向潛在捐贈者說明自己的計畫對窮人的影響，而是持續避開嚴謹的評估，靠著老套的行銷手法和自我感覺良好的給予來得到捐款。TOMS與眾不同，我們讚賞該公司的透明度，以及致力於以證據為本來對窮人採取行動的做法。[44]

最後，TOMS的隨機試驗看來完全不像失敗。麥考斯基成立這家公司的目標是改善貧童的健康。這家公司評估了自己的做法。那個做法沒有效。於是他們改變方針。如果所有捐贈者都和TOMS一樣慷慨和虛心，世上的貧窮現象就會減少。

也有其他實驗審視減少交通事故死亡人數的方法。如果你想要清晰地感受駕駛車輛的危險，請開啟世界衛生組織關於這個主題的網頁。立刻就會有一個計時器開始倒數，說明文字寫著「距離下一個用路人死亡的時間……」[45]計時器每二十五秒就會歸零，死亡人數加一，時間重新開始倒數。這相當於每年有一百二十五萬人死於交通事故。

非洲是全球交通事故致死率最高的大陸，部分原因在於危險駕駛。在肯亞，出門搭乘小巴士很普遍；據報一個乘客平均每三個月會在小巴士上經歷一次危及生命的事件。

為了鼓勵乘客在駕駛開車莽撞時出聲制止，一個研究團隊與小巴士公司合作，在巴士上貼貼紙，貼紙上印有這樣的標語：「粗心駕駛真危險！要挺身，要出聲。」[46]萬一有人沒看懂其中的訊息，貼紙上還有一張斷腳的照片。研究者比較一千輛隨機選來貼上貼紙的小巴士和一千輛沒有貼的，發現一張貼紙為乘客提供了出聲制止危險駕駛的社會許可。他們估計一個幾乎不用花錢的簡單標示，讓事故率下降了一半。如果隨機分子用保險桿貼紙宣傳他們的研究結果，這張貼紙上可能會印著「研究顯示，安全貼紙能拯救蒼生」。

在戶外上大號看來或許沒有巴士超速那麼危險，但是兩者其實一樣致命。全世界三分之一的人口沒有廁所可用，所以許多人在戶外上大號，汙染了附近的湖泊、河流與飲用水井。這會造成腹瀉與寄生蟲感染，年幼兒童因此喪命的可能性特別高。

減少露天排便現象的策略起初著重於建造廁所，然而情況很快就清楚展現出來，有些地方的新廁所並沒有村民在使用。於是出現了一個稱為「社區領導全面衛生計畫」的運動。這個策略首先讓當地人帶著協調員走一段「羞恥之路」，去參觀村民上大號的地方。接著協調員與社區討論那些糞便流回食物供給和供水的情形。這個計畫的目標是引起一種嫌惡感，並且說服當地人「要便就去廁所便」（這是一首活動宣傳歌的歌詞）。

在印度、印尼、利馬和坦尚尼亞涵蓋四百多個村莊的隨機試驗中，衛生教育降低了露天排便率，並且增加了在自家安裝馬桶的戶數。[47]驚人的是，實驗組村莊的兒童身高比較高，因為他們免於被透過糞便傳染的疾病阻礙發育。也因為研究者在這四個國家都得出類似的結果，我們可以確信這個計畫在其他國家也會有效。

◆

最後，我們來看看隨機試驗幫助低收入國家發展學校教育的情形。雖然教育程度高的孩子成年後的收入也較高，但是阻止家長讓孩子離開學校去幫忙養家，卻是一項長期的挑戰。政府要如何才能創造出更好的動機，讓家長把孩子繼續留在學校？

有一個很具說服力的答案，來自一九九七年在墨西哥的一場隨機試驗。當時查迪約（Ernesto Zedillo）總統的政府決定改變補助貧戶的方式。查迪約政府沒有調低食物與能源價格，而是選擇以發放現金給貧戶來做實驗；領取現金的附帶條件是要讓他們的孩子定期上診所，並且留在學校就學。這個稱為「進步」（Progresa）的計畫原訂在五百個墨西哥村莊實施，但是擔任墨西哥財政部副部長的前經濟學教授李維（Santiago Levy）策劃了一項短小精幹的隨機試驗。[48]政府並未一次推行進步計畫，而是謹慎地選在一九九八年五月對半數的村莊實施該計畫，另一半則在一九九九年十二月實施。[49]這形成了一場只持續十八個月的短期實驗，可以比較兩個組別。

兒童受到的影響相當大。由於有了進步計畫，中學生上學的機率提高了十五%。幼兒園的孩子生病機率降低了十二％。幼童發育遲緩的機率有所下降。參與進步計畫的家庭吃得也比較健康，此外更常在適當的時間去就醫。二〇〇〇年政府改組後，進步計畫成了墨西哥第一個橫跨政權實施的社會計畫。佛克斯（Vincente Fox）總統把計畫名稱改為「機會」（Oportunidades），後來又支持計畫擴大執行。這個計畫現在名叫「繁榮」（Prospera）。類似的計畫（稱為條件式現金移轉）目前在六十幾個國家實施。[50]

對開發中國家的政府及捐贈人而言，進步計畫不僅證明條件式現金移轉發揮了作用，也顯示隨機試驗可以迅速而簡易地完成。從墨西哥政府的立場來看，讓所有村莊同時加入進步計畫是不可能的——所以何不透過隨機方法實施，並且從中瞭解該計畫產生的影響？

有些隨機試驗的目標很遠大，不僅是因為樣本數，也因為這些試驗以隨機方法處理的是我們以前可能會覺得無法檢驗的事物。在阿富汗，一項最近的教育實驗問的是這個問題：建立一所村級學校會發生什麼事？在此之前，一般人普遍認為學生在品質較高的區域級學校受教育，比在品質較低的村級學校更好。

但是，隨機分配學校給村莊真的合乎倫理嗎？一個研究團隊為了進行他們的研究，與阿富汗西北部一個計畫以兩年時間開辦三十一所學校的慈善機構合作。[51]這個慈善機構知道他們不可能在一年內成立所有的學校，所以很願意隨機決定哪些村級學校在第一年啟用，哪些又是在第二年。

這個研究剛開始時，沒有村級學校可讓人就讀。兩年後，每一個參與實驗的人都能進入村級學校。但是實驗進行一年，就可以研究成效了。在那個時間點，第一批建校的村莊是實驗組，後來建校的村莊則做為對照組。這項研究通過倫理審查，因為每個參與實驗的孩子最後都能進入村級學校就讀。辦學執行速度比起沒有隨機試驗時的狀態，並沒有比較慢。

研究結果出人意料。區域級學校的學區橫跨數個村莊，教職員優於村級學校。區域級學校的教師受過正式訓練，而村級學校通常只由一名沒有完成高中學業的教師管理。但是若要到區域級學校去，學生平均一趟路要走五公里。

研究者發現村級學校對提高教育程度的幫助比較大，主因是村級學校的就學率高很多。女學生的差異尤其顯著；村中有學校啟用後，她們的就學率提高了五十二個百分點。一名村莊長者表示：「路途很遙遠，所以家裡應該要有一到兩個人送女孩子去上學……並且帶她們回家，這是他們不讓女孩上學的主要原因。」就學率的巨大差異也意味著考試成績得到顯著且正面的影響。能夠進入村級學校就讀，讓學生的學業表現提升了相當於區域級學校大約一整個學年的程度。[52]誠如電影導演伍迪．艾倫（Woody Allen）所言，人生百分之八十取決於出席。阿富汗的隨機試驗推翻了關於村級學校的普遍看法。

隨機試驗甚至也被用來研究教育中最禁忌的一環——性教育。我們應該教孩子如何使用避孕措施，還是勸他們完全避免發生性行為？這個問題在非洲的意義特別重大，因為當地愛滋病毒檢測呈陽性的人數超過二千萬，而且每天有四千多人感染愛滋病。[53]

二〇〇九年，天主教教宗本篤十六世在訪問喀麥隆時表示，愛滋病／愛滋病毒這個悲劇「無法透過分發保險套來克服；反之，保險套會助長愛滋病」。相反的，教宗贊成「將性慾人性化，這種心靈的重建會帶來新的行為方式」。[54]不出幾天，他的說法就遭到聯合國、法國及德國譴責。《刺胳針》期刊的一篇評論形容那些說法「令人吃驚又錯得離譜」並且要求教宗收回他的話。[55]但是對很多非洲人而言，全世界地位最高的天主教徒只不過是反映出他們學校實施性教育的方式。在肯亞，「我不做」運動（部分資金由美國政府提供）極力推動年青人伸出兩隻手指，以「和平」手勢表示他們到結婚之前都想禁慾。想約炮的年輕人會被鼓勵加入「滅火社團」或者發誓「管好自己」。官方的性教育課本則力勸學生「避開性行為」以及「對婚前性行為說不」。

這樣有用嗎？教宗本篤十六世造訪喀麥隆後六年，一個研究團隊發表了他們對肯亞禁慾運動做的隨機評估。ABCD運動（Abstain, Be faithful, use a Condom…or you Die〔禁慾、忠貞、使用保險套……否則你就會死〕的縮寫）證實對妊娠率完全沒有影響。[56]接受這個教育方案五年後，三分之一的少女有過懷孕經歷，比例和對照組的學校一模一樣。肯亞的禁慾運動就和我們在第三章看到的那些美國計畫一樣沒有用處。

然而儘管肯亞青少年似乎對簡單的「不要性」訊息無動於衷，另一個比較細膩的宣導活動卻成功塑造了行為。在肯亞西部，老師讓學生看一支影片，內容是與年長男性（俗稱「乾爹」）談戀愛的風險。[57]然後老師在黑板上寫下不同年齡層男性的愛滋病毒感染率：青少年是四％，三十幾歲的男性則有三二％。[58]老師告訴這些女孩，實際上他們從乾爹那裡感染愛滋病毒的機率，比從同齡男孩那裡感染的機率高八倍。在被隨機選中要認識「乾爹」有其負面的學校，女孩成為少女媽媽的機率低了將近三分之一，使用保險套的比例也比較高。教宗方濟各也許可以把焦點從批判保險套轉移到公開譴責「乾爹」。

◆

「如果我能預測你對幾乎所有問題會怎麼想，」艾絲特．杜芙若（Esther Duflo）說，「那麼你的想法很有可能是錯的。」[59]杜芙若從小就想為減少全球苦難盡一份力。在巴黎長大的她還記得曾於一九八〇年代看過衣索比亞饑荒的電視報導。杜芙若的母親薇歐蓮是小兒科醫師，她以前每年都會去非洲，回家時總帶著她醫治過的戰爭受害兒童的影像。

起初杜芙若在巴黎最菁英的高等師範學院修讀歷史。轉捩點出現在她於莫斯科和經濟學家薩克斯（Jeffrey Sachs）共事、協助對俄羅斯政府提出建議的那一年。「我立刻瞭解到，身為經濟學家，我可以兼顧兩個世界。你可以身在那裡，同時保持我的原則，說出自己的確切想法；如果被驅逐的話，還可以回去做研究。你所做的一切都很有意義並切合現實，或許還會造成改變。」[60]

沒有經過太長的時間，杜芙若就在經濟學界嶄露頭角。二十九歲就擁有終身教職的她曾經獲頒克拉克獎章（通常是獲得諾貝爾獎的前兆）與麥克阿瑟天才獎。她與班納吉（Abhijit Banerjee）在麻省理工學院共同創立了賈米爾貧窮行動實驗室（Abdul Latif Jameel Poverty Action Lab，簡稱 J-PAL）。透過她在貧窮行動實驗室的工作，杜芙若承辦了數百項隨機試驗，包括本章提到的幾項：商業訓練、小額貸款、補助的抗瘧疾蚊帳，以及疫苗接種的誘因。

杜芙若最喜歡的嗜好是攀岩，這種運動會培養勇氣、韌性與應變能力。所以她對於我們可以輕易猜出最佳上山途徑的想法總是持否決態度，這大概不令人意外。反之，杜芙若偏愛準備一連串的策略，然後加以檢驗。「如果有人帶著善意前來，想要做點什麼事來改變教育或女性角色，」她說，「我會請他們準備一系列可以試驗的方案。」[61]她承認有些政策確實會失敗，但一般來說那是因為人很複雜，而不是因為有什麼對窮人不利的重大陰謀。

一如她的母親，杜芙若每年也花很多時間在開發中國家；她會前往印度、肯亞、盧安達、印尼等地與研究夥伴一起工作，親自觀看貧窮行動實驗室的實驗。她知道有些研究會證實某個反貧窮計畫的成效，有些評估則會將缺失突顯出來。「我最大的優點之一，」她說，「就是我起初都不會有很多意見。我堅持的意見只有一個：我們應該對事物做評估。我從來不會對結果不滿。我還沒看到過我不喜歡的結果。」[62]

商業、治理、健康與教育領域中像杜芙若這樣的隨機分子不斷在提供解答，幫助減少非洲、拉丁美洲與亞太各地貧民區和鄉村的貧窮現象。這些研究結果一直都比前人提出的宏大理論來得混亂。那就是我們生活在這個世界的現實。

但也不是全然的混亂。正如生物學家和物理學家累積個別實驗結果並從中建構出一個大型系統的運作模型，隨機分子也嘗試結合多項實驗結果來為決策者提供資訊。貧窮行動實驗室不只是努力做隨機試驗，同時也戮力於整合實驗證據。在學校教育方面，貧窮行動實驗室檢視了數十個設計來提高開發中國家考試成績的計畫。[63]增加地方學校校務委員會權力、鼓勵教師出席（有一個案例是請他們拍攝每天上課的照片），以及追蹤學生成績等級的計畫拿到高分。然而貧窮行動實驗室卻將免費筆電、小班制教學與掛圖教學評為不及格。

在耶魯大學，創新扶貧行動（Innovations for Poverty Action）扮演與麻省理工學院貧窮行動實驗室類似的角色，專門做隨機試驗並對決策者總結試驗結果。他們有一份最近發表的結果是在探究什麼方法可以促進普惠金融（financial inclusion）的發展。[64]每月傳送簡訊提醒客戶存款目標，能夠促進他們存款。自動提款卡對女性的儲蓄行為沒有影響。降雨險讓農民更有生產力。小額貸款不會增加小生意的數量。

這種計分卡式的做法也不是沒有人批評。有一個被質疑的地方就是把開發中世界各個地方的研究綜合起來，可能會遺漏重要的地域差異。總結貧窮行動實驗室在學校教育方面的發現，以及上一段創新扶貧行動在金融知識方面的發現時，我忘了提到這些實驗都是在不同國家進行的，包括迦納、祕魯及印尼。這幾個地方在貧窮程度、種族組成、識字率等方面，都有極大的差異。實際上，研究者在不同地方進行相同的實驗時，一般來說都會有很大的變異。[65]

另一個被質疑的地方是類似的介入手段在設計或執行上，顯然可能會有所差異。提醒人儲蓄的簡訊只有使用特定措辭才會發揮作用。賦予校務委員會更多權力，實際做法可以小至讓委員會檢視學校預算，也可以大到允許他們解僱教師。

為了說明將開發中國家的各個隨機試驗整合概括會面臨的困難，穆拉利達蘭以課本做為例子。[66]很多慷慨的捐贈者看到教室裡的學生共用一本課本，就會做出一個明確的結論：捐贈課本會提高學生的成績。

在四個不同的實驗裡被隨機選中獲贈課本的學校，學生的考試成績並未優於沒有課本的學校學生。但是穆拉利達蘭指出，詳細檢視那四項研究，會發現分發課本沒有造成差異是由於四個不同的原因。在獅子山，課本送到了學校，但是被收進倉庫而沒有發給學童。[67]在印度，家長因為有了免費課本而減少教育支出。[68]在坦尚尼亞，教師缺乏在課堂上使用課本的誘因。[69]在肯亞，課本只能幫到成績在前五分之一的學生；其他學生沒有閱讀能力。[70]

知道這一切之後，有人問「免費課本能不能幫助學生」的時候，你會怎麼回覆？你可以直接說：「不能。」你也可以說：「或許吧，但前提是課本沒有被收進倉庫、家長沒有減少教育開支、老師使用課本，而且學生要會認字。」綜合起來，這些研究說明了一個大有可為的計畫可能失敗的四種方式。它們指出隨機分子需要產出更深入的資訊。誠如普林斯頓大學的迪頓（Angus Deaton）所言，最優秀的實驗不只檢驗計畫，還幫助我們瞭解「可以涵蓋到其他情況的理論」。[71]

將世上某個特定地區的研究發現套用到另一個地區的困難，並不是隨機試驗才會遇到。事實上，甚至也不是統計研究才會碰到這樣的挑戰。我們每次要概括世界上的人，都要記得各個人和各個計畫並不相同。對非洲血統的人有效的藥物，對歐洲血統的人可能沒那麼有效。在馬達加斯加有用的滅火策略，在馬利可能沒有作用。

在第十一章，我會回頭探討重複驗證的議題。不過有一點很值得指出：使用某種證據的替代做法，未必就是另一種更好的證據。喜劇演員史蒂芬・寇伯特（Stephen Colbert）曾經如此形容小布希（George W. Bush）總統：「我們不看重事實，我們都是憑直覺。」俗話說，一個人要是沒有先自己掉進坑裡，你也無法把他從坑裡拉出來。

隨機試驗也許並不完美，但另一個選項卻是基於兩名專家所說的「意見、偏見、軼事與沒有說服力的資料」來制定政策。[72] 誠如詩人奧登（W.H. Auden）所言：「我們或許懂得不多，但我們還是懂一些事；雖然我們必須隨時準備好改變想法，也仍需根據我們所知的一切，盡可能採取最理想的行動。」[73]

8 農場、公司與臉書

英國科學家勞斯（John Bennet Lawes）遇到一個問題。一八四二年，他為自己的產品「過磷酸鈣」取得專利；這種產品是讓骨頭或磷酸鹽與硫酸反應合成的。他成立了一家工廠，準備生產這種新的人造肥料。但是他嘗試銷售「勞斯專利肥料」時，農民告訴他說作物用動物的糞便施肥就已經長得很好了，不懂為什麼還要買肥料。為了說服他的客戶，勞斯做了一個實驗。他的家族在倫敦北方的赫特福德郡有一座莊園，他把莊園的一塊田地分成二十個樣區，然後隨機決定每個樣區是不施肥、使用雞糞與牛糞，還是使用硫酸銨。[1] 然後他在每個樣區種植冬麥。冬麥每年收成，每個樣區的產量都有記錄下來。

那塊田地不久後就展現出極大的差異。勞斯說，不出幾年，「實驗場看起來，幾乎讓人分不出是用來試驗不同的種子，還是不同的肥料。」[2]勞斯的肥料銷量大增，一九〇〇年他去世時，他的莊園價值五十六萬五千英鎊（換算成現在的幣值是五千五百萬英鎊）。從當時至今，全球磷肥產量已從每年約十萬公噸成長到每年四千萬公噸以上。[3]赫特福德郡成為重要的研究中心，有一些世界頂尖的實驗科學家住在那裡，包括我們在前面章節提過的費雪。勞斯率先展開的那些實驗，今日仍然持續，是全世界連續進行的生態實驗當中，歷史最悠久的。

隨機實驗對全球各地的農業成就至關重要。一八九〇年，澳洲有大量小麥作物感染銹菌而枯死，導致那裡的殖民地不得不進口小麥。為了解決這個問題，從數學家轉行當農夫的法瑞爾（William Farrer）透過實驗尋找可以抵抗銹菌的小麥品種。批評者嘲笑他的「小麥樣區跟手帕一樣大」。[4]然而試過數百個不同的育種組合後，法瑞爾不是基於名聲或外觀，而是完全基於表現，培育出一種新的「聯邦小麥」。

這一類的農業試驗通常稱為「田間試驗」（field experiment），有些人也用這個術語來描述社會科學裡的隨機試驗。現代的農業田間試驗運用空間統計模型來劃分樣區。[5]一如醫學與經濟援助領域，最重大的農業隨機試驗現在都橫跨多國進行。我們對基因改造作物、氣候變遷對農業的衝擊，以及抗旱性的瞭解，很大一部分是以這些試驗為中心。

拉夫曼（Gary Loveman）將近四十歲的時候決定從哈佛大學轉換跑道，到拉斯維加斯去。教授資歷尚淺的他接受邀請，成為哈拉斯賭場飯店的營運長。當時哈拉斯的執行長正準備退休，希望拉夫曼當他的繼任者，接掌這個最高職位。大多數的人並不會想到去找前教授管理賭場，而拉夫曼也不想成為典型的賭場管理者。吸引他投入博弈事業的原因裡，有一個是資料隨手可得。但是管理者卻經常憑直覺經營賭場：「我發現在我們這個產業，把直覺變成制度是許多問題的來源。」[6]

拉夫曼盡可能為各種問題展開隨機試驗。[7]要怎麼讓其他州的顧客更常來？隨機選出一群顧客，提供他們住宿優惠，然後比較他們與沒有被隨機選中者的反應。要怎麼讓豪賭的人開心？隨機實驗免費餐點、免費飯店房間、專屬場地進入資格，以及免費籌碼。要怎麼利用不討人厭的方式，讓服務生賣出更多的酒？隨機調整付給賭場工作人員的獎金。要怎麼挽留運氣不好的新手？隨機送出安慰獎。（拉夫曼聲稱，賭博成癮者不是賭場的試驗對象。）[8]

被問到持續不斷地安排多項實驗會不會很困難，拉夫曼回答：「老實說，我唯一感到驚訝的地方是這比我當初可能的預期還要簡單。我記得還在學校的時候，很難找到豐富的資料集來研究。在賭場界，最震撼我的就是做這些實驗很容易，因為我們幾乎做什麼事都要衡量。我有點意外的是，沒有更多人這樣做。」[9]他說，哈拉斯訂下三大不可違犯的過失：「不可以騷擾女性，不可以偷竊、一定要有對照組。在哈拉斯，不成立對照組可能會讓你丟飯碗。」[10]

商界的隨機分子愈來愈多，拉夫曼是其中之一。[11]一九九四年，莫里斯（Nigel Morris）與費爾班克（Rich Fairbank）創立「第一資本」信用卡公司。他們的哲學明確具有實驗性。信用卡優惠方案應該裝進白色還是藍色信封寄出？各寄出五萬份，看看哪個顏色的回應比例較高。[12]網站是否能做調整？做出兩種版本，隨機把訪客導入任一版本，再看看哪一種最好。

第一資本最大的創新，在於它是第一家提供客戶免費信用卡代償服務的大公司。這項服務後來極為成功，但是莫里斯和費爾班克毋須賭上整家公司。他們隨機選出一小群客戶，提供免費代償計畫，然後將這群客戶的行為與第一資本的其他客戶做比較。[13]第一資本現在是全美第八大銀行控股公司。費爾班克形容他的公司是「一間科學實驗室，舉凡產品設計、行銷、溝通管道、信用額度、客戶挑選、收帳政策與交叉銷售決策的相關決定，都可以透過數千個實驗來進行系統性測試。」[14]

美國連鎖百貨賣場龍頭之一的柯爾百貨，用一個實驗協助解決了董事會對營業時間的意見分歧。[15]二〇一三年，該公司意欲刪減支出，所以考慮將開門時間延後一小時。有些分店經理喜歡這個想法，有些則預期損失的銷售額會比省下的開支還要多。於是公司在一百家分店進行實驗。結論：支出大幅減少，銷售額只有小幅下跌。有了精確的證據支持，柯爾百貨延後了一千多家分店的營業時間。

二〇一四年一月十五日，「Ok邱比特」交友網站對用戶做了一個意想不到的實驗：網站宣布當天是「愛情盲目日」，並且移除站上所有的照片。四分之三的用戶立即離開網站，但是後來該公司有了另一個發現。留下來的用戶比較會回覆訊息，對話比較深入，也比較會交換聯絡方式。種族與外表的偏見消失了。該公司的共同創辦人魯德（Christian Rudder）說：「總而言之，Ok邱比特發揮了更好的作用。」[16]

七小時後，Ok邱比特恢復顯示網站上的照片。對話立刻消失。魯德表示：「那些美好都不見了，甚至比不見了還糟糕。情況就好像我們大半夜把燈開得很亮。」[17]

魯德說，管理Ok邱比特讓他得以分析「一個人與人之間互動狀況的資料集，而這個資料集比其他任何個人所握有的資料集都還要深入且豐富」。[18]此外他還能做實驗。因為愛情盲目日不是隨機試驗，所以造成的影響需要跟每週同一個時段的使用者模式比對過後，才能評估。

不過，Ok邱比特也有進行隨機試驗。在一篇標題為〈我們用人做實驗！〉的網誌文章裡，魯德說明該網站如何檢驗速配指數的影響力。[19]以一個很不相配的組合（速配指數三○%）為例，如果當事者知道真正的指數，兩人開始交談的機率是一．四%。但是如果Ok邱比特說他們是很理想的組合呢（速配指數顯示為九○%）？在這種狀況下，這兩個人開始交談的機率是二．九%，是原來的兩倍多。這個隨機實驗的結果證實，「僅僅是速配程度的迷思，也能發揮與事實相同的作用。」[20]

有些公司依然不願做實驗，因為管理者受到官僚慣性的阻礙，或者擔心做實驗會顯得他們沒有全部的答案（事實：確實沒有）。[21]但是在其他企業，到處都在做實驗。在商界進行隨機實驗通常稱為「A／B測試」，在某些公司已經不可或缺，例如eBay、財捷軟體（Intuit）、哈門那保險（Humana）、克萊斯勒集團、聯合航空、來福車（Lyft），以及優步（Uber）。

西聯匯款公司使用隨機實驗來決定要向客戶收取哪種固定費用與換匯手續費的組合。線上問答網站Quora投入十分之一的員工來做隨機試驗，任何時候都有大約三十個實驗正在進行。[22]有一名作家說過：「我們總會談論Google首頁或亞馬遜的結帳頁面，但現在要說你去過『一個』Google首頁、『一個』亞馬遜結帳頁面才精確。」[23]另一個評論者則說：「〔亞馬遜〕頁面上的每一個像素都要透過反覆的版面測試來調整。」[24]美國最大的餐廳、零售商及金融機構中，至少有三分之一都在做隨機實驗。[25]

然而，這些實驗並不是都會照著計畫走。

◆

二〇〇〇年，線上書店亞馬遜有熟諳科技的使用者發現一件奇怪的事：電影售價會改變。查詢電影《MIB星際戰警》的顧客可能會看到售價是二十三．九七美元，但是如果同一個顧客先刪除cookies檔（存在你硬碟上的一些小檔案，讓網站可以追蹤你的瀏覽模式），再回到亞馬遜網站，同一片DVD的售價也許會變成二十七．九七美元。四美元價差是隨機出現的——這是亞馬遜某個實驗的一環，他們藉由這個實驗瞭解顧客對售價的敏感程度。

這項實驗持續的時間大概還不足以告訴亞馬遜太多關於售價敏感度的細節，但是消息走漏之後，他們倒是很快就得知顧客對隨機售價變化有何感受了。亞馬遜使用者稱之為「爛主意」和「奇怪的商業模式」。有人在某個討論區發文說：「我再也不會跟那些人買東西了。」[26]洛杉磯演員約翰．迪亞克（John Dziak）說他覺得遭到背叛。「你信任一家公司，然後聽說他們在做這種事，於是你的信任動搖，最後就棄他們而去。」[27]

一週後，亞馬遜承認做了一次為期五天的隨機售價測試，其中包含六十八部影視DVD，測試的折扣最高打到六折。該公司宣布停止實驗，並且會退款給六千八百九十六名顧客，平均每個人退三．一美元，結束了這場隨機售價測試。[28]亞馬遜後來仍在網站設計等方面繼續進行隨機實驗，但是保證不會再對顧客做售價實驗。

不過，定價實驗依然無所不在。[29]研究者在女性服飾郵購目錄中隨機更改售價，發現零售商訂定的售價尾數如果是九（例如九．九九美元或三十九美元），需求就會激增，最高達三分之一。[30]雖然理性的做法是把售價往上加到整數，人的大腦卻傾向減低到整數。讓售價尾數是九的商品看起來比實際上還便宜。事實上，顧客思考價錢的能力似乎非常差，這項研究還發現同商品以三十九美元銷售時的需求，比三十四美元的時候還要高。有一項消費者物價調查估計，所有公開售價中大約有一半的尾數是九，這或許不令人意外。

顧客在線上購物時，似乎也會犯下可以預料到的錯誤。一項在eBay網站上進行的隨機實驗要測試賣家把底價減少一美元、但是把運費增加一美元的話，會發生什麼事。[31]結果買家經常忽略實驗中銷售的產品（CD與Xbox遊戲）需要多少運費。如果你在eBay購買產品，卻突然發現運費高得離譜，那麼跟你交易的賣家也許有隨時在注意隨機試驗的最新訊息。

另一個被企業用來增加獲利的手法是提供具有特殊地位的產品。在印尼的一個實驗裡，一家大信用卡公司隨機提供客戶升等到兩種產品之一的機會。部分客戶收到的是「白金卡」方案，提供機場貴賓室服務、國際時尚名牌購物折扣，以及更高的信用額度。其他客戶收到的方案內容一模一樣，只是卡別沒有冠上「白金」兩字。客戶接受高級白金卡方案的比例顯著較高，而且較常在公眾場合使用那張白金卡，例如在餐廳。[32]

有些實驗是在商店裡進行。一個研究團隊和美國的一家零售商店合作十六週，測試購物者看到哪一種貨價標示的時候比較會購買護手乳液：「六七折」還是「免費增量五〇％」。[33]這兩種說法在數學上一模一樣，但是研究者發現在使用較大的「免費增量五〇％」標語那幾週，產品銷量幾乎翻倍。

如果只在一家商店實驗，我們能把結果概括化的程度就很有限。此外，做實驗時必須隨機發動或中止促銷。然而如果是在多家商店進行，實驗只需一週就可完成。一群研究人員跟一家擁有八十六間分店的連鎖超市合作，比較單件商品折扣（例如降價五十美分）與多件商品促銷（例如一美元兩件）的影響力。[34]在半數的分店裡，顧客看到的是單件商品折扣，而另外那半數分店的顧客則看到多件商品促銷。研究者調查從濃湯罐頭到衛生紙等多種不同商品的銷售情形，發現多件商品促銷活動有一種心理上的「定錨」效應，導致消費者增加消費達三分之一。

但是正如一定會有劣質產品，無用的促銷也一定存在。二〇〇三年，一個行銷專家團隊與美國最大的連鎖藥局CVS合作，檢驗他們認為沒有作用的產品促銷活動。[35]該公司後來同意進行一項大規模實驗。他們會在四百家隨機選出的分店停止促銷十五大類的產品。

三個月後，證據出來了。由於刪減促銷活動，CVS賣出的產品減少，但是售價變高。進行實驗的四百家分店，利潤都提升了。毫無意外的，CVS很快就在旗下九千家分店執行這項改變。一個簡單的隨機試驗，很有可能讓這家公司的年度盈利增加五千萬美元以上。如果你最喜歡的CVS折扣在二〇〇三年突然消失，很可能是因為該公司瞭解到促銷價格並沒有吸引到夠多的新消費者。

隨機試驗甚至還被用來調查如果顧客受邀「自由付費」，會有什麼結果。一項德國的研究發現，大多數消費者付的錢少於商品通常的售價。[36]但是這種奇特的定價方式會吸引新顧客，所以最後有可能因為利潤升高而成功。

◆

我正坐在高士（Coles）集團總部的一間會議室裡，這個地方位在霍桑東區，距離墨爾本市中心數公里。這棟建築是高士超市帝國的中心，集團市值三百億澳元。總部有身穿高士制服的人、高士的產品，還有一家高士品牌的咖啡廳，位在充滿高士廣告的中庭。這裡彷彿是零售商的迪士尼樂園。

我之所以來訪，是為了知道這家澳洲超市巨擘如何運用隨機試驗。高士擁有全澳洲最大的會員系統「飛購」（FlyBuy），每年都有三分之一的澳洲人使用飛購卡。除了可以在高士超市、目標百貨（Target）及凱馬特超市（Kmart）累積點數之外，所有的飛購會員都會在購物明細、特殊折扣電子郵件與郵寄到府的折價券中得到促銷訊息。

其實也不是所有會員。確切地說，是其中的九九％。

該公司的人告訴我，飛購會員系統有內建一項隨機試驗。每一百名顧客中有一個屬於對照組。他們跟其他人的會員卡功能一模一樣，但是飛購系統不會發送任何促銷訊息給他們。

「你們能分辨我的飛購卡是不是在對照組嗎？」我一邊問，一邊從皮夾拿出卡片。

「當然，我看最後兩碼就知道了，」其中一個高士的資料分析師回答。

「對照組的後兩碼數字是什麼？」

「抱歉，這是祕密。」

我不能怪他們不願意洩露，只是真的很難不問問看。

對高士集團來說，飛購系統的對照組為他們的促銷手法提供了一個清楚明確的業績衡量標準。如果促銷方案有效，對九九％收到促銷訊息者的平均銷售額便應該高於那一％沒有收到促銷訊息的人。促銷做得愈好，兩者之間的差距愈大。

我問高士的人，管理團隊與董事會是否會因為飛購把一%的顧客排除在促銷活動之外、放棄了部分收益而感到擔心。他們說完全不會。如果沒有隨機選出的對照組，「你要怎麼知道有發揮效果？」

高士也運用隨機試驗來測試他們行銷手法的一切細節。折價券應該做成撕除式還是單張？電子郵件如果使用「狂殺優惠」這類奇特的標語，消費者會不會比較願意打開？特殊優惠應該給現金折扣還是贈送飛購點數？一千點回饋和兩千點回饋比較的結果是什麼？倒數的時鐘會讓人更想進超市消費嗎？

不過，我離開高士總部時，腦中不斷想起的卻是他們對於我提出的那個對照組問題的回應。如果沒有隨機選出的對照組，「你要怎麼知道有發揮效果？」

◆

每年搭乘飛機的旅客超過三十億人次，使得飛機排放的溫室氣體占了全球總數的二%到三%。對航空公司本身而言，燃油是一筆極大的開支。如果你經營航空公司，會把大約三分之一的成本花費在航空燃油上。然而，原來機師的決定能讓飛機消耗的燃油量產生明顯差異。透過避免攜帶太多燃油、根據新的天氣資訊來更新航路，或者在降落滑行時關閉一具發動機，機師可以大幅減少燃油用量。

但是要如何讓機師節省燃油？維珍航空與經濟學家攜手，針對機師的燃油使用情形給予更好的檢視報告，看看這樣是否能提升他們的燃油使用效率。[37]研究者與機師工會合作，向機師保證不會要他們互相評比。「這麼做絕對不是為了做任何形式的『燃料使用排名』，」通知信如此告訴他們。儘管已經知道這一點，按月收到燃油效率報告的機師所使用的燃油，最後仍比沒有收到這份報告的機師少。檢視報告完全保密，卻讓機師調整了自己的行為。維珍航空利用郵資不到一千美元的實驗，將年度燃油用量減少了大約一百萬公升。

有些人事實驗把焦點放在低薪資的工作。在加拿大卑詩省的一個實驗中，植樹工人有時候領固定日薪，有時候則以植樹量計算薪資。領固定薪資時，他們一天大約種植一千棵樹。以量計薪時，他們一天種植大約一千二百棵。[38]美國華盛頓州的一項隨機實驗也在果園工人身上得到類似結果。[39]然而，華盛頓州的實驗出現了一個有趣的轉折。領取固定薪資的工人知道有同事是以量計薪後相當氣憤。所以，以量計薪的工人表現比較好，也許是因為他們被拿來與失望的同事比較。

你要是採收過水果，就會知道生產量取決於果實的品質，以及你的努力程度。在一組實驗中，一群英國研究者與一名想要訂定合適薪資的草莓農建立起關係。[40]在其中一種設定下，工人每公斤的採收薪資是固定的。在另一種設定下，工人的薪資取決於當天每個人採收的數量。管理人員推論，如果每個人的產量都很高，代表田裡草莓必定很多。所以採收總數上升，草莓農就把每公斤的薪資降低（不過所有工人的收入都高於最低薪資）。但是那些工人沒多久就意識到這件事了。在第二種給薪計畫裡，努力工作會付出集體成本。所以草莓採收工人會放慢動作，尤其當採收團隊中有很多人是朋友的時候。這意味他們採收的公斤數比較少，但是每公斤的薪資保持在較高的水準。相反的，單純以公斤數計酬的計畫就沒有產生取巧的誘因，最後大幅提高了總生產量。[41]

重要的不只有薪資。對超市收銀員、草莓採收工人與車輛排氣檢測員做的研究都顯示，生產力高的同事能提升每個人的表現。[42]社會誘因也很重要。在尚比亞都市地區對保險套銷售員做的一個隨機實驗中，研究團隊比較獎金與被選為明星員工這種社會認可的成效。[43]在那個設定下，可能獲得社會賞識這件事的影響力是金錢獎勵的兩倍。誰知道成為「本月保險套銷售之星」可以是這麼大的誘因？

但是其他類型的「認可」卻可能適得其反。在一項對亞馬遜網站「土耳其機器人」（Amazon Mechanical Turk）線上外包平臺的員工所做的隨機實驗中，部分員工收到他們在同事之間的比較排名報告。[44]把員工的位置按照名次告訴他們，最後降低了生產力。如果你是雇主，這些實驗給你的提醒是，工作場所最有生產力的人能帶來雙重紅利。它們同時也建議你或許可以推動「最有價值員工」獎，但是不要做任何員工排名。

隨機方法在研究員工時尤其重要，因為人知道自己被觀察時，行為會有所改變。如果我跟你說我要估量你的生產力一天，你大概會少花一點時間逛臉書網站。這叫作「霍桑效應」，名稱來自一九二〇年代對霍桑工廠的工人所做的著名研究。結果，現在反而有人對那個研究的確切內容提出疑問。[45]不過霍桑效應無疑確有其事，就和醫學中的安慰劑效應一樣。舉例來說，維珍航空的實驗顯示，收到個人燃油使用報告的機師與沒有收到的機師之間有顯著差異。但是還有另一個影響。實驗開始時，所有機師都被告知公司要進行一項燃油使用調查。光是知道有人在觀察自己，就讓對照組機師高效率飛行的比例增加了五〇%。

◆

商業領域有許多隨機試驗研究過微調，同時也有一些試驗探究了比較大幅度的改變。商業領域的一個重大爭議是，管理顧問公司到底是變革推動者，抑或是江湖郎中。史都華（Matthew Stewart）的著作《管理諮詢的神話》（*The Management Myth*）審視工業史，斷定管理諮詢比較接近派對把戲，而不是科學。[46]另一個批評者說它「恰恰是九成的噱頭加一成的Excel試算表」。[47]

假如我們想知道管理諮詢對公司績效的影響，單單比較使用顧問和不使用顧問的公司是不夠的。那種粗淺的比較可能會存有向上或向下偏誤，端看公司聘請顧問的原因。如果聘請顧問是管理團隊有遠大理想的徵兆，我們就可以預期那類公司的表現會勝過競爭對手，即便沒有外界幫助。另一個可能是，如果公司聘請管理顧問相當於向醫生求助，我們就可以預期粗淺的比較會顯示顧問總令人聯想到績效不彰。

為了處理這個問題，史丹福大學的布魯姆（Nicholas Bloom）與他的共同研究者跟二十家印度的紡織廠合作。[48]其中十四家被隨機選中，由國際管理顧問公司埃森哲（Accenture）提供五個月的管理諮詢服務。[49]後來，得到管理建議的公司生產力高了十分之一。雖然建議是免費的，但生產力提升的幅度很大，即便那些公司按照當下的行情付費，也仍會有盈餘。

如果你經營中型公司，是不是應該立刻停止閱讀，打電話找管理顧問？不見得。國際上的管理品質研究，給予印度的評價通常極低。布魯姆團隊在研究報告中附上了工廠接受介入手段前的照片。照片中能看到散落在地上的工具、成堆的垃圾、未經養護的機械，以及留在潮溼麻袋裡的紗線。不難看出外來顧問可以協助管理者清理工廠、改用電腦化系統，進而提高產量。但是在經營得當的公司，求助埃森哲、麥肯錫或波士頓諮詢公司後的獲益可能會少很多。[50]

布魯姆的管理諮詢實驗也說明了一個關於隨機試驗的奇特事實：在適當的條件下，實驗組與對照組的數量可以非常小。[51]透過相似的工廠、一個重要介入手段與大量生產資料，布魯姆團隊就能確定他們已經觀察到在統計學上很顯著的成效，也就是說那些結果不太可能只是大量資料中的僥倖個案。

有時候統計學允許隨機分子從小樣本中找出顯著的成效。但是問題偶爾卻來自相反的情況。這就是以實驗測試廣告的效果時，會遇到的困難。從一九八〇年代初期開始，美國有線電視業者就推出一種叫作「分離收視」的產品，讓他們可以對正在收看同一個節目的不同收視戶播放不同的廣告。AC尼爾森等市調公司便與一群收視戶合作，記下他們購買的每一個物品（現在參與的收視戶有一臺手持掃描機，只需要掃描每一個新買產品的條碼）。

在線上進行隨機實驗比有線電視更簡單。網路零售商選出一大群人，隨機寄送產品廣告給這群人當中的一半，然後利用cookies檔追蹤他們的行為。有些公司甚至能夠把線上廣告與實體商店的消費狀況連結在一起。

然而，儘管規劃隨機廣告試驗很容易，測量成效卻很困難。我們的購物模式反覆無常：我們會更換品牌、衝動購物，而且只會偶爾購買大型產品（想想你上次挑選一張新信用卡或購買吸塵器是什麼時候吧）。廣告無所不在，所以大多數廣告對大多數人並沒有影響。估計廣告對顧客的真實影響，是在大海撈針。

有一項研究綜合了三百八十九個「分離收視」實驗，最後的結論是：「電視廣告增加的量與銷售額增加的情形之間，並沒有明確的對應。」[52]整體來說，這項研究判斷廣告有效，但是無法區分哪些是失敗的廣告，哪些又是成功的。為了查明這個問題，研究者轉向全美國最多人觀看的廣告：對超級盃美式足球賽觀眾播放的廣告。在超級盃轉播時播放一支三十秒的廣告要價五百萬美元，等於一個觀眾接近五美分。即便有一個廣告主可以使用「分離收視」技術，對一億一千萬超級盃觀眾單獨進行隨機試驗，也必須買下數十支廣告，才會看得出影響。研究者判斷，美國沒有任何產品的廣告預算多到能夠查明超級盃廣告是否真的有成效。他們把這個發現稱為「超級杯不可能定理」。[53]

真要說的話，這個問題在評估網路廣告的影響力時更加嚴重。一項近期的研究集結了二十五個網路廣告實驗，每個實驗對大約一百萬人隨機顯示廣告。這項研究推斷，要分辨哪些廣告有用是「極度困難」的。那些廣告的樣本大小通常是一百萬人，而研究人員估計必須要涵蓋九百萬人才能確實區分出大量獲利的廣告與收支勉強打平的廣告。

雖然網路廣告的影響力很難評估，但隨機試驗仍是最好的選項。另一種做法是拿某支廣告的目標群眾和沒有被這支廣告鎖定的相似群眾做比較。[54]如果廣告是根據網路搜尋而出現，這種研究方式便有可能錯得離譜。假設我們進行一項耐吉廣告的非隨機研究，對象只有年輕人與健康的人。請你想像，對搜尋「跑鞋」的人顯示耐吉廣告，並將他們的購買模式與沒有搜尋跑鞋的人做比較。我們真的會把購買習慣的差異歸因於廣告嗎？認為搜尋跑鞋的人原本就比較有可能購買耐吉跑鞋（或者亞瑟士、布魯斯），會不會比較合理？如果你曾有過在網路上搜尋烤麵包機，接下來一個星期就不停在螢幕上看到烤麵包機廣告的經驗，就會知道精準投放早已經無所不在了。在那個環境下，隨機試驗能提供企業最好的機會，讓它們查出自家網路行銷活動的真實效果。

◆

Google的第一個隨機實驗是在二〇〇〇年二月二十七日進行的。[55]該公司想知道是否應該提供使用者十個以上的搜尋結果，便隨機指定千分之一的使用者得到二十個結果，另外千分之一得到三十個結果。結果糟到不能再糟。把搜尋結果增加到原本的雙倍或三倍，會拖慢網頁載入的時間，導致許多使用者離開。於是Google繼續顯示頭十個搜尋結果。

如今，Google正在對使用者進行數百個隨機試驗：為了將搜尋演算法與搜尋結果的呈現方式調整得更好。[56]有時候這需要細小的微調，例如加大第一個搜尋結果周圍的白色空間、以粗體顯示搜尋結果中的搜尋關鍵字，或者對圖片做細部調整。

在選擇工具列的顏色時，Google設計師發現如果工具列以帶點綠的藍色呈現，使用者點擊的機率比正藍色時來得高。點擊增加代表公司能賺進更多廣告收益，所以小幅改善具有龐大的獲利效果。看到結果之後，當時在Google擔任副總裁的梅麗莎・梅爾（Marissa Mayer）建議公司更進一步。梅爾提議隨機將使用者分成四十個人數相同的組別，每一組看到的工具列的藍色深淺度都有細微差異。該公司可以直接根據哪個顏色的點擊率最高來選擇要用什麼顏色。決定結果的是科學，不是直覺。根據記者席德（Matthew Syed）所言，一名Google高級主管估計，找出最理想的工具列顏色讓Google增加了二億美元的盈餘。[57]

有時候Google也會測試較大的改變，例如新功能或新產品。然而，並非每個在Google想出的新點子都能上線即時試驗。事實上，該公司估計每有一個構想進入試驗，就有三個其他構想在抵達試驗階段前經過考慮並遭到拒絕。就連上線試驗的構想，也只有五分之一會導致產品出現改變。換句話說，二十個Google的構想中，有十九個是失敗的。[58]共同創辦人施密特（Eric Schmidt）說過：「在這家公司完全可以嘗試去做一件很困難的事，不成功也無妨，只要從中學到東西。」[59]

有些人說如果有極大的樣本，就不需要隨機試驗。他們聲稱只要從樣本中尋找模式就可以了。[60]但是Google擁有的資料極可能比世上任何組織都還要多，卻仍然進行大量內部實驗。Google的科學家有大約十五EB的資料可以使用（編按：約一六〇億GB），每秒鐘有大約四萬筆搜尋。如果Google依然能從隨機試驗中獲益，那麼世界上的每一個研究者必定都可以。

以資料為依據的文化，在網飛（Netflix）也同樣盛行。加入試用方案的人會被隨機分配到不同的待遇，目標是將他們變成付費顧客。[61]一般會員則經常被加入實驗，以測試網站的新特色。網飛的資料研究人員指出，直覺不一定能告訴你應該向剛看完《紙牌屋》的觀眾推薦什麼。應該推薦最相似、最多人看，還是最流行的節目？他們承認：「用我們的直覺，甚至是集體直覺來挑選推薦演算法的最佳版本，通常也會得出錯誤的答案。」[62]更好的個人化與推薦內容，讓網飛得以留住更多顧客。該公司估計改善演算法讓他們一年省下超過十億美元。[63]

大概是因為Google與網飛的實驗是用來改善網站服務的品質，所以沒有招致太多批評。對臉書（Facebook）來說，與心理學研究人員合作，對使用者進行一項社會科學實驗的經驗，就遠不及前兩家公司正面了。[64]二〇一二年一月有一週的時間，臉書隨機改變七十萬名使用者動態消息頁面中帶有情緒的內容。由軟體分析每個臉書朋友的貼文，與一份正面及負面用詞的清單做比對，然後歸類為負面、正面或中性。得到實驗性措施的人不是少看到百分之十的正面貼文，就是少看到百分之十的負面貼文。[65]這項研究只影響到網友在自己動態消息頁面看到的內容；他們還是可以到朋友的塗鴉牆或動態時報去看對方的所有貼文。

然後，研究者觀察使用者的反應。他們發現有一個輕微但值得注意的影響：當使用者在朋友的貼文中看到比較多負面內容，他們自己的貼文也會變得比較負面。閱讀負面貼文也會導致社會退縮。你看到負面貼文之後，隔天使用臉書的機率就會降低。在進行這個實驗之前，有些人認為臉書上的主要動力是嫉妒與幸災樂禍。如果社會比較是臉書世界最主要的現象，那麼成功的朋友應該會令我們鬱悶，他們遇到壞事應該會讓我們感到幸運。結果現實情況卻比較單純：我們的心情會隨著朋友的心情改變。正面與負面的情緒會感染他人。[66]

一如亞馬遜的定價實驗，臉書的情緒操控實驗也引發媒體大加撻罰。研究人員遭到英國心理學會批判，聯邦貿易委員會被要求調查這個實驗，《美國國家科學院院刊》也發表一篇評論「表達關切」。[67]當時的臉書營運長雪柔．桑德伯格（Sheryl Sandberg）告訴使用者：「這件事缺乏溝通，我們為此致歉。我們絕對無意造成各位的不快。」[68]

因為我是隨機分子，以前也當過教授，你或許預料我會支持與學者合作進行社會科學實驗的公司。但我可以馬上瞭解那些控訴者的理由。如果你是臉書使用者，便有可能在不知不覺中參與了他們二〇一二年的情緒操控研究。你當時不會知道有沒有，現在也不會知道。有別於Google演算法的微調，我們無法確知臉書實驗沒有對使用者造成傷害。要進行這一類的實驗時，大公司可以考慮鼓勵部分使用者自願成為「A／B測試者」，也許提供一點好處來換取他們的先驅精神。這類模式能讓企業確知他們的天竺鼠至少瞭解自己身在迷宮裡，同時也讓那些覺得實驗「令人發毛」的使用者有機會說不。

9 以政治和慈善事業測試理論

康乃狄克州東石（East Rock）的居民視萬聖節為大事。備妥糖果參加不給糖就搗蛋活動的每戶人家，一晚通常會迎來約五百個小孩。不過在二〇〇八年，變裝打扮的孩子發現一個不尋常的家，屋主是經濟學家卡蘭（Dean Karlan）。門廊的左手邊貼著競選海報，以及民主黨總統候選人歐巴馬（Barack Obama）的人形立牌。門廊右手邊則是共和黨候選人馬侃（John McCain）。[1]

東石是非常支持民主黨的社區，所以當孩子們被告知可以選屋子左右的任一側拿糖果時，五分之四的小孩選了民主黨並不意外。經濟學家屋主接著嘗試了不同的做法。經隨機挑選的孩子被告知，可以選擇從共和黨那側拿兩顆糖，或民主黨側拿一顆糖。換言之，他們受到違背自己政治偏好的甜蜜誘惑。

結果，生活在民主黨票倉社區的孩子是否願意拿共和黨人的糖果，取決於他們的年紀。四到八歲的孩子往往謹守他們的意識形態。九到十五歲年紀稍長的孩子，多數轉而拿共和黨側的兩顆糖。四年後的二〇一二年萬聖節重複實驗（這一次的對戰組合是歐巴馬對羅姆尼〔Mitt Romney〕）產生了類似的結果。這些萬聖節實驗顯示，年輕人投票投的是理想，年長者投票投的是現實的陳腔濫調，可能有些道理。這也提醒我們，像卡蘭這樣的隨機分子用隨機方式測試理論時，施展了無盡的想像力。

事實上，歐巴馬的團隊在第一次總統競選中，使用了隨機試驗來評估競選策略。二〇〇七年十二月，當訪客首次訪問歐巴馬網站，他們會看到歐巴馬彩照、黑白全家福，或歐巴馬說話的影片三者之一。[2]網站會鼓勵他們訂閱競選電子郵件，使用的訊息包括「立即加入我們」、「瞭解更多」或「註冊」。各位不妨花時間猜一下，你認為效果最好的圖像和訊息組合是什麼。是彩照、黑白照，還是影片？你可以想像最好的說法是請支持者**加入**、**瞭解**，還是**註冊**？

每種組合各有各的受歡迎之處，不過在歐巴馬競選團隊裡，他們的直覺大多受影片和「註冊」的組合所吸引。他們是競選專家，可是結果證明多數人都選錯了。在對三十萬名網路訪客輪流置換不同版本後，競選活動發現黑白照搭配「瞭解更多」的組合，獲得的電子郵件地址多了四一%。在整個競選過程中，歐巴馬團隊估計此一實驗多給了他們近三百萬的電子郵件地址、二十八萬名義工，以及六千萬美元的捐款。專家們本來假設民眾看到影片比較有可能登記註冊。不過，誠如競選數位顧問希洛克（Dan Siroker）對一位採訪者所說，「假設往往是錯誤的。」[3]

我將在本章討論政治和慈善事業中愈來愈受重用的隨機試驗，首先是促使人們出門投票的宣傳活動，然後是募款的隨機試驗，最後是政治人物成為不知情實驗對象的一系列近期實驗。

◆

在自願投票的國家，許多人為說服民眾上投票所投入大量心血。舉辦這些「動員投票」活動的既有無黨派公民團體（熱衷於提高整體投票率），也有候選人（目的是增加自己支持者的投票率）。

政治學家高斯耐（Harold Gosnell）指出，在一九二四年的美國總統大選中，有很多心血用在督促公民出來投票。[4]全國女選民聯盟（National League of Women Voters）和童子軍挨家挨戶登門拜訪數百萬戶人家，提醒他們有投票的公民責任。一九二四年的投票率確實比一九二〇年要高。但是，若要問登門拜訪增加的是哪一部分的投票，高斯耐認為唯一坦白的回答是「我們不得而知」。

為了找出答案，高斯耐著手進行可能是政治科學領域的第一項隨機試驗：調查寄信給芝加哥地區家庭對選民投票率的影響。[5]高斯耐指出，唯有擁有一個可信的對照組，我們才能真正知道郵件對投票產生什麼影響。他的研究估計收到信的人，投票的機率增加一至九個百分點。

近一個世紀之後，直接投遞郵件對選民的影響要比高斯耐的時代小得多。不過，他瞭解隨機試驗是衡量政治競選活動怎樣做才有效的最佳方法之一，今天某些競選者還未掌握這一點。兩位著名的政治隨機分子葛伯（Alan Gerber）和格林（Donald Green）在他們的暢銷書《動員投票》（*Get Out the Vote*）中指出，競選活動通常仍由頭髮花白的老將主導，他們對投入（可以使用的各式手段策略）知之甚詳，可是對產出（他們因此多獲得的票數）知之甚少。[6]老人家知道很多軼事，可是全無對照組。例如競選老將可能指出，某候選人花了很多時間打電話，然後聲勢就轉向她了。問題出在我們很難知道反事實：如果她沒打電話，結果會怎樣？

同樣的，競選老將可能會舉那些有設立額外街頭攤位的部分選區為例，然後指出候選人的票數在那些郊區較高。問題又來了，我們怎麼知道那些郊區不是因為其他原因投票給那名候選人？過去，競選活動依靠詢問民眾與政治人物有什麼接觸，以及他們是否有去投票，因而遠遠高估了選民接觸對投票率的影響。問題出在那些與政治人物的接觸不是隨機的。競選活動找上的是比較可能投票的公民，而那些主動接觸當地候選人的公民，是本來就比較可能去投票的那種人。因此，光看候選人接觸和投票率之間的相關性，並沒有太大參考性。[7]

可是迷思仍舊存在。身為一名政治人物，我見過許多有自己獨門祕技的競選老將。我見過一些「專家」深信政黨信件與登門拜票搭配使用效果最佳，電話拜票在競選的最後一週效果最強，或是投票亭外的海報大有用處。不過，若問起他們的證據基礎，很快就會發現他們的選戰故事缺乏對照組。

然而，競選活動逐步將戰略轉向一種更充滿好奇、更開明且更以數據主導的方法。現在的政治策略專家比較不會自認知道所有的答案，反而更能接受自己被證明是錯誤的。他們對任何特定的選戰技巧都不再那麼信誓旦旦，不過更有自信懂得如何分辨沒效果和有效果的競選活動。

追隨高斯耐的腳步，研究人員目前已經發表了超過一百個研究，探討各種提高選民投票率的競選策略的影響。在美國，某人是否在某次選舉中投票屬於公共資訊（但他們投給哪位候選人仍是祕密），這一點促成了相關研究的進行。因此，如果競選者想刺激投票率，他們可以先從全體選民名冊擬出一張兩萬人的清單，在選舉前給其中一萬人寄一封信，然後在選後查看選民檔案，檢視兩群人之間是否有投票率上的差異。

如今由於隨機分子持續進行投票率實驗，我們對於鼓勵民眾投票的不同技巧有了各式各樣的發現。因此，讓我們把證據看過一遍，先從傳統方法（電視、廣播、實體信件、電話拜票和登門造訪）開始，最後再看較新的策略（電子郵件、手機簡訊和網路廣告）。

佩里（Rick Perry）在二〇〇六年競選德州州長時，允許一群政治學者隨機投放他的廣播和電視廣告。在三週的時間內，研究人員於十八個媒體市場上分配了佩里州長的廣告——就是「我不曾如此以身為德州人自豪」口號的開端。然後學者透過電話調查，測試這麼做的影響。[8]實驗顯示他的廣播廣告沒有效用。就電視而言，最大廣告量（每週花費三百萬美元）為佩里州長增加了五個百分點的支持度，但接下來一週對選民偏好沒有可察覺的影響。相較於產品廣告，至少政治廣告有可計量的影響。[9]不過，效果在看到廣告一週後就消失，這提醒了我們，很少有廣告是難忘的。

政治宣傳歷史上曾產出幾個著名的廣告，諸如雷根的「黎明美國」（Morning in America）片段，或是因為釋放威力·霍頓（Willie Horton）出獄而猛打杜凱吉斯（Michael Dukakis）的攻擊廣告，然而這些廣告是例外。多數政治廣告很容易被人遺忘，佩里對德州人驕傲的反覆強調就是一例。佩里競選的研究顯示，最後一刻的廣告閃電戰確實會提高候選人的票數。相反的，這也意味著投票日前為期一週的「電視禁播」期，能徹底消滅選舉宣傳的電視廣告效果。

信件呢？直接郵件若是由無黨派的團體寄送，對投票率有微小但正面的影響。對於高下立判與難分高下的選舉如今都進行過實驗，研究人員最多寄出八封郵件到每戶人家。綜合一九九八到二〇一四年間在美國進行的五十一次隨機實驗後，葛伯和格林總結表示，每封信能提高零點五個百分點的投票率。[10]換句話說，無黨派團體必須發二百封信，才能多讓一個人上投票所。

二〇〇六年一份引人注目的研究顯示，利用「社會壓力」能夠增強影響力。[11]由於選民投票與否屬於公開資訊，研究人員實驗了能增加社會壓力的三種信件：第一種告訴民眾，他們的投票行為將受到大學研究人員觀察；第二種是一封陳述該戶人家過往投票行為的信，並承諾將在選後更新；第三種列出住在同一街區的鄰居是否投票。每一種都有促進投票的效果，其中「鄰居」郵件每寄出十二封，就能多催出一人投票，增加的比例相當大。

這些發現受到其他多數研究的證實，不過有個在德州某小城市的研究，卻沒看到社會壓力帶來的任何效果。[12]對此一個有趣的解釋是，在某些情況下，威脅要告訴鄰居你是否有投票可能會激怒人，而不是使人難為情地出門投票。其他隨機試驗利用社會壓力比較正面的力量，像是感謝民眾在過往的選舉中投票，或承諾把擁有百分百投票紀錄的公民放到公開的「榮譽榜」。[13]這類信件提高了投票率，可是程度比不上讓沒投票的選民感到丟臉的威脅。

儘管信件可以說服民眾投票，其效果似乎僅限於致力提高公民參與的團體寄出的郵件。一旦信件是由選舉利益相關者發出，幾乎就沒有任何影響力了。葛伯和格林總結民主黨候選人、共和黨候選人和倡議組織在美國進行的十九次隨機實驗發現，這些團體需要發送一萬封郵件才能多說服一人投票。[14]這個估算值極不精確，無法明確地和毫無作用區分開來，導致葛伯和格林認為「政黨郵件無法影響投票率」。[15]

另一種相對便宜的競選宣傳法是「自動語音電話」。自動語音電話由電腦執行。電腦將自動撥打電話號碼，然後向接聽的民眾或電話答錄機播放一段訊息。在涵蓋超過一百萬人的隨機試驗中，葛伯和格林主張若有一千人聽到自動語音電話的訊息，可能多讓一位選民願意投票。[16]不過就像政黨直接郵件一樣，其效果非常微小，真正的影響可能趨近於零。

一種更有誠意的方法是請真人撥打電話。傳統上，這是由齊聚在辦公室內、啃著披薩的一群義工負責的。但是有些競選團隊也嘗試使用商業電話中心。在一系列隨機試驗中，義工和受僱工作者均成功提升了投票率，不過影響相差甚遠。猶如聊天的電話似乎比僅傳達簡短正經的訊息效果更佳。[17]愈靠近選舉日打電話影響愈明顯，而且義工的成果勝過商業電話中心員工。葛伯和格林估計，平均而言，想多讓一個人投票需要三十八通完整的電話。[18]

敲陌生人的門請他們惠賜選票是很辛苦的工作。多年下來，我為別人和自己的競選活動敲過無數人家的門。我曾經好幾次被凍傷、被曬傷、被雨淋溼，還被俯衝的喜鵲攻擊。多數應門的民眾都相當彬彬有禮，不過我日積月累的侮辱也已多到能讓叢林大盜臉紅。

登門拜票無疑比發送信件或打電話要困難得多。可是它更有效嗎？為提高少數族裔選民的投票率，「加州投票倡議」（California Votes Initiative）組織做了上百次實驗，過程中聯絡的民眾達數十萬人。[19]其中三分之二的實驗裡被接觸的公民，投票機率更高了。在多項包括民主黨與共和黨候選人，以及英國無黨派組織與法國政黨組織的大規模實驗中，也觀察到了類似的結果。[20]葛伯和格林估計，拉票者平均當面交談十四個家庭就會多一人投票。[21]對候選人而言，這些結果證明登門拜票的效率幾乎是打電話的三倍，而且大概比寄信給他們有效七百倍。有鑑於此，政治學家近來一直困惑為什麼競選團隊僅投入二十分之一的預算在親自宣傳方面。[22]

最後我們要討論網路競選的效果。競選報導的一種老生常談是，二十一世紀的每次選舉都被描述為「第一次真正的網路選舉」。儘管公民的確正從電子郵件、網站和社交媒體得到愈來愈多資訊，這不代表透過這些平臺進行的競選活動，可能使民眾投下特定的選票（或任何選票）。

就電子郵件而言，無黨派團體敦促民眾投票的宣傳通常是無效的。舉例來說，有個以提升美國大學生投票率為目標的非營利組織發送了超過二十萬封電子郵件，投票率在統計上卻沒有顯著增加。[23]類似的，發送給紐約市民主黨人的政黨電子郵件，對收件人是否投票沒有影響。[24]隨機試驗顯示，電子郵件讓人想投下神聖一票的唯一方式是，電子郵件來自收件者的友人或選舉委員會本身。[25]手機簡訊也呈現類似模式，簡訊似乎僅在選民主動選擇接收，或發送者為負責選舉的官員時才會奏效。[26]

網路廣告的情況也大致相同。近年來，臉書始終自鳴得意地表示，在它們平臺露出的政黨廣告至多可以改變多達五分之一的選民，Google聲稱其廣告在參議院競選產生了重大影響，還有一群記者撰寫有關網路廣告能改變選舉情勢的文章。[27]最近，共和黨全國委員會的柯比（Gary Coby）誇口，川普競選活動在二〇一六年總統大選期間，每天測試四萬至五萬個不同版本的臉書廣告。[28]

臉書可做簡單的A／B測試，但是這個平臺所衡量的結果是觀看和點擊次數，而不是投票數。這很重要，因為在包括民主黨和共和黨候選人的實驗中，臉書廣告提高了候選人的知名度，不過並未讓人更願意投票給他們。[29]在針對三十萬選民的實驗中，廣受歡迎的無黨派團體「Rock the Vote」投放的臉書廣告，對選民行為沒有任何影響。[30]

與電子郵件一樣，網路廣告如果與朋友有關似乎就會改變選民行為。臉書在二〇一〇年期中國會選舉當天，對六千一百萬的美國用戶進行了一次大規模實驗。[31]使用者將看到以下三個訊息之一：一個是「我投票了」的按鈕，搭配已經按下這個按鈕的朋友的照片（社會壓力訊息），一個是「我投票了」按鈕，搭配有多少人已經按下這個按鈕的統計數據（資訊型訊息），或是完全沒有任何訊息（對照組）。對照數據與投票紀錄，研究人員發現每二百五十人收到社會壓力訊息，就會多增加一人投票。相較之下，獲得資訊型訊息的人，投票的可能性不比對照組高。民眾投票不是因為數百萬人正在投票——他們投票是因為自己最親密的朋友正在投票。

一般而言，政治競選活動的隨機實驗結果提醒我們，改變民眾的投票意願或投票方式有多困難。不過，精明的隨機分子還是能扭轉一場實力相當的選舉。在過去幾十年，有數十次州、地方和全國選舉的勝選幅度不到千分之一。其中包括二〇〇〇年的總統選舉，小布希（George W. Bush）在關鍵州佛州以五三七票擊敗了高爾（Al Gore）。在政治上，再小的優勢都可能決定勝敗。

另一組隨機試驗專注在如何募捐。研究人員與慈善機構和政黨合作，進行一系列實驗，研究哪種策略在請求樂捐時最有效。在一項實驗中，北卡羅來納州的研究人員派慈善機構人員到社區，為資助當地大學的環境中心從事募款。[32]慈善工作者隨機選擇只向住戶要求捐款，或告知捐助者有機會贏得大獎。在獎品的引誘下，參加樂捐的人數幾乎有兩倍，大約多籌集了五〇%的資金。

研究人員還注意到住戶的另一個行為差異：如果慈善工作者是有魅力的女人，男人更可能捐款。（亞里斯多德曾指出，「美貌是比任何書信都好的介紹。」）儘管這可說是隨機實驗最不令人驚訝的發現，有趣的是，獎品的效果和美貌的效果是差不多的。[33]

儘管有些慈善工作者可為日子增添光輝，但一項有趣的實驗顯示，很多慈善工作者是不受歡迎的。在為芝加哥兒童醫院募款之前，有些家庭接獲隨機發送的傳單，傳單上列出工作者將登門親訪的確切時間。[34]知道來者何人的事實，使開門的人減少了四分之一。某些傳單含有「請勿打擾」的勾選框，這讓捐款減少了將近三分之一。實驗再次提供了理論無法給我們的洞悉。有些學者論稱說，施予背後的動力是渴望享受溫暖的內在光芒。倘若這項主張成立，那麼住戶知道門外訪客將會開口要錢時，應該更有可能開門。人們躲避樂捐收款人的事實，顯示許多捐助者單純是屈服於社會壓力。[35]

經濟學家與救世軍（Salvation Army）慈善組織的「紅色水壺」聖誕節活動合作，測試了人們為避免罪惡感願意做到什麼程度。[36]研究人員選了一間波士頓超市，然後隨機在超市兩個主入口的其中一個安排一名搖鈴人募款。救世軍工作人員平均每分鐘募得三十三美分。接下來要開口問了。救世軍工作人員開始對每位購物者說「請樂捐」。這麼做造成兩個效果。平均捐款提升至每分鐘五十五美分，而從另一個大門離開的人數增加了三分之一。現在，團隊在另一個出口也部署了救世軍的搖鈴人。面對兩個搖鈴人禮貌地懇求捐款，而且沒有出路可以不帶罪惡感地逃離超市，波士頓人以每分鐘九十九美分的速度捐款。藉由將罪惡感最大化，同時最小化避免罪惡感的機會，救世軍將捐款增加了兩倍。紅水壺捐款是一份的慷慨解囊、兩份的避免內疚。

其他隨機試驗幫助慈善機構改進他們募款的方式。當人們得知已經有「主要捐助者」拋磚引玉，他們更可能會掏出腰包。[37]無論是德國歌劇團或是佛州環境政策中心首府宣傳活動這麼不同的募款活動，民眾收到的信件如果提及主要捐助者，他們會多捐五〇%至一〇〇%。這樣的種子捐款似乎傳達出一種這個慈善機構值得支持的信號。

另一個有效的策略是提出對等捐款。譬如，告訴民眾如果他們捐出一美元，對等捐助者將再捐一美元（或再捐二或三美元）。和某個美國民權慈善組織合作的一項隨機郵件實驗顯示，當民眾被告知善款將有人加碼對等捐贈，他們施予的數目會增加五分之一。[38]然而，增加對等捐款的比例，像是從一塊增加到三塊，不會使捐助者變得更慷慨。這結果讓經濟學者百思不解，畢竟更高的對等捐款率，實際減少了慈善捐款的「價格」。舉例來說，一塊的對等捐款意味著只要花五十分，慈善機構就會拿到一塊，而三塊的對等捐款代表只要花區區二十五分，就能讓慈善機構拿到一塊。隨機試驗的結果也和很多募款專家主張的相左。例如，由「美國最成功最受尊敬的募款者之一」撰寫的手冊向讀者保證，相較於一比一的對等捐款，「更豐厚的挑戰（二比一）會大大增加對等捐款的吸引力。」[39]理論聽起來合理，但經過隨機試驗的評估才發現是一派胡言。

有項出乎意料的成功策略是「一勞永逸」宣傳活動，慈善機構微笑列車（Smile Train）在宣傳中承諾捐助者「今天發揮一次愛心，我們再也不會要求捐款」。[40]這項策略與標準的募款常識背道而馳，一般認為慈善機構應該著重於和最重要的支持者建立關係。事實證明，捐助者喜歡這個能退出未來郵寄名單的選項，但多數人沒有勾選把自己從郵寄名單刪除的框框。「一勞永逸」能增加募款總額近五〇％。

其他隨機慈善實驗則證實了種種流行理論。有個國際援助組織發現，裝有小禮物（孟加拉街頭兒童畫的四張明信片）的募捐函，幾乎使他們的捐款增加了一倍。[41] 某大學商學院發現向校友提供大眾經濟學演講的獨家邀請，使他們的捐款增加了一倍以上。[42] 有間紐西蘭藝廊得出的結論是，比起空禮盒，在禮盒中先放少量鈔票的那些日子，募得的捐款多出了五〇%。[43]

接下來的問題是，如果建議特定金額，慈善機構是否能夠募到更多善款。如果你曾看過街頭藝人伸出他們的帽子說，「請給鈔票就好，謝謝！」就大概知道為什麼這可能會增加或減少總收入。善款金額建議的實驗包括：對來電者建議不同金額的廣播電話募款、指定單一金額的訴求，以及建議三種金額的信件。結論是：選擇最大建議金額很困難。根據選擇的金額大小，研究發現建議金額既會增加也會降低總捐款額。[44]

隨著慈善機構在募款上愈來愈科學，深入研究人們施捨的理由、方式和對象的興趣也愈來愈高。坦伯頓基金會（John Templeton Foundation）二〇一二年捐贈了近五百萬美元給芝加哥大學，成立「慈善行動科學」（Science of Philanthropy Initiative）。計畫主持人李斯特（John List）形容：「每次建立這種合作關係的時候，我們形成的是一段實驗性的關係，教導合作夥伴如何思考實驗：如何思考用隨機方法試驗郵件廣告，如何思考用隨機方法試驗電話募款方式，如何思考怎麼用隨機方法試驗針對重要捐款者的不同技巧。[45]

在政治領域，有一項研究測試的是人比較願意捐錢制止壞事，還是促成善事。與支持墮胎權（pro-choice）的遊說團體合作的一項隨機實驗發現，人在感到威脅的時候更有可能捐錢。[46]歐巴馬二〇一二年的總統競選也得到類似結論。對電子郵件主標題的隨機測試發現，名為「為蜜雪兒做這件事」的募款呼籲籌到了大約七十萬美元，而「我即將超支」卻募到二百六十萬美元。[47]有鑒於政治是一場零和競賽，許多關於政治募款的洞察可能尚未公開。但意識形態同夥之間還是有所交流。例如領導歐巴馬二〇一二年數據科學團隊的華格納（Dan Wagner）成立了Civis Analytics，這家公司為進步派人士提供分析服務，包括二〇一五年杜魯道（Justin Trudeau）成功的加拿大總理競選活動。

◆

二〇〇一年二月二日，總統候選人拉菲亞（Sacca Lafia）的支持者在西非貝南的堤西蘆村（Tissierou）辦了一場公開集會。[48]村民被告知拉菲亞是自一九六〇年以來，第一位出身該區的候選人。「如果當選，」村民被告知，「他將會興建新學校、新醫院和新道路，以及更重要的是，會在行政部門僱用更多的巴里巴人（Bariba people），來促進博爾古—阿黎博里（Borgou-

Alibori）地區的利益。」這是對當地社區私利的直接喊話。

第二天，同一競選團隊造訪附近的阿拉費雅蘆村（Alafiarou）。他們再次代表拉菲亞舉辦了一場集會，不過這次傳達的是不同的訊息。他們告訴群眾：「如果當選，他將在全國進行教育和醫療體系改革，並著重於興建新學校和新醫院，以及推動疫苗接種運動。我們將與其他反對派領袖攜手打擊貪腐，並促進所有族裔群體與貝南各大區之間的和平。」這是用良好公共政策建設一個更好國家的高尚呼籲。

各組總統競選團隊在貝南各地紛紛發表了類似演講。領先的總統角逐團隊同意與社會科學家合作，為候選人設計兩種演講：政治分贓或國家建設。幾十年來，政治學家一直想瞭解兩種競選活動何時會奏效。現在，這些理論正在接受檢驗。

選舉過後，針對不同村莊選民進行的調查，得出了一個奇怪的結果：政治分贓演說往往增加男性選民的支持，建設國家演說則是對女性選民更有吸引力。獨特的實驗挖掘出過往研究幾乎沒被討論過的發現：貝南的男人傾向為當地著想，女人則傾向為國家著想。

與政治人物合作或針對政治人物進行的實驗愈來愈多。繼貝南的選舉演講實驗之後，獅子山共和國的研究人員測試了選舉辯論的影響。他們在隨機選擇的地區進行工作，組織候選人辯論會。[49]在獅子山共和國，選舉往往意味著「分發袋裝米和T恤」。辯論是件新鮮事。有時從未公開演講過的候選人表現不錯。有時候選人爛醉如泥。誠如辯論組織者巴達布拉（Saa Badabla）所言：「如果有人表現不佳，民眾會說：『他們將要在國會談論法律。怎麼可以讓這個人去談？』」[50]

在舉行辯論的選區，候選人更加努力。公民更深入瞭解議題。接觸公開辯論，使選民支持優先事項與自己一致的候選人的可能性提高了九個百分點。選舉過後，研究人員還看出當選議員的行為變化，辯論區選出的議員在就職第一年舉行的公開會議是其他議員的兩倍。尤其在有種族衝突困擾的地區，研究人員如今認為，選舉辯論可能是一種關鍵的工具，能鼓勵一種在重要問題上意見相左但不訴諸暴力的文化。

美國政治人物有種族歧視嗎？在一項研究中，研究人員寄給數千名州議員一封簡單的電子郵件，詢問投票登記的問題。[51]為測試種族偏見，研究人員隨機改變電子郵件的發送者姓名，有的是來自典型白人名字的傑克·穆勒（Jake Mueller），有的是非常非裔美籍味的德尚恩·傑克遜（DeShawn Jackson）。實驗發現，黑人署名得到的答覆總體上少了五%。[52]白人政治人物比較可能回應白人選民，黑人立法者回應黑人選民的機率則比較高。南非的另一項隨機研究也獲得類似結果。[53]

近年來，美國大選昂貴得令人瞠目結舌。根據經驗法則，成功的候選人需要花費超過一百萬美元才能獲得眾議院席位，一千萬美元才能獲得參議院席位，而獲得總統大位需要花費近十億美元。[54]一位競選財務專家語帶諷刺地指出，這麼大筆的數目可不是靠烘焙義賣募集來的。[55]儘管如此，專家們對於哪些捐款者受到政治人物比較好的對待，意見並不一致。為檢驗這一點，有個遊說組織嘗試與一百九十一名美國眾議院議員安排會面。[56]他們代表一群都有捐款給地方國會議員的人。但是在某些情況下，會面的要求來自「選民」，在其他情況下，要求會面的則是「捐款者」。那些表明捐款者身分的人，獲得會面的機會高了三到四倍。

其他研究想知道，若是提供政治人物更多資訊，是否可以改變他們的選擇。在新墨西哥州的一次實驗中，州內的一些政治人物收到有關其選民態度的資訊。[57]在新罕布夏州的一次實驗中，有些政治人物收到一封遊說電子郵件。[58]根據這兩項研究，立法機關的議員都受到了影響，光是一項民意調查或一項遊說活動，就可能影響某些民意代表。小型干預在決定結果的能力受到一項隨機實驗的支持，這項實驗向美國各州政治人物寄出警示信，警告他們做出誤導性陳述的後果。收到這封信的立法者比較少得到事實查核的負面評分。[59]

你可能認為，一個政治人物對你解說政治實驗，好像一隻寵物鼠在說籠子裡確實應該加裝一些迷宮。我的一些國會同事可能對鼓勵研究人員拿政治人物做實驗的益處表示懷疑。不過，事實是，隨機研究讓我們對政治如何運作有進一步的認識。如果政治人物對待少數族裔選民和捐款者有大小眼，民眾有權知道這一點。

◆

當加州選民在二〇〇八年以壓倒性多數選出美國第一位黑人總統時，他們也支持了打擊同性婚姻的一項公投案。同志運動人士震驚又沮喪。從投票箱的挫敗中，同志社群領導人開始探索消除偏見的最佳方法。

許多想法提了出來，不過同運人士最終選擇了以真誠對話為主的策略。宣傳者挨家挨戶分享他們被歧視的個人故事，並邀請屋主也一起分享。這種方法稱為「深度遊說」（deep canvassing），旨在藉由對同性戀者產生更大的同理心來打破歧視。現在負責洛杉磯LGBT中心領導力計畫的弗萊舍爾（David Fleischer）說，這個方法之所以奏效是因為它串起了人們的價值觀：「當我們不妄下結論並對他們敞開心房，當我們交換關於婚姻和同志的真實經歷，那就是我們開始改變人們想法的起點。」[60]

在二〇一四年底，深度遊說獲得了最大的肯定。世界首屈一指的學術期刊《科學》（*Science*）雜誌刊登了一篇文章，指出在加州進行的一項隨機實驗發現，與同性戀遊說者進行二十分鐘的交談，可能改變人們對同性婚姻的態度。[61]研究結果在各大媒體處處可見。

在佛州，兩位年輕學者布魯克曼（David Broockman）和卡拉（Joshua Kalla）正在進行一項類似的研究，這次探討的是深度遊說是否可以改變人們對跨性別者的態度。不過，當他們仔細研究《科學》那篇文章的數據時，發現了一系列不合規定之處。[62]最終，布魯克曼和卡拉認定原始研究的作者之一（一名研究生）捏造了研究結果。他的資深合作者格林要求《科學》雜誌撤回論文，悲傷地總結說：「數據不存在，也沒有獲取數據的合理方式。」[63]

對爭取同性戀權利三十多年的弗萊舍爾而言，這是個令人震驚的消息。他親自打電話給報導這項研究的新聞記者，表示深度遊說不再有憑有據。負責研究的研究生「對我們說謊。利用了我們。我也想告訴社會大眾，我們不會放棄」。[64]

由於加州研究如今不再可信，布魯克曼和卡拉自己站上了知識的前沿。他們的佛州研究這下變成第一個關於深度遊說的隨機評估。在遊說者挨家挨戶拜訪過後三個月，研究者致電屋主進行調查。布魯克曼看著螢幕分析數據，身體向後一仰說：「哇，這真的很獨特。」[65]

佛州研究不僅證實了深度遊說的價值，還揭露了比捏造的加州研究結果更令人震撼的結果。[66]衡量對話效果的方法之一，是將對話效果與對跨性別者態度的平穩演變做比較。當被要求從零到一百分評價對跨性別者的看法時，美國人的平均態度在十五年中提高了九分。不過，對話推動者仍有較大的影響：與遊說者的一次對話，使佛州人對跨性別者的態度變暖了十分。僅僅十分鐘的直接對話，就使屋主們對跨性別者的態度向前邁進了十五年。

這項新研究還指出，對話的方式，而非遊說者的背景，更能造成社會變遷。作假的加州研究聲稱唯有同性戀的對話推動者能帶來影響，可是佛州研究表明，跨性別者和非跨性別者都能夠改變民眾的態度。誠如弗萊舍爾所說：「我們改變選民心意的能力已經測知了，這次是真的。」[67]

並非每個關於學術不端行為的故事都有圓滿結局，但是這個謊言之所以曝光的一個原因是，隨機實驗本質上極其簡單。這種簡單性質使得比較各個研究的結果變得容易，讓可疑的發現無所遁形。如果加州分析包含許多巧妙的統計花招，欺詐可能永遠不會被發現。隨機試驗卻非常簡單，任何人都可以實作。事實上，我們接下來就來看看你可以怎麼做。

10 款待自己

二〇一七年七月有幾天的時間，如果在Google搜尋「隨機試驗」、「A／B測試」或「RCT」（隨機對照試驗）的用戶，可能會看到側欄彈出的一則廣告。廣告最後是「一本將於二〇一八年出版的新書」的文字，以及一條通往出版社網站的連結。

不過，廣告的前半部才是重點。網路使用者隨機看到十二種可能書名之一，其中包括《隨機分子：形塑世界的實驗》、《隨機分子：A／B測試的祕密力量》和《隨機分子：一個簡單的測試如何形塑世界》。編輯和我各自有最喜歡的書名，不過我們同意將最終決定權留給隨機實驗。帶給各位貓咪影片、冰桶挑戰和金・卡戴珊（Kim Kardashian）的媒介，會選出這本書的書名。

一個禮拜後，超過四千人看到這些廣告的其中一個版本，我們也得到一個很明確的結果。看到《隨機分子：激進研究者如何改變世界》（編按：本書英文原書名直譯）的人，點擊廣告的機會是看到《隨機分子：實驗的祕密力量》的人的兩倍以上。表現最差的書名（沒有一個人點擊）是《隨機分子：一個強大的工具如何改變世界》。實驗的設置大約花了一個小時，用掉我五十五美元。

幾年前，我曾為同一家出版社寫過一本關於不平等的書。我的編輯想取名為《夠公平嗎？》，我的母親提出《鬥士與富翁》（*Battlers and Billionaires*）。在投放Google廣告幾天之後，我們發現母親取的書名點擊率高了將近三倍。我的編輯風度翩翩地承認，證據就在眼前，《鬥士與富翁》於是在隔年上架。

這些實驗是否完美？絕對不完美。由於我想做的是賣書，理想的實驗應該讓書封隨機出現——也許是在亞馬遜網路書店或者是在實體書店進行。可是那花費的時間和預算將超過我的負擔。推測搜尋某主題的人與願意購買相同主題書籍的人有充分重疊性，似乎是個合理的假設。

希望做出更好的電子郵件宣傳或重新設計網站的人，有許多唾手可得的線上工具可以使用，包括AB Tasty、Apptimize、ChangeAgain、Clickthroo、Kameleoon、Optimizely、

SiteSpect和Webtrends。使用亞馬遜平臺的零售商甚至可以使用Splitly，它會隨機改變商品描述和圖像。我們在第八章提到，亞馬遜曾在二〇〇〇年承諾永遠不會進行定價實驗。不過今天，Splitly允許第三方零售商使用亞馬遜平臺隨機變動價格。這個網站聲稱透過在亞馬遜進行A／B測試，創造了近一百萬美元的新銷售額。像這樣的演算法是亞馬遜價格大幅波動的原因之一。欲知詳情，請查看CamelCamelCamel.com網站，它會顯示由第三方零售商售出的亞馬遜產品的歷史價格。從二〇一四至二〇一七年，「經典扭扭樂」（Classic Twister）遊戲的最佳價格從三．四八到四九．八〇美元不等。[1]

在澳洲國立大學教授入門經濟學的時候，我對班上學生進行了一個小型的隨機實驗，測試穿著更正式是否會影響他們對授課的評分。在整個學期當中，我隨機選擇穿西裝打領帶的日子，其他時候則穿比較輕鬆休閒的服裝。在每節課的尾聲，我要求所有學生為課程從一到五做評分。我在最後一次的授課後整理數據，發現沒有證據顯示學生比較喜歡打領帶進行的講課。給講師的教訓是：擔心事實就好，不用擔心流行。

自體實驗在醫學上有著悠久的傳統。[2]為證明手術不需要全身麻醉，美國外科醫生凱恩（Evan Kane）給自己注射了局部麻醉劑，然後摘除自己的闌尾。為證明小兒麻痺症疫苗是安全的，沙克（Jonas Salk）對自己注射，然後為他的妻小注射。為證明粘液瘤病毒會造成兔子死亡，可是對人體無害，澳洲科學家芬納（Frank Fenner）替自己注射了足以殺死數百隻兔子的病毒量。他安然無恙，不過後來有些澳洲人喜歡稱呼他為「兔子」。

有些人的突破更加驚人。布林德利（Giles Brindley）在一九八三年於拉斯維加斯舉行的泌尿科學會會議上，對臺下聽眾宣布透過直接注射造成勃起是可能的。他接著告訴他們，在演講前不久，他已經對陰莖注射了一種稱為罌粟鹼（papaverine）的勃起藥物。他在螢幕展示自己陰莖處於鬆弛狀態的幻燈片。布林德利向聽眾保證，沒有一個正常人會覺得演講是種情色經驗。一位評論家回憶說，「然後他立刻褪去外褲和內褲，露出一根細長、明顯勃起的陰莖。會議室鴉雀無聲。每個人都屏住了呼吸。」[3]

只要控制治療的有無，單一患者實驗可以用隨機方法進行。在研發治療罕見疾病或根據患者遺傳基因量身訂製的藥物時，這些「單一受試者」或「單人交叉」臨床實驗變得愈來愈普遍。[4]其中一個正在進行中的這類實驗，是治療罕見神經肌肉疾病的荷蘭試驗，每十萬人就有一人罹患這種疾病。[5]最昂貴的藥物幾乎總是用於治療罕見疾病的藥物。[6]單一患者試驗可能對衛生當局判定每年花費數十萬美元的藥物是否有預期效果至關重要。

就像第八章中的定價實驗（只涉及一家店，每週更改價格），這些單人交叉實驗是我們利用隨機方法認識周遭世界的新方式。

因為最著名的一些隨機試驗涵蓋大量的人（例如墨西哥的條件式現金移轉實驗），花很多的錢（例如蘭德醫療保險實驗）或耗時多年（例如斐瑞學前計畫實驗），隨機方法有時似乎顯得太困難。因此，今天有些研究人員認為展示隨機實驗可以快速、簡單又不花大錢就能完成，是一項優先要務。

二〇一三年，歐巴馬政府與幾家大型基金會合作，宣布了一項低成本隨機試驗的競賽。競賽目的是為了證明評估社會計畫，不一定得花費數百萬美元。從五十多組參賽者中脫穎而出的三個贏家包括一個聯邦政府部門，以及一間波士頓非營利組織，前者計劃執行工作場所健康和安全的突襲檢查，後者則是為盼望成為家中第一個大學畢業的低收入青年提供密集諮詢。[7]這兩項評估計畫的成本都低於二十萬美元。競賽繼續透過一間非營利基金會運作，基金會宣布將資助獲得審核小組高評價的所有提案。[8]

行為洞察團隊採用的方法，其核心是簡單，這些行為洞察團隊正在世界各地的中央政府機構當中出現。英國政府在二〇一〇年率先成立了所謂的「推力小組」(Nudge Unit)，將心理學和行為經濟學的原理引進政策制定當中。干預大多是低成本的，例如稍微改進現有郵件，只要有機會便透過隨機試驗加以測試。在某些情況下，測試只用了幾個星期。自成立以來，規模小巧的推力小組推行的隨機實驗，已經比英國政府在歷史上進行過的還多。[9]

推力小組專注於「低成本而快速的」實驗。[10]推力小組發現要求民眾繳納汽車稅的信件，若能附上違規車輛的照片及「支付稅款，否則愛車不保」的說明文字，效率會提升九個百分點。[11]在信封上手寫「**安德魯，你真的需要打開它**」這樣的注記，使納稅增加了四個百分點。在大規模郵寄的時代，在信封上用手寫注記很費工，但是花在這件事上的每一英鎊會多收到二百英鎊的罰款。[12]對遲繳稅款的納稅人，推力小組嘗試了各種呼籲，最終發現最有效的訊息是：「您居住當地的絕大多數民眾都準時納稅。多數像您一樣欠繳稅款者如今已償還債務。」添加這兩個句子，使還款率提高了五個百分點。[13]這影響意味著，一個基本上不需要任何費用的實驗，創造了數百萬英鎊的額外歲入。

其他干預措施同樣經濟有效。欠法院錢的英國人，若在執達員預定上門的前十天接獲手機簡訊，其還清欠款的可能性會增加一倍。[14]這些簡訊避免了十五萬次的執達員親訪。[15]外國旅客若在簽證到期前收到一封信，準時離境的可能性會提高二〇%。[16]若提醒簡訊有寫出名字並祝他們好運，求職者參加徵才活動的可能性幾乎是三倍。[17]推力小組在網路上測試鼓勵更新駕照者登記成為器官捐贈者的最佳方法。[18]他們隨機試驗了八種不同的訊息。一個是一張微笑的人的照片，上面寫著：「每天有成千上萬人看到此頁面決定登記。」另一個沒有照片，只有文字：「如果你需要器官移植，你會接受嗎？會的話，也請幫助其他人。」誠如推力小組負責人哈珀恩（David Halpern）所言，這些方法當中哪個比較有效不是一眼即知。隨機試驗證明「你會接受嗎？」的訊息，每年可增加十萬個器官捐贈者。

遵循英國模式，澳洲、德國、以色列、荷蘭、新加坡和美國的政府紛紛設立了推力小組，同時加拿大、芬蘭、法國、義大利、葡萄牙和阿拉伯聯合大公國也正積極考慮成立。[19]由新南威爾斯省（New South Wales）的推力小組進行的一項澳洲研究發現，單單在信件頂端蓋上「立即付款」的紅戳章，就可以將付款率提高三個百分點，為政府增加一百萬澳元的收入，並使八千多名駕駛避免被吊銷駕照。[20]雪梨聖文森醫院的另一項研究，隨機測試了八種不同的簡訊提醒。提醒患者赴約就診才不會使醫院損失一百二十五元的簡訊，比標準簡訊的效果好了三個百分點。[21]

澳洲政府的推力小組BETA與十多個聯邦部門和機構合作，包括外交部、澳洲稅務局和國家殘障保險局。就像英國推力小組的負責人哈珀恩，BETA的創始負責人西斯考斯（Michael Hiscox）希望藉由微調現有計畫，啟動快速簡單的研究。[22]收集數據可能是隨機試驗中最昂貴的部分，因此BETA盡量不進行新的調查，而是使用現有的行政管理紀錄。

在今天的「大數據」時代，政府（和企業）比以往擁有更多關於我們的資訊。從出生體重到檢查結果，從福利金支付到退稅，從住院到犯罪紀錄，政府數據庫充斥著個人資訊。在某些國家，這些資訊是彼此連結的——實際上，斯堪地那維亞的各國政府現已停止進行普查，而完全仰賴行政管理數據。市民期望個資保密是完全合理的。不過，這不應阻止機構使用現有數據，衡量隨機評估的影響。如果大數據可以幫忙以低價獲取資訊，隨機試驗將變得更加容易。

◆

簡單隨機試驗的另一個來源是樂透。誠如我們已經看到的，隨機分子研究過大家都想讀的學校和越戰徵兵的樂透。經濟學家甚至研究過現金樂透彩，估算一筆意外之財如何改變人的生活。典型的答案是「比你以為的要少」。例如，對荷蘭樂透中獎者的研究發現，相當於年收入三分之二的獎金，讓中獎者換新車及購買新的家用電器。[23]但六個月之後，中獎家庭並沒有比他們運氣不佳的鄰居更幸福。在美國，一項研究想知道樂透中獎者是否更有可能送孩子上大學，然後發現只有中了極高獎金才有這效果。[24]同樣的，在瑞典，研究發現樂透中獎者減少了工時，但減少的時數不多。[25]

對世上很多人而言，能搬到一個更富裕的國家生活，堪稱最棒的樂透大獎。在世界近八十億人口中，約有六十億人生活在開發中國家，調查顯示，若有得選擇，他們當中至少有二十億人願意移居已開發國家。[26]面對過多的移民需求，有些先進國家利用真正的樂透決定誰能得到移民缺。贊成樂透式簽證的論點認為，這做法對所有申請者一視同仁，不管申請者的內在知識、財富或人脈關係如何。

碰巧的是，樂透也提供了一個很有效的方式，讓研究人員估算從一國移居至另一國的影響。[27]由於移民是個人選擇，因此比較移民的人和留下來的人，可能會嚴重扭曲結果。阿諾·史瓦辛格（Arnold Schwarzenegger）不是一般的奧地利人。瑪蒂娜·娜拉提洛娃（Martina Navratilova）不是一般的捷克人。李安不是一般的臺灣人。如果我們想知道轉換國家如何改變一個人的生活，那麼將移民與其原生國的住民進行比較是錯誤的。我們需要的是背景相似之人申請移民，而且只能讓機會決定誰能移民。簽證樂透完全符合隨機實驗的需求。

某簽證樂透研究觀察原本是一家印度軟體公司的員工、後來移民到美國進入軟體業的人。[28]與沒抽中樂透的申請人相比，贏得簽證樂透的人收入變成六倍多。另一項分析發現，贏得簽證樂透移民紐西蘭的東加人，收入大約是原本的四倍。[29]不過，勝利是有代價的。該研究觀察了成功和不成功的樂透申請者的延伸家庭，發現贏得簽證樂透對留在東加的家庭成員是不幸的。移民往往是家中負責掙錢的人，因此當他們移居紐西蘭，他們原本東加家庭的收入便下降了。

重要的是，研究人員還能將隨機實驗的影響，和天真的分析可能得出的看法進行比較。將申請人與非申請人進行比較（這是常見的研究策略）會產生一個錯誤的結論，以為送移民者到紐西蘭的東加家庭，其貧窮因移民而有所改善。換句話說，以非隨機數據為基礎的研究，將對結果產生完全錯誤的理解。

樂透還讓我們對一些宗教儀式有進一步的瞭解。每年有超過一百萬穆斯林到沙烏地阿拉伯朝覲（Hajj）。參與者往往聲稱到麥加的旅程會助長團結，不過批評者擔心這可能增加對非穆斯林的仇恨。於是，一組經濟學家團隊對申請麥加朝覲樂透的巴基斯坦人進行了調查。[30]與抽籤失利的申請者相比，中獎者更致力於維持和平，對其他宗教更為容忍，而且對婦女有更正面的態度。巴基斯坦朝聖者變得更虔誠，同時也更寬容——很可能因為朝覲讓他們接觸到了世界各地的人。

隨機試驗的另一種簡單形式來自隨機稽查。美國自一九六三年起對納稅人進行隨機稽查，以便更精確進行國稅局的遵從度策略。[31]隨機稽查背後的哲學是，避稅有避開主管當局耳目的習慣。與其單靠檢舉人和專家，隨機稽查藉由隨機從二千份報稅表中挑選一份深入調查，來檢視整個社群的遵從度水準。使用隨機稽查是謙虛的表現，它承認稅務欺詐並不容易發現。有點像請朋友幫你找弄丟的車鑰匙：一個全新視角可以帶來有用的見解。

隨機稽查因為有政治上的爭議，所以澳洲、瑞典和（有一段時期的）美國終止了隨機稽查。[32]可是稽查不只是為了改善制度，讓我們揪出更多不法行為，稽查也是為了減少稅務當局追捕某人，到頭來卻發現他們沒有做錯任何事的次數。一項研究估計，若能更精確進行遵從度策略，將使成千上萬人避免被稅務當局接觸。[33]

對研究人員而言，隨機稽查是回答這個問題的最佳方法：誰最有可能向當局低報收入？最近的一項研究發現，位於最頂端百分之一的納稅人，短報了十七％的真實收入，而中低收入的納稅人漏掉四％的真實收入。[34]要不是有隨機稽查研究，我們不會發現最富有的納稅人低報收入的情況比一般人糟糕四倍。

另一個簡單明瞭的稽查作業發生在巴西。巴西聯邦政府隨機稽查一些地方政府，以檢查地方政府對聯邦資金的使用。[35]稽查顯示近三分之一的聯邦資金都進到貪汙者的口袋。經過一段時間後，地方政府稽查增加了因濫用職權而被定罪的市長人數，同時減少了貪汙的發生率。地方稽查相當受巴西民眾歡迎，受歡迎到竟和全國樂透一起舉辦。

簡單的隨機試驗可以讓我們更認識世界，但我們必須謹慎對待在與真實世界完全不同的設定下進行的實驗。誠如芝加哥經濟學家奈特（Frank Knight）所說：「知識問題的存在取決於未來有別於過去，解決問題的可能性則是仰賴未來與過去相同。」[36]

我在本書中主要著重那些測試真實世界習慣的隨機實驗，範圍涵蓋膝蓋手術到毒品法庭。相較之下，我沒花太多時間討論在科學實驗室中進行的實驗，在這些實驗室中，隨機分派是研究的本質。做試管實驗的人可能不會將自己視為隨機分子——但在很多情況下，那就是他們在做的事。

不過，更具爭議性的一群實驗者，是在社會科學領域從事「實驗室實驗」的人。這通常包括徵求大學生回答假設性問題和玩電腦遊戲。實驗室遊戲不像各位在Xbox或PlayStation上玩的遊戲那樣令人興奮，它們是由社會科學家設計的，用來測試人在假想環境中的行為。

在討論實驗的光譜時，經濟學家哈里森（Glenn Harrison）和李斯特列明了四類隨機實驗。[37]第一類是書中討論過的自然的實地實驗（natural field experiments），亦即受試者做的是他們通常會做的任務，而且往往不知道自己正在被測試。舉凡對弱勢學生提供支持到更改行銷信件措辭，都是自然的實地實驗可能涵蓋的內容。

第二類是限定的實地實驗（framed field experiments），人們知道自己正被實驗，不過環境或商品是自然的。在某個實驗中，研究人員在運動蒐藏卡大會上擺了一張桌子，測試藏家在競標想要的運動蒐藏卡時會有的行為。[38]一九七〇年代初在瑞典進行的另一個限定的實地實驗，測試的是人們願意付出多少錢，當第一個觀看全新電視節目的人。[39]

第三類是人為的實地實驗。這些實驗通常在大學電腦實驗室進行，不過被實驗者不是大學生。人為的實地實驗可能以遊戲測試股票交易者對風險的態度，或測試一般人有多可靠。

第四，傳統的實驗室實驗。典型的實驗室實驗是對大學生進行的，有一組外加的規則和抽象框架。傳統的實驗室實驗包括用來測試經濟理論的遊戲，這些經濟理論可能是有關公平性、利他主義和對不平等的態度。

從研究人員的角度來看，傳統的實驗室實驗執行起來很簡單。學生受試者不虞匱乏（心理系學生通常必須參與實驗做為其入學條件），而且每小時的報酬通常很低廉。哈佛心理學家平克（Stephen Pinker）曾概述這種簡單研究的缺點之一，他打趣地說：「心理學家說『多數人』的時候，他們通常指的是『二十幾個填寫啤酒花費調查表的大二生中的多數人』。」[40]

自願參加實驗的學生可能有別於一般學生群體。根據一項比較，報名參加實驗室實驗的學生往往開銷比較大，愛做義工勝過工作賺錢，並且對實驗的主題有學術興趣。[41] 此外，學生和正在職業生涯中間階段的人不一樣。舉例來說，在哥斯大黎加進行的一項研究，讓學生和執行長玩同一套信任遊戲。[42] 企業主管遠比學生更值得信賴。

實驗室設定的一個主要問題是，它的結果無法概推到現實世界。當遊戲規則是由教授制訂，人的反應可能與在現實生活中不同。譬如有個實驗室實驗發現，從未捐過一毛錢給慈善機構的學生受試者，在實驗室實驗中捐出了七五％的財產給慈善機構。[43] 這種實驗讓現實生活中的小氣財神（Scrooges）在實驗室裡變成救人無數的辛德勒（Oskar Schindlers），想從中獲得概括性的結論實在有很大的風險。

誠然，實驗室發生的事情並不一定只會發生在實驗室。某個心理學實驗測試人際關係是否有可能靠人為建立。[44] 大學生被隨機配對。其中一半的配對被要求和彼此閒聊，另一半則得到為建立親密關係而設計的問題，例如「友誼對你的意義是什麼？」、「什麼事讓你最感激？」和「如果房屋起火，你會拯救哪一項東西？」。親密練習的效果絕佳，受試者中甚至有一對後來結了婚。

就和科學實驗一樣，唯有認識到社會科學實驗的局限，我們才能從中得到最大的收穫。回想一下，有十分之九在科學實驗室成功的藥品，未能獲得給一般大眾使用的批准。同樣的，我們應該將社會科學實驗室的實驗（無論是由心理學家還是經濟學家主持的實驗）視為大有所為，但並非確定不移。

◆

並非所有簡單的隨機實驗都是好的，可是許多好的隨機實驗可能很簡單。經濟學家葛尼奇（Uri Gneezy）透過實驗幫助某位加州葡萄酒莊主，決定自家葡萄酒的售價。[45]葛尼奇和業主選了一支通常賣十美元的卡本內。然後他們列印了三種版本的酒窖價格表，其中卡本內的價格分別為十美元、二十美元或四十美元。在接下來幾週，酒廠每天會隨機採用三種價格表的其中一種。事實證明，卡本內售價為二十美元的時候，比售價十美元多賣出近五〇％。實驗只花幾分鐘設計和幾週實際施行，可是卻為酒廠提高了十一％的利潤。飽滿的成果，輕鬆入袋的鈔票香，立即就能享用。

在本章中，各位淺嚐了如何在個人生活和自己的組織當中，進行不麻煩的隨機實驗。我希望這能鼓舞各位想成為一名隨機分子。如果你做了，請讓我知道結果如何。

在更大的規模上，我們需要破除所有隨機試驗都得花費巨資並持久實行的神話。推力小組已經證明，微調可以產生很大的收穫。這樣的試驗使我想起作家費里斯（Tim Ferriss）的一句格言：「如果這本來就很容易，那會是什麼樣子？」太多時候，我們不斷設想在實務上難以施行的完美方案，把事情變得過度複雜。就像科學中的「奧坎剃刀原則」（Occam's razor principle），簡單的隨機試驗往往可以讓我們獲益良多。

不幸的是，隨機試驗的一些批評者經常採用相同方法，用單一一個反駁來擊落隨機評估：「這是不道德的。」現在讓我們認真檢視隨機試驗的道德面，並思索如何確保隨機試驗能盡其所能地使人受益（而不蒙其害）。

11 建立更好的反饋迴路

年輕的萊因哈特（Luke Rhinehart）決定，他要開始靠擲骰子來做各種決定。他定期將可能要做的事情編號列表，擲骰子，然後跟著骰子走。有一天他開車經過醫院，看到兩名漂亮護士走在路邊。萊因哈特感到害羞，繼續向前開，不過隨後決定如果擲出一個奇數就回去。骰子給了他一個三。萊因哈特把車調頭，停在兩位女子旁邊，開始自我介紹。他順道載了她們一程，他們安排隔天一起打網球，最後他娶了兩人中的安（Ann）當太太。[1]

萊因哈特無法放下根據擲骰子做決定的想法，於是他開始讓自己小說中的角色把隨機方法玩過頭。他最著名的著作《骰子人》（*The Dice Man*）在一九九九年被《Loaded》雜誌評選為「世紀小說」。主角對骰子要他做的一切唯命是從。他最終犯下了謀殺罪，安排精神病患者逃亡，並組織了一場道德敗壞的「骰子派對」。

萊因哈特不是頭一個在小說中寫隨機方法的作家。一九四一年，波赫士（Jorge Luis Borges）寫了名為〈巴比倫樂透〉（The Lottery in Babylon）的短篇，故事中神祕巴比倫社會的每個重大決定都由樂透決定。樂透決定一個人成為官員還是奴隸，決定被告是無罪或是被判處死刑。波赫士寫道，巴比倫「是一場無限的機會遊戲」。[2]

波赫士虛構的世界似乎有些牽強，不過運氣在現實政治中也扮演重要角色。[3] 在某些情況下，運氣甚至內建在系統中，就像古代雅典人的社會，他們使用名為*kleroterion*的石頭機器（相當於現代的威力彩機器）抽籤選擇每天的統治者。由於每個人的統治只有一天，估計有四分之一的雅典人曾治理過這座城市。中世紀後期和文藝復興時期的義大利，也採用了隨機選舉制度「布雷維亞」（*brevia*）。這些制度仍可見於現代陪審團中，現今的刑事被告是由隨機挑選的一組公民加以審判。

若你曾在面臨重大選擇時丟硬幣決定，你就會知道把決定交給機會可以讓人感到解脫。幾年前，經濟學家李維特（Steven Levitt）架了一個網站來探索這項概念。[4] 站在交叉路口的人被邀請來讓運氣決定他們該往哪兒走。為了一個生活選擇痛苦不已嗎？你只需要把手上的兩個選擇告訴李維特的網站，它會丟一枚硬幣告訴你該怎麼做。六個月後，研究者對這些人的幸福感受進行調查。超過二萬人接受了挑戰，近三分之二的人按照硬幣的指示行事。為檢驗有何影響，李維特使用一份標準的生活滿意度問卷，問卷要求人們從等級一（悲慘）至十（狂喜）評估自己的幸福感。各位現在就試試吧。如果你答七或八，你的幸福感就處於眾人的中間：在先進國家，約有一半的人口會答七或八。另外四分之一表示他們的幸福感為六或更低，其餘四分之一說他們的幸福指數為九或十。因此，儘管這是十分制的評等，我們多數人之間只有幾分之差。由於李維特的研究是一項隨機試驗，他可以確定前段班和後段班之間的幸福差異，完全是丟硬幣造成的。

對於不重要的決定（例如蓄鬍或報名參加趣味路跑），做什麼選擇並不是太要緊。但是做重大的生活改變（例如搬家或創業）會導致幸福感提高兩分。常見的問題之一是該不該結束一段戀情。在這些人之中，分手導致幸福感提高將近三分。辭職帶來了加五分的大幅成長：相當於從憂鬱轉向快樂。「退縮者永無勝利，勝利者永不退縮」是糟糕的生活箴言。如果賭注是幸福，退縮才會贏。

李維特的網站拒絕幫人做含有「謀殺」、「偷竊」和「自殺」等詞語的決定。[5]不過，它確實影響了一些重大的人生決定。丟硬幣導致約一百組戀愛關係破裂，可是也導致約一百對原本可能會分開的情侶繼續交往。[6]強迫人辭職或與配偶離婚是不道德的，但是為猶豫不決的人丟硬幣，是許多人都會替朋友做的事。

如果你問批評者為什麼不喜歡隨機試驗，最常見的回答就是，對照組是不道德的。我們已經談到一些真實的對照組案例。倫理小組基於許多手術處置的臨床效果尚不確定，已經批准進行假手術。隨機試驗如今指出，諸如膝關節軟骨撕裂等常見手術可能是無效的。同樣的，為減少犯罪的隨機試驗也發現，實驗組在「修復式司法」和「毒品法庭」的實驗中表現較好，而對照組在「恐嚇從善」和「守望相助會」的實驗中表現較出色。在發展經濟學方面，阿富汗村莊學校的成功，令該國許多教育專家感到驚訝。倘若我們百分百確定在實驗組裡比較好，當初就不會進行試驗了。

多數醫學試驗以知情同意原則運作：患者必須同意參與研究。可是並非每項研究都以這種方式進行。自二〇〇五到二〇一一年，雪梨的研究人員進行了一項沒有任何病患同意參與的試驗——因為他們全都處於昏迷狀態，或受到嚴重頭部創傷。三分之一的病患將在一個月內死亡。

「頭部損傷修復試驗」是神經外科醫生嘉納（Alan Garner）的主意。他想測試如果由創傷科醫師而不是輔助醫護人員治療，患者是否更有機會從嚴重的頭部損傷復原。由於醫師必須以直升機載送到現場，這個研究想測試社會有沒有正當理由支付額外費用來派遣醫師出勤。

如果由醫師治療的案例結果沒有更好，這筆額外花費最好投向健保體系的其他部分。

嘉納的研究與雪梨的緊急電話系統合作。要是接線員接到通報嚴重頭部損傷的電話，會由電腦執行類似丟硬幣的程式。正面，病人得到一輛救護車和一名輔助醫護人員。反面，則派出一架直升機和一位創傷科醫師。

二〇〇八年，試驗進行到一半時，我採訪了嘉納。他告訴我，雖然在研究生涯花了很多時間思考這個問題，他並不知道結果會如何。[7]「我們認為會奏效。」嘉納告訴我，「不過到目前為止，我們只有來自世代研究（cohort study）的數據。」他承認，「就像任何醫療干預措施，派醫生出勤也是有可能使情況變得更糟。我認為是不會，不過〔直到試驗結束前〕我沒有有力的證據證明任何情況。」

嘉納願意讓數據說話這件事令我印象深刻，這與許多設計社會計畫的人自以為是的過分自信形成鮮明對比。他告訴我，他的研究通過了八個倫理委員會的審查，而且之所以得到批准，是因為它回應了醫學研究中一個懸而未決的問題。

結果發表時，證據顯示無論硬幣是正面（輔助醫護人員和救護車）或反面（創傷科醫師和直升機），患者存活的機率並沒有顯著差異。[8]理想上，研究人員會希望有更多患者參與研究，不過他們因州政府改變了協定而被迫停止試驗。政府堅信醫師提供的照護比輔助醫護人員更好，所以決定盡可能派遣醫生給頭部損傷患者。[9]由於自己的研究突然中斷，這群研究人員呼籲針對頭部損傷治療從事進一步的隨機試驗，以便得知我們該怎麼做才有效。

我對頭部損傷修復試驗的倫理學做了很多思考。我的手足提姆（Tim）在試驗期間騎重機摔車，頭部受重傷（謝天謝地，他完全康復沒殘留任何長期傷害）。我無法得知提姆當初是否被納入了嘉納的研究——被派去治療他的輔助醫護人員，是否出自丟硬幣的決定——不過，倘若他是研究的一部分，我是能接受的。我知道，改善緊急服務的最佳辦法，是透過收集關於治療方法的嚴格證據。

我這樣的態度並不孤單。對澳洲和英國政治人物的調查顯示，十分之七的人支持對照實驗，而且多數人相信隨機試驗未來會變得更為普遍。[10]負責澳洲這項調查的艾姆斯（Phil Ames）和威爾遜（James Wilson）指出，這些國家的政治人物當中，只有十分之一在意隨機試驗的成本。多數政治人物並不擔心優質評估拖垮預算。

深入探究議員們內心的疑慮，發現他們最在意的是公平性。半數的澳洲政治人物和三分之一的英國政治人物擔心，隨機試驗是不公平的。[11]醫療作家戈達奎（Ben Goldacre）在回應英國調查的結果時主張：「我們需要再多下點功夫，幫助他們認識隨機對照試驗的運作……許多國會議員說他們擔心隨機對照試驗是『不公平的』，因為接受新政策干預的人來自隨機挑選：可是『前導研究』早就這麼做了，而且前導研究還多一項缺點，就是無法提供什麼有效與什麼有害的良好證據。」[12]

以不公平為由拒絕隨機試驗，也與先進國家用抽籤來分配學校名額、住宅選擇券和健康保險，決定候選人號次，以及決定誰被徵召入伍作戰的事實相衝突。二戰後，澳洲政府甚至使用樂透來分配計程車執照給返國軍人。[13]事實上，公正是樂透的政治吸引力之一：在抽籤之前，每個人被選中的機會都是相同的。然而，奇怪的是，人們檢視隨機試驗時採用的道德門檻，似乎比檢視樂透更高。

在其他國家進行實驗面臨的挑戰更大。例如，法國憲法要求對所有公民一視同仁。這意味著法國政府必須修憲才能進行隨機試驗。[14]

根據我的經驗，多數人對於網站隨機微調頁面布局，超市隨機改變產品在貨架上的位置，或政治競選團隊隨機選擇打電話給誰，都不會覺得在道德上有什麼不妥。不過，若是談到提供財務誘惑來賄賂駕照考官，或研究如何最有效地治療失去意識的重機騎士，道德問題就變得比較棘手。在這些情況下，隨機分子必須認真思考其研究的道德性。借用美國行為洞察團隊負責人伊麗莎白．利諾斯（Elizabeth Linos）的話，「重要的是要清楚說明我們很重視道德，而且說到做到，不僅是為了說服人。」[15]

對於由大學主持的研究而言，關鍵的道德保護措施是研究必須接受倫理委員會（也稱為機構審查委員會〔institutional review boards〕）的審查。倫理審查的誕生有一部分是受到一九四六年紐倫堡審判的刺激，在這場審判中，數十名納粹醫生被判決未經同意對集中營囚犯進行實驗有罪。政府蓄意讓阿拉巴馬州塔斯基吉（Tuskegee）四百名非裔美國人感染梅毒的真相被披露，是另一個重要的里程碑。世界醫學協會（World Medical Association）因為這些駭人聽聞的道德淪喪之舉，通過了一九六四年的《赫爾辛基宣言》，推薦採行知情同意原則和道德審查。

一九七八年，美國政府的《貝爾蒙報告》（*Belmont Report*）提出了三項指導倫理審查的原則：尊重所有人；好處最大化，風險最小化；公正對待各族群。澳洲、加拿大和其他國家，如今在各自的倫理審查過程中採用類似的原則。[16]

我在澳洲國立大學通過倫理審核的個人經驗是正面的。儘管委員會成員不是研究領域內的專家，他們已仔細思考如何減少參與者的代價，並盡可能確保參與者同意。

今天愈來愈多社會科學實驗採用早已成為醫學界規範的方法。如果風險很高，研究人員應聘請專家小組定期監控試驗，並在結果明確時立刻喊停。這些監督委員會（也稱為「數據和安全監控委員會」）有時因為實驗組表現遠勝對照組而終止實驗。然而，如果實驗組出乎意料地表現不如對照組，他們也可以介入。

社會科學家也仿效醫學研究人員，把新的干預措施拿來與適當的基準進行比較。如果有效治療已經存在，正確的做法通常是將新的治療與標準治療做比較，而不是和「不治療」做比較。

我們已經看了許多例子，其中的道德擔憂可透過謹慎的研究設計加以處理。如果同時對所有社區傳達計畫是不切實際的，何不隨機分派實際推行，以便我們認識其影響？以墨西哥的條件式現金移轉、阿富汗的村莊學校和印度的生物辨識系統為例，每個人最終都進入了計畫。唯一的不同是，它不是讓政治或官僚因素決定推行的時間表，而是光明正大地隨機分配，然後把結果用於改善政策。

另一種方法可以用來評估正在進行的計畫，就是持續讓對照組取得服務，同時努力提高實驗組的領取率。這稱為「鼓勵設計」（encouragement design）。在某個這樣的研究中，臥龍崗大學（University of Wollongong）想測試其學生支援服務的價值，不過，試驗對任何想加入的學生來者不拒。評估者隨機向一些學生發送簡訊和電子郵件，通知他們若參加同儕協助讀書小組，有機會贏得一千美元的零售券。[17]在這樣的鼓勵之下，參加讀書小組的實驗組學生，平均每人參加的時間比對照組學生長三十分鐘。研究人員現在可使用這個以隨機方式誘得的差異，來測試支援服務計畫對學生學業表現的影響。他們最終的結論是，獲得額外的支援服務不會對期末成績造成顯著影響。

謹慎思考每項隨機試驗的道德問題是必要的。然而，歷史提醒我們，未進行嚴格評估，有時可能是最不道德的做法。西德科學家在一九五〇年代發現了一種有助抑制晨吐的藥物。很快的，四十多國的孕婦開始服用這款藥物，製造商保證這款藥物「可以安全無虞地開給孕婦和哺乳的母親，不會對母嬰有任何負面影響」。可是製造商在美國尋求上市許可時遇到了麻煩。美國食品與藥物管理局（Food and Drug Administration，簡稱FDA）新僱用的法蘭西思・凱爾西（Frances Kelsey）注意到，這款藥物似乎會使某些患者的周邊神經麻痺。在批准產品之前，她要求對其副作用做進一步研究，以證明不會影響發育中的胎兒。沮喪的製造商本來希望盡速讓產品在美國上市。凱爾西回憶說，他們說她「剝奪民眾使用這款藥物的權利」。[18] 製藥公司籲請她的上級否決凱爾西的決定，可是FDA的管理階層支持她對適當臨床試驗的要求。

一九六一年新研究出爐，證明這款「神奇藥物」會導致嬰兒出生時沒有四肢，或手腳變成殘肢。在許可銷售的國家（包括英國、德國和加拿大）中，有一萬多名嬰兒淪為畸形兒，當中僅約半數倖存下來。然而，多虧凱爾西要求提出證據，美國幾乎沒有一個嬰兒受到影響，因為沙利竇邁（thalidomide）從未獲准上市。今天，FDA每年都會頒發「凱爾西獎」給具有才能與勇氣、保護公共衛生的人。

凱爾西的行為提醒我們，對隨機方法的道德關注是一把雙面刃。如果干預措施有幫助，那麼隨機試驗將使實驗組的狀況優於對照組。可是如果干預措施有害，那麼未能正確評估可能會導致所有人變得更糟。一方面，對證據一絲不苟的要求，拯救了數以千計的美國嬰兒免受沙利竇邁傷害，可是政府開始推行「恐嚇從善」之前，沒有任何許可程序的規定必須遵守——我們現在知道這個計畫提高了犯罪率。要是凱爾西負責在推行之前對恐嚇從善計畫做妥善評估，就不會有這麼多人的人生被犯罪和坐牢毀掉。

最好的隨機分子對解決社會問題充滿熱情，但是對任何特定計畫實現其目標的能力抱持懷疑。對她的印度組織「閱讀印度」（Read India）的旗艦計畫展開評估時，毓文尼・巴納吉（Rukmini Banerji）告訴聽眾：「當然〔研究人員〕可能會發現計畫行不通。但是如果計畫行不通，我們需要知道這一點。為了我們以及與我們合作的社群好，不該浪費彼此的時間與資源，在一項無法幫助兒童學習的計畫上。如果發現這個計畫沒有用，我們會轉而研發其他有用的計畫。」[19]

並非所有人都像巴納吉一樣，對優質評估抱持開放態度。研究員泰絲・黎雅（Tess Lea）

希望提高澳洲原住民的閱讀水平，因此嘗試對北領地（Northern Territory）的線上讀寫普及工具做隨機試驗。可是這個「魔法咒語」（ABRACADABRA）閱讀計畫的評估遭到批評，理由是原住民孩童可能無法透過電腦有效學習，原住民孩童不該接受非原住民的測驗，該計畫是由加拿大人設計，而且「進行實驗研究的想法，本質上帶有種族歧視」。[20]這個計畫後來改善了學生的讀寫能力，可是黎亞公開表示，她再也不會嘗試在原住民教育方面做隨機試驗。[21]這是個令人遺憾的結果，因為只有不到十分之一的原住民計畫接受了任何形式的評估，更別提隨機試驗了。[22]

班納吉支持對自己的計畫做評估，以及黎雅遭遇到的反對，兩者間的對比提醒了我們，區分手段和目的有多麼重要。這種方法有時稱為「羅西法則」（Rossi's Law，以社會學家羅西〔Peter Rossi〕命名），這個法則指出：「一個社會計畫的影響評估設計得愈好，所產生的淨影響估計就愈可能為零。」[23]羅西法則並不意味我們應該放棄改變世界的希望，不過我們應當對任何兜售靈丹妙藥的人抱持懷疑。認為某些社會計畫存在缺陷的想法，應該帶來更嚴謹的評估和更多仔細檢查證據的耐心，直到我們找到一個可行的計畫為止。

在某些情況下，道德擔憂的基礎是強大的科學。譬如吸菸與肺癌之間存在關聯的證據非常強烈，那麼隨機分配參與者獲得免費的香菸便顯得不道德。不過，在其他情況下，出於道德的反對其實是障眼法，純粹是為了保護無效的計畫毋須接受適當審查。

醫學隨機試驗的先驅者考科藍曾提出一個新穎的技巧，可以揭露這類擔憂。在報告冠狀動脈加護病房的隨機評估結果時，考科藍面對一群強烈反對使用居家照護而不是醫院照護的心臟病學家。誠如經濟學家哈福德（Tim Harford）所言，研究的早期發現對居家照護比較有利，可是考科藍調皮地把結果調包。當心臟病學家看到醫院照護比居家照護更安全的結果時，眾人齊聲要求他立即停止「不道德的」研究。「然後他揭露真相，並要求心臟病學家即刻關閉他們的醫院病房。現場一片死寂。」[24]

◆

吃過自助餐廳的人都知道，小分量吃起來美味的東西，若是分量放大就不必然同樣好吃了。[25]每當我們希望從隨機試驗學習，都需要考慮干預措施究竟屬於小眾計畫，還是大眾計畫。舉例來說，許多幼兒期的隨機試驗，當中有受過完善訓練的老師照顧嚴重弱勢的學步兒童。不過，隨著計畫規模擴大，試驗可能招募到能力較低和經驗較少的老師，以及出身更富裕家庭的孩子。認為斐瑞學前計畫豐厚的效益成本比（每支出一美元可獲得七到十二美元的收益），必然能轉化到一個全民規模的計畫上是錯誤的。

擴大試驗規模時，還會發生其他事情：我們會開始看出它的成功，代價是否是犧牲計畫外的人員。例如，假設研究人員設計了一個計畫，目標是教導青少年在工作面試時自信地進行眼神交流。這個計畫有可能幫助了參與者找到工作，不過代價是其他求職者的求職失敗。但也有可能這個計畫實際提高了總體就業率。以數百名參與者進行隨機試驗，會造成經濟學家所謂的「局部均衡」效應。然而，唯有在整體勞動力市場進行隨機試驗——例如隨機選擇在某些城市而不在其他城市執行計畫——我們才能估算「一般均衡」效應。舉例來說，局部均衡效應可以檢視一個計畫是否幫助參與者往隊伍前面移動幾個位置，一般均衡的影響則在於計畫是否使整個隊伍消化得更快。計畫若幫助了參與者固然激勵人心，但如果這些收穫不是以犧牲別人為代價就更好了。

好的隨機分子也要仔細考慮對照組的人在做什麼。在醫學研究中，答案可能只是很簡單的「獲得安慰劑」。可是在社會計畫中，錯過治療的人可能會自行尋找類似的東西。最近來說，對「及早啟蒙」(Head Start）幼兒計畫的隨機評估，往往得出相當小的影響力，遠不及從第一批學前示範計畫（如斐瑞學前計畫）測得的影響。[26]

差異出在對照組中。一九六〇年代初期，斐瑞學前計畫成立時，低收入家庭沒有其他的學前班選擇。可是最近幾十年，幼兒計畫在美國各城市激增。因此，較老的斐瑞學前計畫評估結果，顯示的是學前班和雙親照料相比的影響，而較新的「及早啟蒙」評估結果，則是顯示一個學前班與另一學前班相比的影響。[27]意識到對照組尋求了其他學前班選項，揭露出「及早啟蒙」的真正效益成本比，幾乎是之前估計的兩倍。[28]實驗室實驗中的原子不介意被放到對照試管中，可是被放到對照組的人類，可能會向外尋找另一個選擇。

尋找替代方案的參與者帶來了挑戰，可是隨機分子仍然領先那些使用非實驗方法的研究者，因為他們有比較可信的反事實。為此，值得稍微回顧經濟學家在沒有隨機評估的情況下，嘗試設計反事實的幾種方法。

非隨機評估的一種形式是研究區域間的差異。例如，如果一項政策在某州實施，我們可能會使用該國其他地區的人來當反事實組。[29]這麼一來我們就可以問：當州政策改變時，它如何影響該司法管轄區的結果和全國其他地方之間的差距？

經濟學家試圖找到類似比較組的另一種方法是觀察明顯的邊界。在研究學校好壞對房價的影響時，我們可以研究如果學區界線從街道中間經過會如何。[30]如果街道其中一側的人能進出不錯的公立學校，會對房價產生什麼影響？

在沒有隨機評估的情況下，也可以利用時序不連續性。嘗試估算教育對收入的影響時，我們可以將入學截止日之前出生的人與之後出生的人做比較。[31]假設我們拿入學截止日當天出生的人與隔天出生的人做比較。假設兩人都在同年齡輟學，那麼出生時間差一天，將導致較年輕的那個人接受的教育少了近一年。

研究人員使用的另一個技巧是尋找自然發生的隨機性。例如，如果想知道經濟成長是否會影響獨裁者被推翻與否，我們可以觀察年降雨量變化所引起的經濟成長變化。[32]或者，如果想知道有多少公共工程計畫創造了就業機會，我們可能會尋找投資是出於政治分贓而非地方需求的一些實例。[33]

我的意思不是說，我們不能從這類「自然實驗」中學到任何東西。為證明這點，這些例子都是取自我個人的學術研究。我致力於這些及其他非隨機研究多年。在每個案例中，我和合作的研究者都竭力尋找可靠的反事實。可是這些研究全都受到其前提假設的局限，這些前提假設是我們由於研究方法而不得不設定的。非隨機計量經濟學的新發展（像是機器學習）通常比舊的方法更為複雜。[34]經濟學家艾森菲特（Orley Ashenfelter）指出，如果評估者傾向給計畫好評，那麼統計模型則「提供了研究人員太多造假的方法」。[35]

這就是某本著名計量經濟學教材拿每種方法與「實驗理想」做比較，教授非隨機研究方法的原因。[36]學生自然被鼓勵提出問題：「如果我們可以就此進行隨機實驗，那實驗會是什麼樣子？」另一個新穎的方法是，拿取一個按步就班的隨機試驗產生的數據，然後假裝我們想進行一項非隨機評估。以隨機試驗為準繩，這個技巧讓我們能看到一項自然實驗有多符合真實的結果。以工作訓練為例，研究人員發現未經隨機試驗就評估計畫的人，會得出錯誤的答案。[37]同樣的，非隨機研究顯示，免費分發家用電腦對學生的考試成績有顯著的正面影響，可是隨機評估證明其實它們的助益很小。[38]

有較好的反事實是隨機試驗通常被稱為「黃金標準」的原因。沒有嚴肅的經濟學家想回歸金本位制（編按：與「黃金標準」的英文相同），所以這總讓我覺得像是一種奇怪的稱讚。[39]我認為這意味著，在令人精疲力竭的評估比賽中，隨機試驗獲得了金牌。許多研究人員實際上都支持證據有高低等級的概念，而隨機試驗排在首位。[40]舉例來說，無黨派的美國國會預算辦公室（US Congressional Budget Office）在評估證據時，總是優先考慮隨機分配研究。[41]

◆

我們多數人都有從報紙讀到驚人學術發現的經驗。記者和編輯喜歡那些發現古怪關係或推翻傳統觀念的研究。如果它能促成這樣的早餐對話，「親愛的，你一定不知道……」它肯定會大受歡迎。

二〇〇〇年的一項超市實驗發現，相較於提供二十四種果醬，顧客在有六種果醬可供選擇的情況下，更可能購買新的果醬。[42] 這篇論文自發表後已被引用數千次，並被當作過多選擇讓許多人不知所措的證據。[43] 這項研究還激發了數十項探討「選擇悖論」的後續實驗。在最初的研究發表十年後，一組心理學家盡可能地核對他們能夠找到的重複驗證實驗。[44] 在五十個重複驗證研究中，占多數的結果與原始的果醬選擇實驗相反。平均所有結果之後，心理學家得出結論，可供選擇的數量對消費者滿意度或購買的影響「幾乎是零」。

新奇令人興奮。就連那些管理乏人問津學術期刊的人，也想發表違反直覺的研究結果。因為編輯喜歡發表意想不到的結果，再加上作者喜歡在最棒的平臺發表論文，知名期刊於是任性地刊載了太多特殊的研究發現。

統計人員檢視了已發表的論文在統計顯著性上有多不重要之後，我們看到了一項鐵證。在社會科學中，確定某結果是否出自運氣的標準經驗法則，是「九五%顯著性」原則。在此門檻下，錯誤指認一個實際上不存在的統計關係的機會為五%。如果你的研究得到的結果在統計上有九五%的顯著性水準，許多期刊的編輯都會相信這個結果。如果結果達不到九五%的水準，編輯比較可能拒絕刊登該論文。

多數學術人都希望學生在考試時不要只求過關。可是以統計顯著性為例，事實證明社會科學領域有驚人數量的論文，只是勉強過關而已。發表在頂尖社會學、金融、會計、心理學和政治學期刊的研究，經分析後發現，充滿了大量恰好達到九五%水準的結果。[45]換句話說，這些研究通過了九五%的考試，可是過不了九六%那關。這令人不安的發現等於是在說，至多有五%的已發表成果，可能是出於運氣，而不是真的有統計顯著性。

更糟的是，如果研究人員以不同設定重新進行分析，直到得出的結果達到九五%的顯著性水準（實務名稱為「P值操縱」〔P-hacking〕），則該研究可能更容易出錯。以二十個垃圾理論展開每個研究計畫的不道德學者，可以合理地期望單憑運氣就可以確認其中一個有九五%的顯著性。其他十九個用完即丟——瞧！——可發表的研究結果到手啦。

已發表的社會科學研究存在問題的另一個線索，在研究人員重複驗證同事的研究時露出馬腳。二〇一一年，心理學家諾賽克（Brian Nosek）說服一組學者重複驗證發表在一些心理學領域頂尖期刊的論文。在接下來的三年中，有二百七十名學者合作展開一百項心理學研究的重複驗證工作。[46]結果：只有約三分之一的研究發現沒被推翻。

同樣令人擔憂的結果在其他學科也出現了。在遺傳學的某個子領域中，生物學家重複驗證的已發表論文當中只有九分之一成功。[47]在腫瘤學和血液學方面，醫學研究人員得到相同的成功率，只有九分之一。[48]在總體經濟學中，被挑出來重複驗證的研究只有一半的成功率。[49]一位批評者伊恩尼迪斯（John Ioannidis）指出，外部資金、學術競爭，以及研究人員對結果精挑細選的能力，可能會扭曲研究發現。他的結論是：「多數已發表的研究發現都是錯誤的。」[50]

我認為伊恩尼迪斯的結論過於悲觀。儘管如此，大家開始談論可重複驗證性出現「危機」一點也不意外。[51]學術界若想保持信譽，各學科需要多下點功夫，確保被推翻的研究發現不要那麼多。最佳辦法之一是鼓勵重複驗證，多多益善，而最容易重複驗證的研究就是隨機試驗。

重複驗證可以透過多種方式完成。如果擔心某個健身計畫之所以成功，可能是因為教練的個人魅力，那麼使用另一位教練來重複驗證會有幫助。如果認為反暴力計畫可能取決於懲罰犯罪的嚴厲程度，那麼在法律較輕的司法管轄區進行重複驗證就很重要。

有一項執行重複驗證的方法是讓新的研究團隊來重複這項研究：某個基金會描述這種方法為「如果一開始成功了，那就再試一次」。[52]不過，另有一種方法是讓研究人員在不同地方一起進行同樣的分析。舉例來說，如果我們可以隨機分配學生進行課輔計畫，那麼在多間學校同時進行試驗可能會很有幫助，這使我們可以比較不同團隊得出的效果。

在某些領域，有很大的聲浪在推動研究者於多個地點進行試驗。澳洲醫學研究人員強生（David Johnson）告訴我，在他的腎臟疾病領域，他希望早日看到檢定力不足的單中心試驗劃下句點。[53]「單中心試驗不太能夠改變臨床實踐。」強生主張。「數量往往很小，即使數量夠大，你也會擔心它們無法概推到大部分人。」強生認為對他的醫學研究而言，希望在於多中心的合作研究。

從統計的角度來看，和僅以單一地點為基礎的隨機試驗相比，以二個或三個國家為基礎的隨機試驗，應給予更大的權重。為瞭解原因，讓我們再談談統計顯著性的九五％劃分點。如果我們對垃圾研究做隨機評估，有五％的機會（二十次中會有一次），結果將具有統計顯著性。糟糕。

現在，我們來看看對研究發現進行重複驗證會怎樣。假設我們使用傳統的九五％統計顯著性水準測試一個新的教育計畫，然後假設該計畫實際上並不成功。在這種情況下，隨機試驗將在二十次中，偶然出現一次正面結果。不過，如果有兩個隨機試驗，則在兩個試驗中皆錯誤獲得正面結果的機率將降至四百分之一。如果有三個隨機試驗，全部三個試驗都發現該計畫有重大影響的機率會降至八千分之一。如果一個重大成果在多地通過考驗，就非常不可能是歪打正著。[54]

考科藍組織負責醫學方面的隨機證據收集工作，坎貝爾合作組織（Campbell Collaboration）則負責社會政策領域。這些組織按主題逐一建構「系統性文獻回顧檢視」，將相關的隨機試驗精簡為從業人員、政策制訂者和公眾可以輕易取用的格式。

隨機試驗的國際化為跨國合作的重複驗證提供了新的機會。在一九八〇年代，十分之九的隨機政策試驗在美國進行，多國研究相當困難。[55]不過如今，僅十分之三的隨機政策試驗是在美國執行。這是美國人和非美國人都應該歡迎的趨勢。如果某個計畫或藥品通過多個國家的隨機評估，你可以對它的效果更有信心。

無論在何處重複驗證，至關重要的是必須通報結果。如果研究人員掩蓋了與普遍看法相違背的發現，我們其他人可能會對現有隨機試驗的結果產生錯誤的印象。就像高爾夫球手在每一洞都重新發球一樣，被拋棄的試驗會使我們陷入記分卡無法反映現實的情況。

對抗「發表偏見」的一種方法是，要求研究在開始之前先做登記——預先正式提出聲明，在聲明中說明研究人員想要回答的問題。這麼做會使他們在研究完成之後更可能通報結果。在醫學領域，全球有十五個主要的臨床試驗登記機構，這些機構在澳洲和紐西蘭、中國、歐盟、印度、日本、荷蘭和泰國運作。然後世界衛生組織會將這些試驗全聚集到「國際臨床試驗登記平臺」(International Clinical Trials Registry Platform)，這個平臺含有約四十萬項醫學試驗的詳細內容。

近年來，發展經濟學家建立了「國際發展影響評估登記平臺」(Registry for International

Development Impact Evaluations），表列的研究有一百多項。政治學家建立了「治理與政治實驗網絡」(Experiments in Governance and Politics Network，列出了約七百項研究）。經濟學家建立了「美國經濟協會隨機對照試驗登記平臺」(American Economic Association's Randomized Controlled Trials registry，列出了約一千五百個研究）。與醫學不同，多數社會科學期刊還沒有拒絕發表未登記的試驗，也沒有要求所有結果都必須發表。不過未來幾年，諸如經濟學和政治學等學科，可能會朝著這個方向發展。做為額外的誘因（這帶有一點諷刺），發展經濟學家提供了一個贏得平板電腦的機會，給前一百名將試驗遞交給登記平臺的研究人員。

即使在醫學領域，研究人員的行為也不總是符合登記平臺的要求。自二〇〇七年以來，美國政府要求所有藥物試驗必須在Clinicaltrials.gov登記，並於數據收集的一年內發布。然而最近的一項分析發現，只有七分之一的登記試驗遵守這項要求。[56]即使在數據收集完成四年後，也只有不到一半的試驗公開發表結果。希望披露這些令人擔憂的統計數字會提高遵從率。

二〇〇六年，研究人員分析了所有與百憂解類（Prozac-type）抗抑鬱藥有關的臨床試驗數據，發現它們與青少年自殺風險較高相關。[57]倘若研究通報得快一些，這令人不安的發現可能會早一點為人所知。類似的，許多先進國家決定儲備抗流感藥「克流感」(Tamiflu）時，有六〇％的既有研究並未通報其結果。[58]對這些數字的分析如今顯示，克流感在減少住院率方面可能不如過去以為的有效。隨機試驗的結果如果沒有公開，便無法幫助社會做出更好的選擇。

要求試驗做登記的主要目的之一，是避免研究人員改變規則。不過一些近期的審查顯示，有相當高比例的醫學領域隨機試驗把「結果調包」，通報不同於他們起初登記的標準。[59]最令人震驚的案例當屬一九九八年葛蘭素史克集團（GlaxoSmithKline）藥物「百可舒」（Paxil）的研究，研究登記稱這項試驗將檢視八個結果。沒有一個結果顯示出絲毫影響，於是研究人員轉而在另外十九個標準中尋找蛛絲馬跡，其中有四個標準展現明顯的作用。於是百可舒的研究結果在報告當中，彷彿這四項標準從一開始就是他們的重點。二〇一二年，葛蘭素史克因錯誤呈報包括百可舒在內幾種藥物的試驗數據，被罰款三十億美元。[60]

◆

「我對那通電話記憶猶新。打電話的是做血液分析的人。『檢查結果有狀況』，他告訴我，『其中一個女孩的白血球有問題。』一個小時後，他又致電，說女孩患有早期白血病。那天晚上，她的父母載著她從坎培拉趕到雪梨，讓她接受首次治療。一年後，她擺脫了癌症。」

特福德（Dick Telford）坐在我的辦公室，聊起他自二〇〇五年開始進行的一項非凡研究，瞭解體育對孩子表現的影響。要說誰有資格談論健身，那一定就是特福德了。在轉到跑步之前，他曾在一九六〇年代晚期擔任科靈伍德（Collingwood）隊和菲茲洛（Fitzroy）隊的澳式足球員。他以二小時二十七分鐘的馬拉松成績，在世界壯年運動會（World Masters Games）奪下一面田徑獎牌，還擁有墨爾本大學的運動科學博士學位。特福德是第一位被委派到澳洲體育學院的體育科學家，他在那裡培訓了勞勃・卡斯特拉（Rob de Castella，按：馬拉松選手），麗莎・奧迪基（Lisa Ondieki，按：長跑選手），馬丁・登特（Martin Dent，按：馬拉松選手）和卡洛琳・舒瓦洛（Carolyn Schuwalow，按：長跑選手）。

現年七十出頭的特福德身材細長，動作流暢。他指導一個跑者小隊，我偶爾也會參加。他投入大量時間研究，特別著重隨機試驗。這不是為了給履歷加值，而是因為特福德十分在乎要知道哪些課程有效，哪些又是無效。

特福德設計的學校運動計畫的運作方式，對於如何進行有效的隨機試驗提供了深刻見解。我們已經看到，對照組並不一定要毫無所獲，有許多醫學隨機試驗是對照已有的最佳藥物做新藥測試。比較兩種治療方法，可減少研究參與者試圖換組的機會，並有助於緩解政治上的擔憂，而且在多數情況下更為道德。

相同的方法可用於非醫學研究。當特福德與澳洲體育學院和澳洲國立大學合作於二〇〇五年展開試驗時，每個人都認為不讓對照組的孩子參與學校運動是不對的。因此，這項研究不是比較運動與不運動的結果，而是將優質體育教育與常規學校體育課做比較。此外，要是孩子們看到其他同學接受更好的體育課程，可能會感覺受騙，所以這項隨機試驗是安排在不同學校之間，而不是同一所學校的學生之間。

經過與各校校長的長談，特福德與研究夥伴選擇了二十九所坎培拉的小學，並隨機將它們分為兩組，而且真的是從帽子裡抽出學校的名字。十三所學校被選為接受專業老師的體育指導，他們與課堂老師合作，提供學生關於平衡、協調和遊戲的日常訓練。在十六所對照組學校中，學生仍與平時的課堂老師上體育課，但是課程次數較少，時間較短，對體能的負荷也比較低。因此，這項隨機試驗不是比較運動與不運動的影響，而是偶爾運動與高質量訓練之間的比較。

四年後，被隨機分配到實驗組的孩子體脂較少，膽固醇水平較低，而且數學成績較好。[61]研究人員如今正追蹤這些孩子長大成年，以便觀察孩提時代多做運動對他們的整體健康會有什麼影響。最終，特福德希望能追蹤研究中的孩子直到退休之後。他知道自己有生之年不會看到結果，可是他認為好好認識優質學校體育課程的長期影響是必要的。

做得好的時候，隨機試驗讓世界變得更美好。誠如實驗所示，特福德對優質學校體育課程益處的預感，如今似乎有所回報。可是就算結果讓他希望破滅，這項研究仍有其價值，因為它將豐富我們的知識庫，也許啟發其他研究人員以不同的方法做研究。就算不看結果，今天有個戰勝白血病的女孩還住在坎培拉，也許僅僅是因為她很幸運地參與了特福德的隨機試驗。

12 下一個機會在哪裡？

伍頓（David Wootton）在他的科學史著作中陳述了一六〇〇年多數受過良好教育的歐洲人相信的事，以此標記人類在知識上的進展。[1]當時的主要知識分子相信狼人存在，相信召喚暴風雨的女巫存在，還相信獨角獸存在。他們相信夢能預測未來，還有太陽繞著地球轉。他們相信老鼠是從稻草堆自發誕生的，以及彩虹是來自上帝的徵兆。他們認為凶手靠近時，受害者的屍體會流血。在莎士比亞的時代，這些可不是非主流概念，而是那個時代最有知識的人認為的事實。

鍊金術在這時代是強大的信仰，認為鉛等賤金屬可以變成黃金之類的貴金屬。幾千年來，鍊金術占據了很大一部分的科學研究活動。就連牛頓花在鍊金術的時間也比在物理學多，這讓經濟學家凱因斯認為牛頓「不是理性時代的先河，他是最後的巫師」。

驅走鍊金術的不是實驗的文化。恰恰相反：鍊金術士已經做了數百年的實驗。關鍵的轉變是從守口如瓶的、設計不良的實驗，轉變成一絲不苟而且對外公開的實驗。伍頓評論道：

殺死鍊金術的是堅持實驗必須在出版刊物上公開，必須清楚說明發生了什麼事，而且實驗必須能重複驗證，最好是在獨立的見證者面前進行。鍊金術士一直在追求一種祕密知識，深信唯有少數人有能力認識神聖的祕密，而且如果黃金不再稀貴，社會秩序就會崩潰……密傳知識被一種新型知識取代，這種知識既仰賴出版，也仰賴公開或半公開的展示。封閉社會於是被開放社會取代。[2]

到了一七五〇年，受過良好教育的歐洲人不再相信鍊金術，當然也不再相信有女巫、獨角獸或狼人。今天，我們多數人可以堅定地拒絕數百個有直觀吸引力的想法，像是顱相學、虹膜學、占星術、靈氣、心電感應、尋水術、戴尼提和味覺分布圖，就是因為實驗和公開發表結果。這就是在多數先進國家，包括英國、法國、德國、日本、丹麥和西班牙（但不包含美國或土耳其））多數民眾相信演化的原因。[3]科學革命不僅改變了我們觀看周遭世界的方式，而且支撐起醫學研究的大幅改善，提高了我們的壽命和生活品質。

可惜，從商業到政策制定，生活中還有太多領域仍像極了鍊金術。當判斷的依據是劣質的評估，結果也不對世人公開，這種處理方式更像在尋找傳說中的賢者之石，而不是進行縝密的分析。當全球一千一百位頂尖主管被要求描述決策過程時，只有不到三分之一表示他們最仰賴的是數據和分析。[4]英國經濟學家哈福德批評「使用統計數據好像舞臺魔術師用煙霧和鏡子的」政治人物。[5]他說，在最壞的情況下，這可能像哲學家法蘭克福（Harry Frankfurt）描述的「屁話王」(bullshitter)：屁話王比騙子更糟糕，因為他們甚至不在乎真相，他們對自己的陳述是真是假，一點也不在乎。[6]沒錯，用統計數字撒謊是有可能的，但不用統計數字撒起謊來更容易。

將隨機試驗用在政策上，需要心理學家坎貝爾（Donald Campbell）所謂的「做實驗社會」（experimenting society）。坎貝爾設想這是「一個誠實的社會，致力於……自我批評……它將直言不諱，勇於面對事實，沒有戒心」。[7]這樣的社會「將是一個去除武斷教條的社會……擁有誠實、公開批評、嘗試實驗的科學價值，而且面對實驗的證據和其他的證據，願意改變曾經擁護的理論」。[8]誠如前文看到的，TOMS的創辦人就是這個方法的典範，他們捐贈六千萬雙鞋子給開發中國家的兒童，鼓勵進行一項隨機評估，然後改變做慈善的方式，以回應令人失望的結果。

遵循科學的道路並不總是容易。物理學家費曼（Richard Feynman）曾說：「首要原則是你絕不能欺騙自己——而你是最容易欺騙的人。」[9]偉大的科學家呈現所有的證據，不光是支持自己寶貝理論的數據。無論結果如何，最好的科學家都會對外發表。費曼拿科學正直與「貨物崇拜科學」（cargo cult science）做對比。就像曾經為吸引貨機而建造假跑道的太平洋島民，壞科學看起來也可能像真科學，甚至可能造成短暫的名聲和興奮。可是它的結果最終會被丟進垃圾桶。

經濟學家杜芙洛和克雷默（Michael Kremer）認為：「隨機試驗很可能在二十一世紀徹底改變社會政策，就像它在二十世紀徹底改變了醫學一樣。」[10]誠如英國推力小組負責人哈珀恩所言：「我們需要把公共政策從藝術轉變為科學。」[11]這意味著更注重測量，同時承認我們的直覺可能是錯的。有謙虛加上計算能力的地方，就有健康的隨機試驗。

莫尼漢（Daniel Patrick Moynihan）參議員是美國社會政策的重要思想家，他意識到評估研究往往可以產生可靠的結果，而不是驚人的結果。每當面對一個新的計畫提議，莫尼漢喜歡引用羅西定律。莫尼漢詼諧地稱社會政策隨機試驗的先驅茱蒂絲．蓋倫（Judith Gueron）為「我們微小但有建設性的成果的聖母」。[12]

票房大片充斥著救命騎士和仙丹妙藥、登陸月亮和奇蹟。但實際上，多數有建設性的變化不是突然發生的。從社會改革到經濟變革，我們最好的制度是逐漸發展而來的。隨機試驗使科學、商業和政府得以穩定持續地改善。就像健康飲食，這種方法透過一連串好的選擇一步一步邁向成功。漸進式方法不會一夕重塑世界，但持續一個世代就能看到效果。[13]

最好的醫學思想家將這種謙遜的研究取徑付諸實行。有位醫學院院長在開學第一天告訴一年級新生說：「我們在教室教你們的東西，有一半是錯的。不幸的是，我們不知道是哪一半。」[14]實證醫學先驅薩基特（David Sackett）寫道：「專家犯下的第一宗罪是在意見中摻進了聲望和地位，這使他們的意見獲得多於其科學基礎應得的說服力。」[15]曾是世界頂尖癌症研究人員的福克曼（Judah Folkman）指出：「我從失敗學到的東西比成功多。」[16]

商業也是如此。在先進國家，超過半數的新創五年內就沒戲唱了。[17]創業投資者的大部分回報來自旗下少數公司。不斷變化的市場條件無疑有部分影響，不過最好的公司不是光靠運氣，它們也更擅長創造一個縝密的測試與改善循環。誠如一項學術研究的觀察，「企業家精神的重點根本上就是實驗，因為成功所需的知識無法事先得知，也無法從一套首要原則當中推斷出來。」[18]財捷軟體公司（Intuit）創始人庫克（Scott Cook）致力成立一家「熱衷實驗的公司」，而且實驗「失敗是完全沒關係的」。[19]無論結果如何，庫克告訴員工，「你正在做對的事，因為你創造了證據，而證據比任何人的直覺都要好。」記者梅根．麥克阿德（Megan McArdle）論稱，美國的經濟成功建立在「善用失敗」，因為有鼓勵冒險、寬恕和從錯誤汲取教訓的制度。[20]

「專家」看法被揭露與數據不相符的例子，在政策領域中不勝枚舉。舉例來說，考慮是否建造新的鐵路線或公路時，政府一般會委託預測有多少人會使用新建設。可是，當研究人員在多年後回頭檢視有多少人實際使用了那項建設時，事實證明，道路交通量預測超過了實際使用道路的汽車數，鐵路客流量預測則高估了乘車人數。[21]在鐵路的例子中，專家預測錯很大。十分之九的預測高估了使用量，而且預測的誤差平均達到兩倍。我們從墨西哥阿卡尤坎城的鋪路實驗可以看到，對基礎建設供應做隨機試驗在實務上是可能的。不過，即使政府選擇不走這條路，我們也必須使用證據建立一個更好的反饋迴路。

謙虛是隨機試驗的好盟友，而過度自信可能是隨機試驗的敵人。專家對自己的技能和判斷力愈有自信，使用數據的可能性就愈小。然而，我們從一系列研究得知，過度自信是普遍的性格。八四％的法國人認為自己是高於平均的戀人。[22]九三％的美國人認為自己的駕駛水準高於平均。[23]九七％的澳洲人認為自己的美貌為平均值或更高。[24]從人類演化來看，過度自信已證實是一種成功的策略。[25]在生活中，過度自信可提供一種適應力，讓我們相信成功是自己的功勞，同時避免失敗的指責。[26]

問題在於，我們活在一個失敗出乎意料常見的世界。在醫學方面，我們看到只有十分之一在實驗室測試中前景看好的藥物，最終獲得上市批准。在教育方面，我們看到美國的有效教育策略資料中心委託進行的隨機試驗，只有十分之一產生了正面影響。在商業領域，只有五分之一的Google隨機實驗幫助它們改善了產品。縝密的社會政策實驗發現，只有四分之一的計畫有強效的正向作用。一旦提高證據標準，就會看到一個前後一致的發現：多數聽起來不錯的想法，實際上無法奏效。隨著隨機試驗在法律和反恐等新領域興起，它們也可能顛覆那些領域中的一般常識。[27]

到頭來，良好的評估無非是追求真理。誠如愛因斯坦的名言所說，「我想知道上帝的想法。其他的都是細節。」如果真有審判日，我猜每個曾努力做完善評估的人，都將藉此機會問全能的上帝：「告訴我，我做到了嗎？」

在伍迪・艾倫（Woody Allen）的電影《安妮霍爾》（*Annie Hall*）中，兩個角色為知名哲學家麥克魯漢（Marshall McLuhan）的觀點彼此爭辯。突然間，麥克魯漢走進鏡頭，告訴其中一人他錯得離譜。另一人說：「喔，要是人生也像這樣就好了！」就許多重要的問題而言，隨機試驗就是和《安妮霍爾》關鍵時刻最接近的東西。

對從事最前端研究的人而言，一項重大挑戰是有效地把理論與隨機評估融合起來，以建立更準確的人類行為模型。當然，測試人們比較願意打開紅色信封還是藍色信封的實驗，永遠都有一席之地，不過最有價值的隨機試驗，是能提供更深刻洞察的隨機試驗。布拉特曼（Chris Blattman）在討論從賴比瑞亞隨機試驗中學到的教訓時，反省說，「與其去問：『計畫有用嗎？』我應該問：『世界是如何運轉的？』」[28]布拉特曼主張，透過測試基本假設，有可能得到能普遍適用於不同計畫的洞見。

在同樣的脈絡下，經濟學家路德維希（Jens Ludwig）、克林（Jeffrey Kling）和穆蘭納珊（Sendhil Mullainathan）舉了理解「破窗治安維持」（broken windows policing）的例子，這個策略專注於處理輕罪（例如逃票、亂丟垃圾或輕微的破壞財產），藉此減少重大犯罪。[29]這三人認為多數研究人員可能會挑選一小群城市，隨機在其中一半的城市執行破窗治安維持策略，對破窗治安維持做評估。可是他們論稱，如果想瞭解基本原理，更好的方法是購買幾十輛二手車，將其中一半的窗戶打破，停放在隨機挑選的社區，看看更嚴重的犯罪是否因而增加。[30]他們將治安維持實驗稱為政策評估，將汽車實驗稱為機制評估——因為後者探究更深層次的問題，亦即破窗是否會增加暴力犯罪。兩種隨機試驗都有幫助。一個警察局長可能只在乎政策是否有效，不過社會研究人員應專注於提供最有洞見的實驗。

隨機試驗在世界各地以很多富有創意的方式執行。墨西哥在二〇〇五年成立了社會發展政策評估國家委員會（National Council for Evaluation of Social Development Policy），這是一個獨立機構，負責立基於能有效改善貧窮的措施來充實證據。就像許多先進國家在政府核心成立的「推力小組」，墨西哥的國家委員會反映出該國有意在進行隨機試驗方面，成為開發中國家的領導者。

另一種很有希望鼓勵隨機試驗的方法，是承諾給予成功的構想更多資金。二〇一〇年，企業家莫拉・歐尼爾（Maura O' Neill）和發展學者克雷默（Michael Kremer）說服美國國際開發署成立了名為「發展創新創投」的部門。[31]建立在「擴大成功經驗」的原則之上，該計畫執行三層式資助流程。第一輪提供的資金最高為十五萬美元。如果一個專案顯現出成功的跡象（通常是透過隨機試驗），則有資格進行第二輪，最高可拿到一百五十萬美元的資金。若在第二輪證明是成功的，這個點子將進入第三輪，有資格從發展創新創投部門拿到至多一千五百萬美元的資金。

在聯邦體系裡，政府鼓勵隨機試驗的另一種實用方式，是由中央政府將隨機試驗納入各州經費計畫。這在美國聯邦立法已變得稀鬆平常。[32]例如，處理幫助獄友重返社會的策略的《第二次機會法案》（*Second Chance Act*），為評估預留了二%的計畫資金，評估「盡可能在最大程度上納入隨機分派……並為哪種重返方法和策略最有效提供證據」。《有教無類法案》（*No Child Left Behind Act*）要求評估「在可行範圍內，使用方法嚴謹的設計和技巧，包括對照組和隨機分配，以便產生可靠的效用證據」。以家訪改善兒童發展的立法，指示衛生及公共服務部「確保各州使用這筆資金，支持曾在設計精良的隨機對照試驗中驗證的模型，對諸如虐待與疏於照顧等重要的兒童議題帶來可觀的持續影響」。

慈善基金會也扮演至關重要的角色。在英國，約有一百項教育相關的隨機試驗正在進行，多數由前面提過的教育基金會發起。[33]這個基金會的主要貢獻不僅在於找出有效的方法，還幫助人們翻查現有研究。教育基金會把研究結果分為五（統計檢定力高且損耗低的隨機試驗）到〇（沒有比較組的研究）。就像我在第一章提出的證據等級，基金會的評等系統是估算一項特定評估的可靠性高低的簡單方法。[34]將隨機試驗放在首位，創造了提高證據標準的額外誘因。包括克拉克基金會（Edna McConnell Clark Foundation）、美國成效基金會（Results for America）、阿諾德基金會（Laura and John Arnold Foundation）和彭博慈善基金會（Bloomberg Philanthropies）在內的數個美國基金會，正採取類似的方法，專注於資助隨機試驗，或是已在隨機試驗中證明有效的計畫。

說到在乎結果勝過手段，很少有人能擊敗美國小兒科醫生歐茲（David Olds）。歐茲自一九七〇年代開始發展他的護士與家庭合作計畫。在接下來的二十年裡，他使用隨機試驗來改進這個計畫。歐茲從一九九六年開始在不同社區推廣計畫。不過，即便如今距離他創立計畫已經過了幾十年，歐茲還是想看它接受測試。具體來說，任何在美國境外想引進護士與家庭合作計畫的人，都必須同意進行隨機評估。畢竟，家訪的影響在英國、荷蘭或加拿大可能有所不同。歐茲概述其個人哲學為：「我想解決問題，而不是提倡一個計畫。」[35]

◆

二〇〇八年，曾捐錢給「不再饑餓」（Freedom from Hunger）經濟發展慈善機構的人，收到了一封再次要求善款的信。[36]每封信都述說一名貧窮的祕魯寡婦麗塔（Rita）的故事，然後以兩種方式之中的一種請求資助。半數的信件說：「為確知計畫對麗塔這樣的人有幫助，我們期望有比軼事更好的證據。因此我們與獨立研究人員合作，對計畫進行具有科學嚴謹性的影響研究。」另外一半只是聲稱：「『不再饑餓』知道像麗塔這樣的婦女，已準備好終止自家和所屬社區的饑餓。」

事實上，經濟學家正在進行一項隨機試驗，測試捐款者是否在乎一個計畫有隨機試驗的背書支持。平均而言，他們沒有看到任何影響——他們的結論是，對促進捐款沒有影響。不過將結果拆解來看時，研究人員發現，納入關於影響的資訊會提高大額捐款者的捐款率，同時降低小型捐款者慷慨解囊的程度。他們總結認為，對單純想尋求溫暖光輝的人而言，提到評估會讓人擔心並非所有的援助都有效。但對利他主義者而言，知道某計畫有很大的影響力，會提高其吸引力。

來自「不再饑餓」研究的教訓是，我們不僅需要更多的隨機試驗，還需要更積極要求有力證據。我們愈常問「你的證據是什麼」，就愈有機會發現什麼方法有效，以及什麼方法無效。懷疑態度不是樂觀的敵人：懷疑是我們想解決大問題的渴望，轉化為實際結果的渠道。如果我們讓好奇心恣意漫遊，可能會對每丟一次硬幣能多認識世界多少感到意外。

自行做隨機試驗的十條戒律

進行成功的隨機試驗，需要罕見地結合多種天賦。最優秀的隨機分子要具備專門的技術、經營的智慧、政治的悟性，以及勇氣。[1]準備好試試看了嗎？以下是你應該考量的十個步驟。

一、決定你想要測試的對象。

最簡單的做法是測試一種新的介入手段，並與一個沒有受到任何干預的對照組比較。有些研究是在兩種以上的介入手段之間做評比。交叉式隨機試驗會結合多種介入手段。舉例來說，一個支持自僱者的計畫可能會提供訓練、現金補助、兩種都有，或者兩種都沒有。如果某種介入手段出現立即的影響，你甚至可以交替執行或停止，間隔隨機決定。例如你要測試某套睡前慣例行為是否能減輕失眠狀況，接下來的一個月你就隨機在半數的晚上執行這套慣例行為，並且使用手機應用程式來監測每天晚上的睡眠狀態。

二、運用創意去思考要如何在計畫中創造出隨機的差異。

告訴一群人說計畫不會實施在他們身上，這麼做有時候並不實際或符合倫理。如果遇到這種情形，你就要考慮不同於一般隨機試驗的替代做法。如果一項政策已經決定以兩年的時程來推行，那麼何不隨機決定第一年與第二年實行的對象分別是誰？[2] 如果你想要評估一個已經在運作，但是使用率很低的方案，你能不能利用宣傳活動或誘因來隨機促成一些人使用這個方案？

三、考量對照組會怎麼做。

設想自己是分配到對照組的人。換成你會怎麼做？回想美國「及早啟蒙」幼兒計畫的評估過程，起初並未注意對照組有許多兒童進了公立學前教育中心。在將這個因素納入考量之前，真正的效益成本比被低估了二分之一。

四、決定要測量哪些效果。

行政資料的優勢在於取得費用很低或免費，而你通常可以為實驗裡的每個人取得這些資料。問卷調查可以量身訂做，但是如果只有十分之一的受訪者回應你的問卷，那就得要先有十倍人數的樣本才行。有些問卷調查會進行反覆後續追蹤，有些則會付錢請人回應（一家連鎖商店的實驗發現，在問卷信封裡放一美元能讓回應率從八％翻倍到十六％）。[3]當你評估介入手段的影響時，要把焦點放在隨機指派。如果有個對照組成員設法得到了實驗組的待遇，你仍然必須按照他的原始組別來分析資料。

五、選擇要運用隨機方法的層級。

一種教育介入手法的隨機試驗可以在不同學生、不同班級或不同學校之間進行。適當的做法取決於實際事務的考量、倫理面的考量，以及該政策從實驗組外溢到對照組的可能情形。在一些早期的愛滋病藥物試驗中，實驗組與對照組的患者會共用他們的藥物——這種反應可以理解，因為在那個時候，罹患愛滋病形同被判死刑。[4]每個人都只用到一半劑量的真藥，所以試驗結果毫無用處，最後那些藥物拖了比較久才得到核可。如果那個試驗是在多家醫院進行，需要的樣本會比較大，然而試驗成功的可能性也比較高。

六、確保你的研究樣本夠大。

如果你預期某種介入手段會在實驗組與對照組之間造成極大的差異，使用小樣本應該就夠了。回想一下3P正向育兒計畫，它的影響很大，在僅僅包含五十一個原住民家庭的樣本中產生了顯著的結果。但是如果你要測試的計畫只會造成細微的變化，就需要有較大的樣本。別忘記估計電視廣告影響力的問題：單一廣告對整體購買行為的影響極其微小，就算進行隨機試驗也難以察覺。如果你想知道自己大概需要多大的實驗樣本，在網路上搜尋「檢定力計算」(power calculation)就能找到有用的線上計算器。如果你預設的樣本不夠大，可以考慮和其他城市或國家的研究者合作。這樣不僅會擴大樣本，還會讓大眾更傾向相信你的研究發現在哪裡都很準確，而不是只有在特定的環境。

七、登記你的試驗，並且通過倫理審查。

如果你想要發表研究結果，那就在合適的醫學或社會科學網站登記你的試驗。可以的話就取得倫理審查通過證明。如果你的介入手段可能會傷害到參與者，倫理委員會也許會要求你成立一個資料及安全性監測委員會，在實驗進行時加以監督。雖然倫理審查可能很耗時，但是萬一實驗出了差錯，就能提供保險。二〇一四年，一項社會科學實驗發送傳單給十萬名蒙大拿州選民，傳單上列出該州最高法院法官候選人的意識形態立場。[5]由於傳單上印有州徽，這個研究被判定違法蒙大拿州的選舉法。如果研究者先讓大學內部的審查委員會核可這項實驗，也許就能轉移那些責難，但他們並沒有那麼做。[6]

八、確定關鍵人員瞭解並支持隨機試驗。

確保每一個牽涉到的人都瞭解做實驗的原因，這一點至關重要。督導人員需要對資金提供者或管理者說明隨機試驗的內容。個案輔導員可能必須按照隨機方法的指示而拒絕需要幫助的人。[7]如果這些人不遵守隨機方法的指示行事，你的研究結果便很有可能是無用的垃圾。[8]澳洲行為經濟學團隊（Behavioural Economics Team of Australia，簡稱BETA）主任希斯考斯表示：「我的試驗所付出的努力中，大概有七五%是用在發展夥伴關係以及讓每個人從一開始就進入狀況。」[9]壞的專家會試圖透過濫用職權與使用艱澀的專業術語來草草應付。好的專家則會花時間對第一線人員說明他們希望從隨機試驗中得知什麼、為什麼隨機試驗對輔導對象和組織有幫助，以及這項試驗為什麼符合倫理。

九、用真正隨機的處理方法為樣本分組。

要分配實驗組與對照組的成員，你可以擲硬幣、從帽子裡抽籤，或者利用電腦試算軟體產生亂數的功能。如果你要把一份名單分成兩半，記得先確認名單是隨機排列出來的。如果你掌握了參與者的一些背景資料，就可以根據可見的特徵來平衡實驗組與對照組，藉此提高統計精度。一九三〇年代有一項關於指導計畫的評估，就是根據年齡、家庭背景與有違法傾向的行為，把類似的問題青少年配成對。[10] 然後研究者擲硬幣決定每一對當中的實驗組與對照組成員。[11]

十、如果可以的話，先進行小規模的先導研究。

一如跑者會在比賽開始前檢討配速，事先小規模地檢查實驗的完善程度會很有幫助。此舉的目標並不是要產生可用的結果，而是從隨機分派、執行或問卷當中找出意料之外的問題。誠如卡蘭與艾波（Jacob Appel）所說，你也許會想要直接開始整個實驗，但是「若要預先檢視使用率和找出執行過程中可能出現的偶發問題，前測或小規模先導研究是最好的方法」。[12] 修正缺失，然後你就可以進行自己的隨機試驗了！

誌謝

我對隨機試驗的興趣，最早是二〇〇〇年代初期在哈佛大學甘迺迪學院就讀時激發出來的。我的論文指導主任Christopher Jencks與指導委員David Ellwood、Caroline Hoxby這三位學者對科學的好奇心都很有感染力。我的指導教授們就和我了不起的父母Barbara與Michael Leigh一樣，教會我問問題與盡可能以挑剔態度篩選證據的重要性。身為從教授轉行的政治人物，我也受到已故美國參議員Daniel Patrick Moynihan的影響；他以證據為本的政策處理方式仍有許多值得我們學習的地方。

在為本書調查資料期間，我和各領域的專家、國會同事，以及積極的芬拿區選民談話，並且從中學到許多。我要特別感謝受訪者Aileen Ashford、Jon Baron、Vicki Bon、Jeff

Borland、John Chalmers、Peter Choong、Tamera Clancy、Tony Davis、Jane Eastgate、Alan Frost、Alan Garner、Kate Glazebrook、Sue Grigg、Alice Hill、Michael Hiscox、Ben Hubbard、David Johnson、Guy Johnson、Brigid Jordan、Anne Kennedy、Tess Lea、Kate Leslie、John List、Angela Merriam、Matthew Morris、Greg Rebetzke、Stefanie Schurer、Adam Story、Andrew Sullivan、Dick Telford、Yi-Ping Tseng、Dave Vicary、Joe Walker、Valerie Wilson，以及Michael Woolcock。同時也要感謝外科醫師Peter Choong與他的團隊讓我參觀他們動手術的過程。

感謝這些人給我周到的建議：Andrew Charlton、Philip Clarke、Andrew Davidson、Trevor Duke、Nicholas Faulkner、Rory Gallagher、Nick Green、Sonia Loudon、Eleanor Robson、Peter Siminski、Rocco Weglarz，以及Jessy Wu。感謝這些人對頭幾份初稿提出意見：Esther Duflo、David Halpern、Ian Harris、Michael Hiscox、Dean Karlan、Barbara Leigh、Jennifer Rayner、Nick Terrell、Damjan Vukcevic，以及墨爾本皇家兒童醫院的研討會參與者。我也與Phil Ames及James Wilson合作：這兩個旅居國外的澳洲人選擇以政府中的隨機政策試驗為題，撰寫他們在哈佛甘迺迪學院的政策分析報告。他們的研究報告品質一流，這兩位隨機分子將在未來數十年協助澳洲的政策制定。

基本上，本書探討的是一個更好的反饋迴路能透過何種方式幫助我們從自己的錯誤中學習。感謝我了不起的編輯Chris Feik與Kirstie Innes-Will發現我的錯誤並磨練我的文筆，也感謝布拉克出版公司（Black Inc.）與耶魯大學出版社的其他出版團隊成員為本書投入的努力與奉獻。

我從一些很優秀的隨機實驗相關書籍學到了許多。如果你有興趣繼續閱讀這個主題，我特別推薦Ian Harris的《終極安慰劑：外科手術》（*Surgery, the Ultimate Placebo*，探討醫學試驗）；Dean Karlan與Jacob Appel的《不只是好意》（*More Than Good Intentions*）以及Abhijit Banerjee與Esther Duflo的《窮人的經濟學》（*Poor Economics*，探討開發中國家的試驗）；Uri Gneezy與John List的《一切都是誘因的問題！》（*The Why Axis*，探討商業與慈善事業的實驗）；Alan Gerber與Donald Green的《動員投票！》（*Get Out the Vote!*，探討隨機政治試驗）；以及Tim Harford的《迎變世代》（*Adapt*，探討實驗的哲學）。至於這個主題的愛好者，Abhijit Banerjee與Esther Duflo編撰的兩冊《實地實驗手冊》（*Handbook of Field Experiments*）提供了更詳細的論述。

若要尋找自己進行隨機試驗的訣竅，可以試試Rachel Glennerster與Kudzai Takavarasha的《隨機評估操作》（*Running Randomised Evaluations*）、Dean Karlan與Jacob Appel的《失敗的

實地實驗》（*Failing in the Field*）、英國行為洞察團隊的《測試、學習、適應》（*Test, Learn, Adapt*）手冊，以及澳洲行為經濟學團隊的《隨機對照試驗的行為介入手段發展指南》（*Guide to Developing Behavioural Interventions for Randomised Controlled Trials*）。

一個澳洲經濟學家十八年前在波士頓和一個美國景觀設計師相遇，憑的不只是小運氣。給我最棒的老婆Gweneth：謝謝你給我機會，也謝謝你一直以來的歡笑、智慧與仁慈。給我們三個優秀的兒子Sebastian、Theodore與Zachary：願你們結合樂觀與懷疑的態度，加上一份對今日的熱愛與一份讓明日更好的渴望，繼續試驗人生。

注釋

1 壞血病、恐嚇從善與《雙面情人》

1 Quoted in Stephen Bown, *Scurvy: How a Surgeon, a Mariner and a Gentleman Solved the Greatest Medical Mystery of the Age of Sail*, New York: Thomas Dunne, 2003, p. 34.

2 Bown, *Scurvy*, p. 3.

3 Jonathan Lamb, *Preserving the Self in the South Seas, 1680–1840*, Chicago: University of Chicago Press, 2001, p. 117.

4 Bown, *Scurvy*, p. 26.

5 我們認為林德實質上是隨機將水兵分成了六組，不過在幾百年後的現在看來，他如果是透過正式機制來隨機分組會更好，例如從帽子裡抽出水兵的名字。

6 林德宣稱壞血病的成因是人體排汗系統堵塞，導致「排出的液體」變得「極具刺激性與腐蝕性」：quoted in Bown, *Scurvy*, p. 104.

7 Email from Alan Frost to author, 2 July 2015. See also Alan Frost, *Botany Bay Mirages: Illusions of Australia's Convict Beginnings*, Melbourne: Melbourne University Press, 1994, pp. 120–5; James Watt, 'Medical aspects and consequences of Cook's voyages' in Robin Fisher & Hugh Johnston, *Captain James Cook and His Times*, Vancouver and London: Douglas & McIntyre and Croom Helm, 1979; James Watt, 'Some consequences of nutritional disorders in eighteenth century

British circumnavigations' in James Watt, E.J. Freeman & William F. Bynum, *Starving Sailors: The Influence of Nutrition upon Naval and Maritime History*, London: National Maritime Museum, 1981, pp. 54–9.

8 第一艦隊的首席醫師寫曾寫下：「在國王陛下的其中一艘船上，他們無限量供給我麥芽酒這種強效抗壞血病食物，我們還有德式酸菜。」John White, *Journal of a Voyage to New South Wales*, 1790, entry on 6 July 1787.

9 Arthur Phillip, *The Voyage of Governor Phillip to Botany Bay with an Account of the Establishment of the Colonies of Port Jackson and Norfolk Island,* London: John Stockdale, 1789, Ch. 7.

10 Bown, *Scurvy,* pp. 170–84

11 Bown, *Scurvy,* p. 200.

12 Bown, *Scurvy,* p. 198.

13 Sally A. Brinkman, Sarah E. Johnson, James P. Codde, et al., 'Efficacy of infant simulator programmes to prevent teenage pregnancy: A school-based cluster randomised controlled trial in Western Australia', *The Lancet,* vol. 388, no. 10057, 2016, pp. 2264–71.

14 Carol Dweck, *Mindset: The New Psychology of Success,* New York: Random House, 2006.

15 Angus Deaton, 'Making aid work: Evidence-based aid must not become the latest in a long string of development fads', *Boston Review,* vol. 31, no. 4, 2006, p. 13.

16 Chris Van Klaveren & Kristof De Witte, 'Football to improve math and reading performance', *Education Economics,* vol. 23, no. 5, 2015, pp. 577–95.

17 這個實驗用到兩份報紙，《華盛頓時報》以及《華盛頓郵報》。被隨機分配收到《華盛頓郵報》的家庭，把選票投給民主黨的機率比被分到對照組的家庭高了八個百分點。令人意外的是，收到《華盛頓時報》的家庭投給民主黨的比例也較高，但是這個效果在統計上並不顯著。Alan S. Gerber, Dean Karlan & Daniel Bergan, 'Does the media matter? A field experiment measuring the effect of newspapers on voting behavior and political opinions', *American Economic Journal: Applied Economics,* vol. 1, no. 2, pp. 35–52.

18 Luc Behaghel, Clément De Chaisemartin & Marc Gurgand, 'Ready for boarding? The effects of a boarding school for disadvantaged students', *American Economic Journal: Applied Economics,* vol. 9, no. 1, 2017, pp. 140–64.

19 較好的爐灶在第一年確實改善了民眾的健康，但是第二年之後就無效了。Rema Hanna, Esther Duflo & Michael Greenstone, 'Up in smoke: The influence of household behavior on the long-run impact of improved cooking stoves', *American Economic Journal: Economic Policy,* vol. 8, no. 1, 2016, pp. 80–114.

20 Christopher Blattman & Stefan Dercon, 'Everything we knew about sweatshops was wrong', *New York Times,* 27 April 2017.

21 Coalition for Evidence-Based Policy, 'Evidence summary for Treatment Foster Care Oregon (formerly MTFC)', Washington, DC: Coalition for Evidence-Based Policy, 2009.

22 恐嚇從善計畫的準實驗與隨機評量報告，see Anthony Petrosino, Carolyn Turpin-Petrosino & John Buehler, ' "Scared Straight' and other juvenile awareness programs for preventing juvenile delinquency' (Updated C2 Review), Campbell Collaboration Reviews of Intervention and Policy Evaluations (C2-RIPE), 2002. See also Robert Boruch & Ning Rui, 'From randomized controlled trials to evidence grading schemes: Current state of evidence-based practice in social sciences', *Journal of Evidence-Based Medicine,* vol. 1, no. 1, 2008, pp. 41–9.

23 這份研究報告發表於一九八二年。James Finckenaur, *Scared Straight and the Panacea Phenomenon,* Englewood Cliffs, New Jersey: Prentice-Hall, 1982.

24 Quoted in Matthew Syed, *Black Box Thinking: Why Most People Never Learn from Their Mistakes – But Some Do,* New York: Portfolio, 2015, p. 163.

25 Petrosino, Turpin-Petrosino & Buehler, ' "Scared Straight' and other juvenile awareness programs'. See also an update: Anthony Petrosino, Carolyn Turpin-Petrosino, Meghan E. Hollis-Peel & Julia G. Lavenberg, ' "Scared Straight" and other juvenile awareness programs for preventing juvenile delinquency: A systematic review', Campbell Systematic Reviews, Oslo: Campbell Collaboration, 2013.

26 Howard S. Bloom, Larry L. Orr, Stephen H. Bell, et al., 'The benefits and costs of JTPA Title II-A programs: Key findings from the National Job Training Partnership Act study', *Journal of Human Resources,* vol. 32, no. 3, 1997, pp. 549–76.

27 其中多項研究的評論可見於James J. Heckman, Robert J. LaLonde & Jeffrey A. Smith, 'The economics and econometrics of active labor market programs' in Orley Ashenfelter & David Card (eds), *Handbook of Labor*

Economics, vol. 3A, Amsterdam: North Holland, 1999, pp. 1865–2097. 近來的證據指出，職業訓練在開發中國家對青年可能很有幫助：Orazio Attanasio, Adriana Kugler & Costas Meghir, 'Subsidizing vocational training for disadvantaged youth in Colombia: Evidence from a randomized trial', *American Economic Journal: Applied Economics,* vol. 3, no. 3, 2011, pp. 188–220.

28 Roland G. Fryer, Jr., Steven D. Levitt & John A. List, 'Parental incentives and early childhood achievement: A field experiment in Chicago Heights', NBER Working Paper No. 21477, Cambridge, MA: NBER, 2015.

29 Marc E. Wheeler, Thomas E. Keller & David L. DuBois, 'Review of three recent randomized trials of school-based mentoring: Making sense of mixed findings', *Social Policy Report,* vol. 24, no. 3, 2010.

30 Raj Chande, Michael Luca, Michael Sanders, et al., 'Curbing adult student attrition: Evidence from a field experiment', Harvard Business School Working Paper No. 15-06, Boston, MA: Harvard Business School, 2015.

31 這個現象被勞動經濟學家稱為「艾森菲特下降效應」，名稱來自普林斯頓大學經濟學家Orley Ashenfelter。

32 另一個例子：二〇〇八年末、二〇〇九年初時，當時是經濟學教授的我被借調到澳洲財政部擔任首席顧問。當時正逢全球金融危機爆發，所以我擔任財政部顧問與澳洲經濟成長績效之間極度負相關。若要從中歸出因果關係，就得極盡誇大我所提建議具有的影響力。

33 Franz H. Messerli, 'Chocolate consumption, cognitive function, and Nobel laureates', *New England Journal of Medicine,* vol. 367, no. 16, 2012, pp. 1562–64.

34 Larry Orr, *Social Experiments: Evaluating Public Programs with Experimental Methods*, Thousand Oaks, CA: Sage Publications, 1999, p. xi, quoted in Judith Gueron & Rolston, *Fighting for Reliable Evidence,* New York: Russell Sage, 2013, p. 1.

35 See also Angus Deaton & Nancy Cartwright, 'Understanding and misunderstanding randomized controlled trials', NBER Working Paper 22595, Cambridge, MA: National Bureau of Economic Research, 2016.

36 Gordon C.S. Smith & Jill P. Pell, 2003, 'Parachute use to prevent death and major trauma related to gravitational challenge: Systematic review of randomised controlled trials', *British Medical Journal,* vol. 327, pp. 1459–61.

37 有一次，新墨西哥州當地居民在調查人員抵達前先發現了碰撞人偶，然後告訴地方新聞媒體說有一艘外星太空船嘗試飛抵地球，但是外星人在過程中喪命了‥ 'Air Force reportedly says aliens were crash dummies', *Daily Eastern News*, 23 June 1997, p. 2. The incident occurred in 1947 in the city of Roswell and sparked a television series by the same name.

38 Paul J. Amoroso, Jack B. Ryan, Barry Bickley, et al., 'Braced for impact'; David J. Wehrly, *Low Altitude, High Speed Personnel Parachuting,* PN, 1987; Raymond A. Madson, *High Altitude Balloon Dummy Drops*, PN, 1957.

39 See, for example, Emma Aisbett, Markus Brueckner, Ralf Steinhauser & Rhett Wilcox, 'Fiscal stimulus and household consumption: Evidence from the 2009 Australian Nation Building and Jobs Plan', ANU CEPR Discussion Paper 689, Canberra: ANU, 2013.

40 For an extensive discussion, see Deaton and Cartwright, 'Understanding and misunderstanding'.

41 Quoted in Bernard Teague, Ronald McLeod & Susan Pascoe, *2009 Victorian Bushfires Royal Commission*, Melbourne: Parliament of Victoria, 2010.

42 Andy Willans, quoted in Teague, McLeod & Pascoe, *2009 Victorian Bushfires Royal Commission.*

43 Teague, McLeod and Pascoe, *2009 Victorian Bushfires Royal Commission*, Vol. I, p. 149.

44 N.C. Surawski, A.L. Sullivan, C.P. Meyer, et al., 'Greenhouse gas emissions from laboratory-scale fires in wildland fuels depend on fire spread mode and phase of combustion', *Atmospheric Chemistry and Physics*, vol. 15, no. 9, 2015, pp. 5259–73.

45 R.H. Luke & A.G. McArthur 'Bushfires in Australia', Canberra: Australian Government Publishing Service, 1978; Andrew Sullivan, 'Towards the next generation of operational fire spread models', PowerPoint presentation, 16 May 2012. A commonly used formulation of the McArthur equation for the Forest Fire Danger Index is $FFDI = 2e^{(0.45 + 0.987\ln D - 0.0345H + 0.0338T + 0.0234V)}$, where D is the drought factor (between 0 and 10, depending on fuel availability), H is relative humidity (%), T is temperature (° C) and V is wind speed (km/h). The *FFDI* is then used to determine a fire danger rating: Low (0–5), Moderate (5–12), High (12–24), Very High (24–50), Extreme (50–100), Catastrophic (100+). See Andrew J. Dowdy, Graham A. Mills, Klara Finkele & William de Groot, 'Australian fire weather as represented by the McArthur Forest Fire Danger Index and the Canadian Forest Fire Weather Index', CAWCR

Technical Report No. 10, Centre for Australian Weather and Climate Research, Canberra: CSIRO, 2009.

46 I first became aware of Stark's story in David Hunt, *Girt: The Unauthorised History of Australia, Volume 1,* Melbourne: Black Inc., 2013. For a full account, see William Stark (revised and published by James Smyth), *The Works of the Late William Stark, M.D. Consisting of Clinical and Anatomical Observations, with Experiments, Dietetical and Statical,* London: J.Johnson, 1788.

47 Alan Saunders, *Martyrs of Nutrition*, Australian Broadcasting Corporation.

2 從放血到假手術

1 Peter F. Choong, Michelle M. Dowsey & James D. Stone, 'Does accurate anatomical alignment result in better function and quality of life? Comparing conventional and computer-assisted total knee arthroplasty', *The Journal of Arthroplasty,* vol. 24, no. 4, 2009, pp. 560–9; Nathaniel F.R. Huang, Michelle M. Dowsey, Eric Ee, et al., 'Coronal alignment correlates with outcome after total knee arthroplasty: Five-year follow-up of a randomized controlled trial', *The Journal of Arthroplasty,* vol. 27, no. 9, 2012, pp. 1737–41.

2 Sina Babazadeh, Michelle M. Dowsey, James D. Stoney & Peter F.M. Choong, 'Gap balancing sacrifices joint-line maintenance to improve gap symmetry: A randomized controlled trial comparing gap balancing and measured resection', *The Journal of Arthroplasty,* vol. 29, no. 5, 2014, pp. 950–4; Michael J. Barrington, David J. Olive, Craig A. McCutcheon, et al., 'Stimulating catheters for continuous femoral nerve blockade after total knee arthroplasty: A randomized, controlled, double-blinded trial', *Anesthesia and Analgesia*, vol. 106, no. 4, 2008, pp. 1316–21.

3 J. Bruce Moseley, Kimberly O'Malley, Nancy J. Petersen, et al., 'A controlled trial of arthroscopic surgery for osteoarthritis of the knee', *New England Journal of Medicine,* vol. 347, no. 2, 2002, pp. 81–8.

4 Leonard A. Cobb, George I. Thomas, David H. Dillard, et al., 'An evaluation of internal-mammary-artery ligation by a double-blind technic', *New England Journal of Medicine*, vol. 260, no. 22, 1959, pp. 1115–18. See also Sheryl Stolberg, 'Sham surgery returns as a research tool', *New York Times*, 25 April 1999.

5 Rachelle Buchbinder, Richard H. Osborne, Peter R. Ebeling, et al., 'A randomized trial of vertebroplasty for painful osteoporotic vertebral fractures', *New England Journal of Medicine,* vol, 361, no. 6, 2009, pp. 557–68; David F. Kallmes, Bryan A. Comstock, Patrick J. Heagerty, et al., 'A randomized trial of vertebroplasty for osteoporotic spinal fractures', *New England Journal of Medicine,* vol. 361, no. 6, 2009, pp. 569–79.

6 Robert E. Gross, Raymond L. Watts, Robert A. Hauser, et al., 'Intrastriatal transplantation of microcarrier-bound human retinal pigment epithelial cells versus sham surgery in patients with advanced Parkinson's disease: A double-blind, randomised, controlled trial', *The Lancet Neurology,* vol. 10, no. 6, 2011, pp. 509–19.

7 Raine Sihvonen, Mika Paavola, Antti Malmivaara, et al., 'Arthroscopic partial meniscectomy versus sham surgery for a degenerative meniscal tear', *New England Journal of Medicine,* vol. 369, no. 26, 2013, pp. 2515–24.

8 舉例來說，這種手術曾在美國施行七十萬次 (Sihvonen et al., 'Arthroscopic partial meniscectomy')，在澳洲將近五萬次 (Australian Institute of Health and Welfare, *Admitted Patient Care 2013–14: Australian Hospital Statistics*, Health services series no. 60., cat. no. HSE 156, Canberra: AIHW, p. 181).

9 See, for example, the surgeons quoted in Pam Belluck, 'Common knee surgery does very little for some, study suggests', *New York Times*, 25 December 2013, p. A16; Joseph Walker, 'Fake knee surgery as good as real procedure, study finds', *Wall Street Journal*, 25 December 2013; Adam Jenney, 'Operating theatre – camera, lights and action', *Cosmos: The Science of Everything*, 17 March 2014.

10 J.H. Lubowitz, M.T. Provencher & M.J. Rossi, 'Could the *New England Journal of Medicine* be biased against arthroscopic knee surgery? Part 2', *Arthroscopy*, vol. 30, no. 6, 2014, pp. 654–5.

11 Karolina Wartolowska, Andrew Judge, Sally Hopewell, et al., 'Use of placebo controls in the evaluation of surgery: systematic review', *British Medical Journal*, vol. 348, 2014, g3253. See also Aaron E. Carroll, 'The placebo effect doesn't apply just to pills', *New York Times*, 6 October 2014.

12 As told by Peter Gomes, *The Good Life: Truths that Last in Times of Need*, New York: HarperCollins, 2002, p. 86.

13 Quoted in Franklin G. Miller, 'Sham surgery: An ethical analysis', *Science and Engineering Ethics,* March 2004, vol. 10, no. 1, pp. 157–66. On ethical questions, see also Wim Dekkers & Gerard Boer, 'Sham neurosurgery in patients with

Parkinson's disease: Is it morally acceptable?' *Journal of Medical Ethics*, vol. 27, no. 3, 2001, pp. 151–6; Franklin G. Miller & Ted J. Kaptchuk, 'Sham procedures and the ethics of clinical trials', *Journal of the Royal Society of Medicine,* vol. 97, no. 12, 2004, pp. 576–8.

14 Hyeung C. Lim, Sam Adie, Justine M. Naylor & Ian A. Harris, 'Randomised trial support for orthopaedic surgical procedures', *PLoS ONE*, vol. 9, no. 6, 2014, e96745. 該研究分析三十二種最常見的骨科手術，總共占所有骨科手術的九五%。在這些手術中，三七%最少有一項隨機試驗支持，同時二〇%至少有一項隨機試驗支持，而且佐證的隨機試驗被論文作者評為「低偏見風險」。

15 Ian Harris, *Surgery, The Ultimate Placebo: A Surgeon Cuts through the Evidence*, Sydney: New South Books, 2016, loc. 2035.

16 Quoted in David Epstein, 'When evidence says no, but doctors say yes', *ProPublica*, 22 February 2017.

17 All of Paré's quotes are from Ambroise Paré, 'A surgeon in the field' in *The Portable Renaissance Reader,* James Bruce Ross & Mary Martin McLauglin (eds), New York: Viking Penguin, 1981, pp. 558–63.

18 John Haygarth, *Of the Imagination, as a Cause and as a Cure of Disorders of the Body; Exemplified by Fictitious Tractors, and Epidemical Convulsions*, Bath: Crutwell, 1800.

19 David Wootton, *Bad Medicine: Doctors Doing Harm Since Hippocrates*, Oxford: Oxford University Press, 2006, p. 2.

20 Vinay Prasad, quoted in Stephen J. Dubner, 'Bad Medicine, Part 1: The Story of 98.6', *Freakonomics Radio*, 30 November 2016.

21 Vinay Prasad, quoted in Stephen J. Dubner, 'Bad Medicine, Part 1: The Story of 98.6', *Freakonomics Radio*, 30 November 2016.

22 For the story of Semmelweis, see Ignaz Semmelweis, *Etiology, Concept and Prophylaxis of Childbed Fever*, University of Wisconsin Press, 1983 [1861]; Rebecca Davis, 'The doctor who championed hand-washing and briefly saved lives', NPR, 12 January 2015. Mortality rates in the two clinics fluctuated significantly – the 1 in 10 and 1 in 20 figures are approximate averages for the period before handwashing was introduced.

23 Carter, K. Codell & Barbara R. Carter, *Childbed Fever. A Scientific Biography of Ignaz Semmelweis*, Transaction

Publishers, 2005.

24 Quoted in John Harley Warner, *The Therapeutic Perspective: Medical Practice, Knowledge, and Identity in America, 1820–1885*, Princeton: Princeton University Press, 2014, p. 33.

25 Wootton, *Bad Medicine*, p. 2.

26 See for example Gregory L. Armstrong, Laura A. Conn & Robert W. Pinner, 'Trends in infectious disease mortality in the United States during the 20th century', *Journal of the American Medical Association*, vol. 281, no. 1, 1999, pp. 61–6; Claire Hooker & Alison Bashford, 'Diphtheria and Australian public health: Bacteriology and its complex applications, c.1890–1930'. *Medical History*, vol. 46, 2002, pp 41–64.

27 Asbjørn Hróbjartsson, Peter C. Gøtzsche & Christian Gluud, 'The controlled clinical trial turns 100 years: Fibiger's trial of serum treatment of diphtheria', *British Medical Journal,* vol. 317, no. 7167, 1998, pp. 1243.

28 Marcia L. Meldrum, 'A brief history of the randomized controlled trial: From oranges and lemons to the gold standard', *HematologyOoncology Clinics of North America,* vol. 14, no. 4, 2000, pp. 745–60.

29 Arun Bhatt, 'Evolution of clinical research: a history before and beyond James Lind', *Perspectives in clinical research,* vol. 1, no. 1, 2010, pp. 6–10.

30 Marcia Meldrum, ' "A calculated risk" : The Salk polio vaccine field trials of 1954', *British Medical Journal,* vol. 317, no. 7167, 1998, p. 1233.

31 Suzanne Junod, 'FDA and clinical drug trials: A short history' in Madhu Davies & Faiz Kerimani (eds), *A Quick Guide to Clinical Trials,* Washington: Bioplan, Inc., 2008, pp. 25–55.

32 Archibald Cochrane, *Effectiveness and Efficiency: Random Reflections on Health Services,* London: Nuffield Provincial Hospitals Trust, 1972, p. 5.

33 Cochrane, *Effectiveness and Efficiency,* p. 6.

34 Cochrane, *Effectiveness and Efficiency,* p. 5.

35 Archibald Cochrane and Max Blythe, *One Man's Medicine: An Autobiography of Professor Archie Cochrane,* London: British Medical Journal, 1989, p. 82.

36 一九三七年，Massengill藥廠推出一種名為「磺胺酏劑」的藥物，這種藥內含有毒溶劑二甘醇。發明這種藥的化學家Harold Watkins在等待審判期間自殺身亡。

37 Michael Hay, David W. Thomas, John L. Craighead, et al., 'Clinical development success rates for investigational drugs', *Nature biotechnology,* vol. 32, no. 1, 2014, pp. 40–51. These estimates are based on the 'all indications' data shown in Figure 1, which shows success rates of 64 per cent from Phase 1 to Phase 2, 32 per cent from Phase 2 to Phase 3, and 50 per cent for Phase 3 to approval. See also Joseph A. DiMasi, L. Feldman, A. Seckler & A. Wilson, 'Trends in risks associated with new drug development: Success rates for investigational drugs', *Clinical Pharmacology & Therapeutics,* vol. 87, no. 3, 2010, pp. 272–7.

38 For a systematic review, see Asbjørn Hróbjartsson & Peter C. Gøtzsche, 'Placebo interventions for all clinical conditions', *Cochrane Database of Systematic Reviews,* 2010, CD003974.

39 Harris, *Surgery,* loc. 781.

40 The relevant academic studies are summarised in Tessa Cohen, 'The power of drug color', *The Atlantic,* 13 October 2014.

41 National Emphysema Treatment Trial Research Group, 'Patients at high risk of death after lung-volume-reduction surgery', *New England Journal of Medicine,* vol. 345, no. 15, 2001, p. 1075.

42 R. Brian Haynes, Jayanti Mukherjee, David L. Sackett, et al., 'Functional status changes following medical or surgical treatment for cerebral ischemia: Results of the extracranial-intracranial bypass study', *Journal of the American Medical Association,* vol. 257, no. 15, 1987, pp. 2043–6.

43 Harris, *Surgery,* loc. 1669–85.

44 Åke Hjalmarson, Sidney Goldstein, Björn Fagerberg, et al., 'Effects of controlled-release metoprolol on total mortality, hospitalizations, and well-being in patients with heart failure: The Metoprolol CR/XL Randomized Intervention Trial in congestive heart failure (MERIT-HF)', *Journal of the American Medical Association,* vol. 283, no. 10, 2000, pp. 1295–1302.

45 Henry M.P. Boardman, Louise Hartley, Anne Eisinga, et al., 'Hormone therapy for preventing cardiovascular disease in post-menopausal women', *Cochrane Database of Systematic Reviews 2015,* Issue 3, 2015, article no. CD002229.

46 Quoted in Epstein, 'When evidence says no'.

47 這些死亡數據出自第一份研究報告發表的時候。See CRASH Trial Collaborators, 'Effect of intravenous corticosteroids on death within fourteen days in 10008 adults with clinically significant head injury (MRC CRASH trial): Randomised placebo-controlled trial', *The Lancet*, vol. 364, no. 9442, 2004, pp. 1321–8. 一項後續研究發現實驗組的死亡率為二六%，對照組為二三%：CRASH Trial Collaborators, 'Final results of MRC CRASH, a randomised placebo-controlled trial of intravenous corticosteroid in adults with head injury—outcomes at 6 months', *The Lancet,* vol. 365, no. 9475, 2005, pp. 1957–9.

48 Roger Chou, Rongwei Fu, John A. Carrino & Richard A. Deyo, 'Imaging strategies for low-back pain: Systematic review and meta-analysis', *The Lancet*, vol. 373, no. 9662, 2009, pp. 463–72; G. Michael Allan, G. Richard Spooner & Noah Ivers, 'X-Ray scans for nonspecific low back pain: A nonspecific pain?' *Canadian Family Physician,* vol. 58, no. 3, 2012, p. 275.

49 Allan, Spooner & Ivers, 'X-Ray scans', p. 275.

50 Peter C. Gøtzsche & Karsten Juhl Jørgensen, 'Screening for breast cancer with mammography', *Cochrane Database of Systematic Reviews 2013*, Issue 6, 2013, article no. CD001877.

51 Fritz H. Schröder, Jonas Hugosson, Monique J. Roobol, et al., 'Screening and prostate cancer mortality: Results of the European randomised study of screening for prostate cancer (ERSPC) at 13 years of follow-up', *The Lancet*, vol. 384, no. 9959, 2014, pp. 2027–35.法國參與者的加入時間較其他國家晚，所以他們的試驗結果沒有包含在十三年後續研究的報告中。

52 Goran Bjelakovic, Dimitrinka Nikolova, Lise Lotte Gluud, et al., 'Mortality in randomized trials of antioxidant supplements for primary and secondary prevention: Systematic review and meta-analysis', *Journal of the American Medical Association*, vol. 297, no. 8, 2007, pp. 842–57. For an informal discussion of the issue, see Norman Swan, 'The health report', *ABC Radio National*, 5 March 2007.這些研究人員費盡心力指出，他們的發現不應套用在富含維生素的食物上，例如新鮮蔬果。

53 H.C. Bucher, P. Hengstler, C. Schindler & G.Meier, 'N-3 polyunsaturated fatty acids in coronary heart disease: A meta-

analysis of randomized controlled trials', *American Journal of Medicine*, vol. 112, no. 4, 2002, pp. 298–304.

54 E.C. Rizos, E.E. Ntzani, E. Bika, et al., 'Association between omega-3 fatty acid supplementation and risk of major cardiovascular disease events: A systematic review and meta-analysis', *Journal of the American Medical Association*, vol. 308, no. 10, 2012, pp. 1024–33.

55 See Joseph J. Knapik, David I. Swedler, Tyson L. Grier, et al., 'Injury reduction effectiveness of selecting running shoes based on plantar shape', *Journal of Strength & Conditioning Research*, vol. 23, no. 3, 2009, pp. 685–97; B.M. Nigg, J. Baltich, S. Hoerzer & H. Enders, 'Running shoes and running injuries: Mythbusting and a proposal for two new paradigms: "preferred movement path" and "comfort filter" ', *British Journal of Sports Medicine*, vol. 49, 2015, pp. 1290–4; Gretchen Reynolds, 'Choosing the right running shoes', *New York Times*, 5 August 2015.

56 Stuart A. Armstrong, Eloise S. Till, Stephen R. Maloney & Gregory A. Harris, 'Compression socks and functional recovery following marathon running: A randomized controlled trial', *The Journal of Strength & Conditioning Research*, vol. 29, no. 2, 2015, pp. 528–33.

57 Jenna B. Gillen, Brian J. Martin, Martin J. MacInnis, et al., 'Twelve weeks of sprint interval training improves indices of cardiometabolic Health similar to traditional endurance training despite a five-fold lower exercise volume and time commitment', *PloS ONE*, vol. 11, no. 4, 2016, e0154075.

58 Jeremy S. Furyk, Carl J. O'Kane, Peter J. Aitken, et al., 'Fast versus slow bandaid removal: A randomised trial', *Medical Journal of Australia,* vol. 191, 2009, pp. 682–3.

59 T. Bakuradze, R. Lang, T. Hofmann, et al., 'Consumption of a dark roast coffee decreases the level of spontaneous DNA strand breaks: a randomized controlled trial', *European Journal of Nutrition,* vol. 54, no. 1, 2015, pp. 149–56.

60 Ateev Mehrotra & Allan Prochazka, 'Improving value in health care—Against the annual physical', *New England Journal of Medicine,* vol. 373, no. 16, 2015, pp. 1485–7.

61 確切地說，該研究發現有二十八項一九七七至一九九九年間取得資金進行的隨機試驗，在十年的時間內增加了四十七萬個品質調整壽命年。S.C. Johnston, J.D. Rootenberg, S. Katrak, et al., 'Effect of a US National Institutes of Health programme of clinical trials on public health and costs', *The Lancet,* vol. 367, no. 9519, 2006, pp. 1319–27.

62 其他因為證據沒有顯示出效用而被屏棄的醫療手術實例，see Thomas B. Freeman, Dorothy E. Vawter, Paul E. Leaverton, et al., 'Use of placebo surgery in controlled trials of a cellular-based therapy for Parkinson's disease', *New England Journal of Medicine,* vol. 341, no. 13, 1999, pp. 988–92.

63 醫學上有一些次領域幾乎還未被隨機試驗革命觸及。舉例來說，隨機試驗目前在已發表的整型外科文獻中，只占了極小的一部分：Colleen M. McCarthy, E. Dale Collins & Andrea L. Pusic, 'Where do we find the best evidence?' *Plastic and Reconstructive Surgery*, vol. 122, no. 6, 2008, pp. 1942–7.

64 Harris, *Surgery,* pp. 1285–1326.

65 Harris, *Surgery*, p. 82.

66 Atul Gawande, 'Overkill', *New Yorker*, 11 May 2015.

67 Aaron L. Schwartz, Bruce E. Landon, Adam G. Elshadug, et al., 'Measuring low-value care in Medicare', *JAMA Internal Medicine*, vol. 174, no. 7, 2014, pp. 1067–76.

68 Adam G. Elshaug, Amber M. Watt, Linda Mundy & Cameron D. Willis, 'Over 150 potentially low-value health care practices: an Australian study', *Medical Journal of Australia,* vol. 197, no. 10, 2012, pp. 556–60.

3 減輕劣勢，一次丟一枚硬幣

1 Daniel's story is told in Scott Hannaford, 'Violence, lack of housing and family breakdown leaving young Canberrans homeless', *Canberra Times,* 26 September 2015, p. 1.

2 Author's interview with Yi-Ping Tseng and Sacred Heart Mission social workers.

3 Author's telephone interview with Guy Johnson.

4 Guy Johnson, Sue Grigg & Yi-Ping Tseng, 'The J2SI pilot: Using a randomised trial to evaluate an innovative homelessness intervention', in Gemma Carey, Kathy Landvogt & Jo Barraket (eds), *Creating and Implementing Public Policy: Cross-Sectoral Debates*, New York: Routledge, 2016, pp. 113–26.

5 Guy Johnson, Daniel Kuehnle, Sharon Parkinson, et al., *Sustaining Exits from Long-Term Homelessness: A Randomised*

Controlled Trial Examining the 48-Month Social Outcomes from the Journey to Social Inclusion Pilot Program, St Kilda, Vic.: Sacred Heart Mission, 2014.

6 三年的結果是由曾憶萍以電子郵件提供給我的。實驗滿四年之際，實驗組有工作的人數是零，對照組則是一個。

7 Quoted in Larry Gordon, 'A social experiment in pulling up stakes', *Los Angeles Times,* 23 September 1997.

8 For a chronological summary of the results, see Jonathan Rothwell, 'Sociology's revenge: Moving to Opportunity (MTO) revisited', *Social Mobility Memos*, Washington, DC: Brookings Institution, 6 May 2015.

9 Quoted in S.J. Popkin, L.E. Harris & M.K. Cunningham, *Families in Transition: A Qualitative Analysis of the MTO Experience*, final report submitted to the US Department of Housing and Urban Development, Office of Policy Development and Research, 2002, p. 49.

10 Quoted in Popkin, Harris & Cunningham, *Families in Transition,* p. 50.

11 Raj Chetty, Nathaniel Hendren & Lawrence F. Katz, 'The effects of exposure to better neighborhoods on children: New evidence from the moving to opportunity experiment', *American Economic Review,* vol. 106, no. 4, 2016, pp. 855–902.

12 Philip K. Robins, 'A comparison of the labor supply findings from the four negative income tax experiments', *Journal of Human Resources*, vol. 20, no. 4, 1985, pp. 567–82; Robert A. Moffitt, 'The negative income tax: Would it discourage work?' *Monthly Labor Review*, 1981, pp. 23–7.

13 Robert A. Moffitt, 'The negative income tax and the evolution of U.S. welfare policy', *Journal of Economic Perspectives*, vol. 17, no. 3, 2003, pp. 119–40; Robert A. Levine, Harold Watts, Robinson Hollister, Walter Williams, et al., 'A retrospective on the negative income tax experiments: Looking back at the most innovate field studies in social policy' in Karl Widerquist, Michael Anthony Lewis & Steven Pressman (eds), *The Ethics and Economics of the Basic Income*, Aldershot: Ashgate Publishing, 2005, pp. 95–108.

14 這個結論是基於實驗發現勞動所得稅額扣抵制度讓全美貧窮率降低了一點五個百分點：Raj Chetty, John N. Friedman & Emmanuel Saez, 'Using differences in knowledge across neighborhoods to uncover the impacts of the EITC on earnings', *American Economic Review*, vol. 103, no. 7, 2013, pp. 2683–721.

15 Willard G. Manning, Joseph P. Newhouse & Naihua Duan, 'Health insurance and the demand for medical care: Evidence

from a randomized experiment', *American Economic Review*, vol. 77, no. 3, 1987, pp. 251–77; Kathleen N. Lohr, Robert H. Brook, Caren J. Kamberg, et al., 'Use of medical care in the RAND Health Insurance Experiment: Diagnosis-and service-specific analyses in a randomized controlled trial', *Medical Care,* vol. 24, no. 9, 1986, S1–S87.

16 Joseph P. Newhouse, 'Consumer-directed health plans and the RAND Health Insurance Experiment', *Health Affairs*, vol. 23, no. 6, 2004, pp. 107–13; Robert H. Brook, Emmett B. Keeler, Kathleen N. Lohr, et al., *The Health Insurance Experiment: A Classic RAND Study Speaks to the Current Health Care Reform Debate,* Santa Monica, CA: RAND Corporation, RB-9174-HHS, 2006.

17 Amy Finkelstein, Sarah Taubman, Bill Wright, et al., 'The Oregon Health Insurance Experiment: Evidence from the first year', *Quarterly Journal of Economics*, vol. 127, no. 3, 2012, pp. 1057–1106.

18 美國越戰徵兵抽籤在此之前已經實施過，但一九六九年是首度使用出生日期來抽籤。由於彩球沒有充分混合，導致十二月的日期較早被抽到；這個問題在後來的抽籤儀式中有修正。

19 Quoted in Wesley Abney, 'Live from Washington, It's Lottery Night 1969!', *HistoryNet,* 25 November 2009.

20 Kerry Pardue, 'When were you in the war', *Veteran Stories*, National Vietnam Veterans Museum, undated.

21 Joshua D. Angrist, 'Lifetime earnings and the Vietnam era draft lottery: Evidence from social security administrative records', *American Economic Review*, 1990, vol. 80, no. 3, pp. 313–36; Joshua D. Angrist, Stacey H. Chen & Jae Song, 'Long-term consequences of Vietnaam-era conscription: New estimates using social security data', *American Economic Review*, vol. 101, no. 2, 2011, pp. 334–8.

22 Joshua D. Angrist & Stacey H. Chen, 'Schooling and the Vietnam-era GI Bill: Evidence from the draft lottery', *American Economic Journal: Applied Economics,* vol. 3, no. 2, 2011, pp. 96–118.

23 Angrist & Chen, 'Schooling'; D. Conley & J. Heerwig, 2012, 'The long-term effects of military conscription on mortality: Estimates from the Vietnam-era draft lottery', *Demography,* vol. 49, pp. 84155.

24 Jason M. Lindo & Charles Stoecker, 'Drawn into violence: Evidence on "what makes a criminal" from the Vietnam draft lotteries', *Economic Inquiry*, vol. 52, no. 1, 2014, pp. 239–58. See also Chris Rohlfs, 'Does combat exposure make you a more violent or criminal person? Evidence from the Vietnam draft', *Journal of Human Resources,* vol. 45, no. 2, 2010, pp.

271–300.

25 Robert S. Erikson & Laura Stoker, 'Caught in the draft: The effects of Vietnam draft lottery status on political attitudes', *American Political Science Review*, vol. 105, no. 2, 2011, pp. 221–37.

26 Peter Siminski, Simon Ville & Alexander Paull, 'Does the military turn men into criminals? New evidence from Australia's conscription lotteries', *Journal of Population Economics*, vol. 29, no. 1, 2014, pp. 1–22; David W. Johnston, Michael A. Shields & Peter Siminski, 'Long-term health effects of Vietnam-era military service: A quasi-experiment using Australian conscription lotteries', *Journal of Health Economics,* vol. 45, no 1, 2016, pp. 12–26. After the war ended, there is no evidence of excess mortality among veterans, relative to non-veterans: Peter Siminski & Simon Ville, 'Long-run mortality effects of Vietnam-era army service: Evidence from Australia's conscription lotteries', *American Economic Review,* vol. 101, no. 3, 2011, pp. 345–9.

27 Peter Siminski, 'Employment effects of army service and veterans' compensation: Evidence from the Australian Vietnam-era conscription lotteries', *Review of Economics and Statistics*, vol. 95, no. 1, 2013, pp. 87–97.

28 若需要有用的實驗性職業訓練研究摘要，see Heckman, LaLonde & Smith, 'The economics and econometrics'. Evidence suggests that in developing countries, job training may be useful for youths: Attanasio, Kugler & Meghir, 'Subsidizing vocational training'.

29 有一份研究論文的總結是這樣說的：「這個發現並不令人意外，因為這些職訓計畫當中，每個參與者的費用大多只有數千美元，或者更少……預期這樣的計畫能讓參與者後來的年收入增加幾千美元，就等於在暗示這些社會投資一直都具有極高的報酬率。」Heckman, LaLonde & Smith, 'The economics and econometrics'.

30 Ron Haskins, 'Social programs that work', *New York Times,* 31 December 2014.

31 J.M. Pedersen, M. Rosholm & M. Svarer, 'Experimental evidence on the effects of early meetings and activation', IZA Discussion Paper 6970, Bonn: IZA, 2012; J. Kluve, 'The effectiveness of European active labor market programs', *Labour Economics*, vol. 17, no. 6, 2010, pp. 904–18; B. Meyer, 'Lessons from the U.S. unemployment insurance experiments', *Journal of Economic Literature*, vol. 33, 1995, pp. 91–131. 澳洲有一項針對個案輔導員面談所做的隨機試驗發現，實驗組成員的工作時數較少，但是輔導員在面談後也會檢視失業者領取救濟金的資格，所以時數較少

有可能只是單純反映出接受救濟的人想要維持低工作時數，以免救濟金被取消。Robert Breunig, Deborah A. Cobb-Clark, Yvonne Dunlop & Marion Terrill, 'Assisting the long-term unemployed: Results from a randomised trial', *Economic Record,* vol. 79, no. 244, 2003, pp. 84–102.

32 Michael Rosholm, 'Do case workers help the unemployed? Evidence for making a cheap and effective twist to labor market policies for unemployed workers', IZA World of Labor, Bonn: IZA, 2014, p. 72.

33 Steffen Altmann, Armin Falk, Simon Jäger & Florian Zimmermann, 'Learning about job search: A field experiment with job seekers in Germany', CESifo Working Paper No. 5355, Munich: CESifo.

34 Bruno Crépon, Esther Duflo, Marc Gurgand, et al., 'Do labor market policies have displacement effects? Evidence from a clustered randomized experiment', *Quarterly Journal of Economics,* vol. 128, no. 2, 2013, pp. 531–80.

35 'Finland tests a new form of welfare', *The Economist*, 24 June 2017.

36 Kristen Underhill, Paul Montgomery & Don Operario, 'Sexual abstinence only programmes to prevent HIV infection in high income countries: Systematic review', *British Medical Journal,* vol. 335, no. 7613, 2007, pp. 248–52.

37 Janet Elise Rosenbaum, 'Patient teenagers? A comparison of the sexual behavior of virginity pledgers and matched nonpledgers', *Pediatrics*, vol. 123, no. 1, 2009, e110-e120.

38 Alba DiCenso, Gordon Guyatt, Andrew Willan & Lauren Griffith, 'Interventions to reduce unintended pregnancies among adolescents: Systematic review of randomised controlled trials', *British Medical Journal,* vol. 324, no. 7351, 2002, p. 1426; Kristen Underhill, Paul Montgomery & Don Operario, 'Sexual abstinence only programmes to prevent HIV infection in high income countries: systematic review', *British Medical Journal,* vol. 335, no. 7613, 2007, pp. 248–52; Heather D. Boonstra, 'Advancing sexuality education in developing countries: Evidence and implications', *Guttmacher Policy Review*, vol. 14, no. 3, 2011, pp. 17–23. One rare example of a successful program to reduce adolescent pregnancy is the randomised evaluation of 'Teen Options to Prevent Pregnancy' in Ohio, a program that reduced repeat pregnancies among young mothers by supporting them to devise an appropriate birth control plan: Jack Stevens, Robyn Lutz, Ngozi Osuagwu, et al., 'A randomized trial of motivational interviewing and facilitated contraceptive access to prevent rapid repeat pregnancy among adolescent mothers', *American Journal of Obstetrics and Gynecology,* vol. 217, no. 4, 2017, pp.

423.e1–423.e9.

39 關於菸稅的文獻資料在這裡有探討：Michelle Scollo & Margaret Winstanley, *Tobacco in Australia: Facts and issues*, Melbourne: Cancer Council Victoria, 2015.

40 Kevin G. Volpp, Andrea B. Troxel, Mark V. Pauly, et al., 'A randomized, controlled trial of financial incentives for smoking cessation', *New England Journal of Medicine,* vol. 360, no. 7, 2009, pp. 699–709.

41 Center for Disease Control and Prevention (CDC), 'Annual smoking-attributable mortality, years of potential life lost, and economic costs – United States, 1995–1999', *Morbidity and Mortality Weekly Report*, vol. 51, no. 14, 2002, p. 300. 吸菸者戒菸後的模式也與之類似：Michael T. Halpern, Richard Shikiar, Anne M. Rentz & Zeba M. Khan, 'Impact of smoking status on workplace absenteeism and productivity', *Tobacco control,* vol. 10, no. 3, 2001, pp. 233–8.

42 美國疾病管制與預防中心二〇〇二年的生產力估計，以一九九九年的美元幣值計算是一年一千七百六十元，換算成現在的幣值是二千五百多美元。請注意，這個數字並未納入因為缺勤而損失的生產力。

43 Xavier Giné, Dean Karlan & Jonathan Zinman, 'Put your money where your butt is: a commitment contract for smoking cessation', *American Economic Journal: Applied Economics,* vol. 2, 2010, pp. 213–35.

44 金錢誘因不一定能幫人改掉壞習慣。一項近期的研究發現，健康食物的售價打九折並無法顯著改變人的消費模式：John Cawley, Andrew S. Hanks, David R. Just & Brian Wansink, 'Incentivizing nutritious diets: A field experiment of relative price changes and how they are framed', NBER Working Paper No. 21929, Cambridge, MA: NBER, 2016.

45 Daniel B. Herman, Sarah Conover, Prakash Gorroochurn, et al., 'Randomized trial of critical time intervention to prevent homelessness after hospital discharge', *Psychiatric Services*, vol. 62, no. 7, 2011, pp. 713–19.

4 隨機方法的先鋒

1 Joseph Brent, *Charles Sanders Peirce: A Life*, Bloomington: Indiana University Press, 1998, p. 40.

2 Charles Sanders Peirce & Joseph Jastrow, 'On small differences in sensation', *Memoirs of the National Academy of Sciences*, Vol. 3, 1885, pp. 73–83

3 Stephen Stigler, *Statistics on the Table: The History of Statistical Concepts and Methods*, Cambridge: Harvard University Press, 1999, p. 195.

4 Brent, *Charles Sanders Peirce*, p. 53.

5 關於實驗心理學領域的歷史及概述，see Raymond Nickerson & Richard Pew, 'Psychological experimentation addressing practical concerns' in Alice F. Healy & Robert W. Proctor (eds) *Handbook of Psychology,* Vol. 4, Hoboken: John Wiley, 2003, pp. 649–76.

6 This account is drawn from Joan Fisher Box, *R.A. Fisher, The Life of a Scientist*, New York: Wiley, 1978. See also Deborah Nolan & Terry P. Speed, *Stat Labs: Mathematical Statistics Through Applications*, New York: Springer, 2000, p. 101; David Salsburg, *The Lady Tasting Tea: How Statistics Revolutionized Science in the Twentieth Century,* New York: Henry Holt, 2001.

7 Geoffrey Miller, *The Mating Mind: How Sexual Choice Shaped the Evolution of Human Nature,* London: Heineman, 2000, p. 54

8 World Health Organization, 'Tuberculosis Fact sheet', Geneva: World Health Organization, 2017.

9 This section draws primarily on Lise Wilkinson, 'Sir Austin Bradford Hill: Medical statistics and the quantitative approach to prevention of disease', *Addiction,* vol. 92, nol. 6, 1997, pp. 657–66.

10 Austin Bradford Hill, 'Principles of medical statistics', *The Lancet,* 2 January 1937, pp. 41–3.

11 鏈黴素的共同發現者是Selman Waksman（後來在一九五二年贏得諾貝爾獎）與他指導的研究生Albert Schatz（極少得到他在這件事上應得的讚揚）。

12 這是一九四六年的數字，資料來源為Public Health England, 'Tuberculosis mortality and mortality rate, 1913 to 2013', 1 January 2013.

13 Veronique Mistiaen, 'Time, and the great healer', *Guardian,* 3 November 2002.

14 Judith Gueron, 'The politics of random assignment: Implementing studies and impacting policy', *Journal of Children's Services,* vol. 3, nol. 1, 2008, pp. 14–26.

15 Gueron, 'The politics of random assignment', p.14.

16 Judith Gueron & Howard Rolston, *Fighting for Reliable Evidence,* New York: Russell Sage, 2013, pp. xvi–ii.

17 Judith Gueron, 'Remarks on accepting the Peter H. Rossi Award', Association for Public Policy Analysis and Management Conference, Los Angeles, 7 November 2008.

18 Gueron & Rolston, *Fighting for Reliable Evidence,* p. 33.

19 Gueron & Rolston, *Fighting for Reliable Evidence,* p. 39.

20 Gueron & Rolston, *Fighting for Reliable Evidence,* p. 71.

21 雷根提到的這名女性是Linda Taylor。近年的調查指出，詐領救濟金在她犯下的罪行當中，情節可能尚屬輕微：Josh Levin, 'The welfare queen', *Slate,* 19 December 2013.

22 William Stevens, 'The welfare consensus', *New York Times,* 22 June 1988; William Stevens, 'Some preliminary results in the rush from welfare to work', *New York Times,* 21 August 1988.

23 Judith Gueron, 'The politics of random assignment'.

24 Gueron, 'Remarks'.

25 Judith Gueron, 'Fostering research excellence and impacting policy and practice: The welfare reform story', *Journal of Policy Analysis and Management,* vol. 22, nol. 2, 2003, pp. 163–74.

26 Gueron & Rolston, *Fighting for Reliable Evidence,* pp. 302–3.

27 Gueron & Rolston, *Fighting for Reliable Evidence,* p. 306.

28 Henry J. Aaron, *Politics and the Professors: The Great Society in Perspective,* Washington DC: Brookings Institution, 1978, p. 159.

29 Don Winstead, quoted in Gueron & Rolston, *Fighting for Reliable Evidence,* p. 301.

30 Gueron & Rolston, *Fighting for Reliable Evidence,* p. 57.

31 Andy Feldman, 'Fighting for reliable evidence: An interview with Judith Gueron, MDRC, and Howard Rolston, Abt Associates', *Gov Innovator* podcast, Episode 32, 10 October 2013.

32 Gueron, 'Fostering research excellence'.

33 Feldman, 'Fighting for reliable evidence'.

5 學習如何教導

1 Quoted in Shalom M. Fisch & Rosemarie T. Truglio (eds), *G is for Growing: Thirty Years of Research on Children and Sesame Street,* Routledge, 2014, p. xi

2 This issue is discussed in Melissa S. Kearney & Phillip B. Levine, 'Early childhood education by MOOC: Lessons from *Sesame Street*', NBER Working Paper No. 21229, Cambridge, MA: NBER, 2015.

3 Gerry Ann Bogatz & Samuel Ball, *The Second Year of Sesame Street: A Continuing Evaluation*, Princeton, NJ: Educational Testing Service, 1971.

4 Joan Cooney, 2001, 'Foreword' in Fisch & Truglio, *G is for Growing,* pp. xi–xiv. The specific examples on *Sesame Street* curriculum are drawn from Rosemarie Truglio, Valeria Lovelace, Ivelisse Seguí & Susan Scheiner, 'The varied role of formative research: Case studies From 30 years' in Fisch & Truglio, *G is for Growing,* pp. 61–82.

5 Alison Gopnik, *The Philosophical Baby: What Children's Minds Tell Us About Truth, Love, and the Meaning of Life*, New York: Picador, 2010, p. 11.

6 This section draws heavily on Emily Hanford (edited by Catherine Winter), 'Early Lessons', American RadioWorks, 2009. Transcript available at http://americanradioworks.publicradio.org/features/preschool/

7 David P. Weikart, 'Preliminary results from a longitudinal study of disadvantaged preschool children', paper presented at the 1967 Convention of the Council for Exceptional Children, St. Louis, Missouri.

8 Weikart, 'Preliminary results'.

9 Lawrence J. Schweinhart, Jeanne Montie, Zongping Xiang, et al., *Lifetime Effects: The High/Scope Perry Preschool Study Through Age 40*, Ypsilanti, MI: High/Scope Press, 2005.

10 James J. Heckman, Seong Hyeok Moon, Rodrigo Pinto, et al., 'The rate of return to the HighScope Perry Preschool Program', *Journal of Public Economics,* vol. 94, no. 1, 2010, pp. 114–28（「裴瑞計畫的效益成本比，若計入稅額的無謂成本並假設折現率為三%的話，是介於七到十二美元之間」）。

11 在芝加哥，一個經濟學家團隊甚至成立了他們自己的研究幼兒園「芝加哥高地學前教育中心」，從二〇一〇年營運到二〇一四年。這個中心隨機將幼童分發到認知組或非認知組，前者著重於讀寫與基本算術能力，後者則著重於安靜坐好等社會技能，執行功能，以及發展工作記憶。See Steven Levitt, quoted in Stephen J. Dubner, 'Does "early education" come way too late?', *Freakonomics Radio*, 19 November 2015; Roland Fryer, Steven Levitt, John List & Anya Samak, 'Chicago Heights Early Childhood Center: Early results from a field experiment on the temporal allocation of schooling', IRP Seminar Presentation, September 2013.

12 Frances A. Campbell, Elizabeth P. Pungello, Margaret Burchinal, et al., 'Adult outcomes as a function of an early childhood educational program: An Abecedarian Project follow-up', *Developmental Psychology*, vol. 48, no. 4, 2012, p. 1033; 'Abecedarian International', *Early Developments: Frank Porter Graham Child Development Institute*, vol. 15, no. 1, 2014, pp. 12–15.

13 Frances Campbell, Gabriella Conti, James J. Heckman, et al., 'Early childhood investments substantially boost adult health', *Science*, vol. 343, no. 6178, 2014, pp. 1478–85.

14 Thomas Rae & Melanie J. Zimmer-Gembeck, 'Behavioral outcomes of parent-child interaction therapy and Triple P–Positive Parenting Program: A review and meta-analysis', *Journal of Abnormal Child Psychology*, vol. 35, no. 3, 2007, pp. 475–95.

15 Karen M.T. Turner, Mary Richards & Matthew R. Sanders, 'Randomised clinical trial of a group parent education programme for Australian Indigenous families', *Journal of Paediatrics and Child Health*, vol. 43, no. 6, 2007, pp. 429–37.

16 好年代基礎育兒計畫有數個版本，從十二堂課到十八堂課不等。有關該項隨機試驗的結果，see Sinead McGilloway, Grainne Ni Mhaille, Tracey Bywater, Mairead Furlong, Yvonne Leckey, Paul Kelly, Catherine Comiskey & Michael Donnelly, 'A parenting intervention for childhood behavioral problems: a randomized controlled trial in disadvantaged community-based settings', *Journal of consulting and clinical psychology*, vol. 80, no. 1, 2012, p. 116. 英國「穩健起步」育兒計畫的隨機評估也顯示出正面的結果：Judy et al., 'Parenting intervention in Sure Start services for children at risk of developing conduct disorder: Pragmatic randomised controlled trial', *British Medical Journal,* vol. 334, no. 7595, 2007, pp. 678–82.

17 Donal O'Neill, Sinéad McGilloway, Michael Donnelly, et al., 'A cost-benefit analysis of early childhood intervention:

Evidence from an experimental evaluation of the Incredible Years Parenting Program', Working Paper n207-10, Maynooth: Department of Economics, Finance and Accounting, National University of Ireland, 2010.

18 護士家訪有兩篇統合分析，分別是Denise Kendrick, Ruth Elkan, Michael Hewitt, et al., 'Does home visiting improve parenting and the quality of the home environment? A systematic review and meta analysis', *Archives of Disease in Childhood,* vol. 82, no. 6, 2000, pp. 443–51; Monica A. Sweet & Mark I. Appelbaum, 'Is home visiting an effective strategy? A meta-analytic review of home visiting programs for families with young children', *Child Development,* vol. 75, no. 5, 2004, pp. 1435–56.

19 Megan H. Bair-Merritt, Jacky M. Jennings, Rusan Chen, et al., 'Reducing maternal intimate partner violence after the birth of a child: A randomized controlled trial of the Hawaii Healthy Start Home Visitation Program', *Archives of Pediatrics & Adolescent Medicine*, vol. 164, no. 1, 2010, pp. 16–23; Jamila Mejdoubi, Silvia CCM van den Heijkant, Frank J.M. van Leerdam, et al., 'Effect of nurse home visits vs. usual care on reducing intimate partner violence in young high-risk pregnant women: a randomized controlled trial,' *PloS one*, vol. 8, no. 10, 2013, e78185. I am grateful to Cathryn Stephens for bringing this research to my attention.

20 隨機試驗與準實驗測試的比較結果可見於此書第一四四一頁：Monica A. Sweet & Mark I. Appelbaum, 'Is home visiting an effective strategy? A meta-analytic review of home visiting programs for families with young children', *Child Development,* vol. 75, no. 5, 2004, pp. 1435–56.

21 Dana Suskind, *Thirty Million Words: Building a Child's Brain*, New York: Penguin, 2015, p. 52.

22 關於幼兒期發展計畫濫用神經科學一事的評論，see Zoe Williams, 'Is misused neuroscience defining early years and child protection policy?', *Guardian*, 26 April 2014. The '1001 Critical Days' idea is outlined in A. Leadsom, F. Field, P. Burstow & C. Lucas, 'The 1001 Critical Days: The importance of the conception to age two period', London, 2013.

23 西海德堡實驗由兒童保護協會、墨爾本大學經濟系與梅鐸兒童研究所合作進行。該研究的草案請見 at Brigid Jordan, Yi-Ping Tseng, Nichola Coombs, et al., 'Improving lifetime trajectories for vulnerable young children and families living with significant stress and social disadvantage: the early years education program randomised controlled trial', *BMC Public Health*, vol. 14, no. 1, 2014, p. 1.實驗組與對照組兒童在研究開始時的比較，see Yi-Ping Tseng, Brigid Jordan,

Jeff Borland, et al., *Changing the Life Trajectories of Australia's Most Vulnerable Children, Report No. 1: Participants in the Trial of the Early Years Education Program*, Melbourne: University of Melbourne and Children's Protection Society, 2017.

24 This story is told in Alice Hill, Brigid Jordan, Nichola Coombs, et al., 'Changing life trajectories: The early years education research project', *Insights: Melbourne Business and Economics,* vol. 10, 2011, pp. 19–25.

25 這部分的評論是基於作者在幼教中心與教育者、研究者及家長的談話。

26 Thomas D. Cook & Monique R. Payne, 'Objecting to the objections to using random assignment in educational research', in Frederick Mosteller & Robert Boruch (eds), *Evidence Matters: Randomized Trials in Education Research*, Washington DC: Brookings Press, 2002, pp. 150–78.

27 澳洲生產力委員會最近提出建議：「澳洲需要投資，特別是投入隨機對照試驗，藉此發展澳洲自己的證據來證明哪些方法最能有效改善教育成果。」Productivity Commission, *National Education Evidence Base, Draft Report*, Canberra: Productivity Commission, 2016, p. 16.

28 要將學校與家庭的影響解析出來，方法十分複雜。See, for example, James Coleman, *Equality of Educational Opportunity*, Washington DC: National Center for Educational Statistics, 1966; Eric Hanushek, 'What matters for student achievement', *Education Next*, vol. 16, no. 2, 2016, pp. 19–26; OECD, *Learning for Tomorrow's World – First Results from PISA 2003,* Paris: OECD, 2004, pp. 159–205.

29 國際學生能力評量計畫在不同的時間開始對不同的主題進行測驗，而且並非每次都涵蓋同一批國家。將測驗第一年的平均分數與二〇一五年比較，自二〇〇三年起，經濟合作發展組織三十個成員國的數學分數下降了八分；自二〇〇〇年起，二十八個成員國的閱讀分數下降了一分；自二〇〇六年起，三十五個成員國的科學分數下降了五分。

30 See www.afterschoolalliance.org/policy21stcclc.cfm.

31 Neil Naftzger, Seth Kaufman, Jonathan Margolin & Asma Ali, '21st Century Community Learning Centers (21st CCLC) Analytic Support for Evaluation and Program Monitoring: An Overview of the 21st CCLC Program: 2004–05', Report prepared for the U.S. Department of Education, Naperville, IL: Learning Point Associates, 2006.

32 Susanne James-Burdumy, Mark Dynarski & John Deke, 'After-school program effects on behavior: Results from the 21st Century Community Learning Centers program national evaluation', *Economic Inquiry,* vol. 46, no. 1, 2008, pp. 13–18.

33 課後計畫產生影響的證據，see Susanne James-Burdumy, Mark Dynarski, Mary Moore, et al., 'When schools stay open late: The national evaluation of the 21st Century Community Learning Centers program: Final report', US Department of Education, National Center for Education Evaluation and Regional Assistance. Available at www.ed.gov/ies/ncee.

34 Quoted in Ron Haskins, 'With a scope so wide: using evidence to innovate, improve, manage, budget' in Productivity Commission, *Strengthening Evidence-based Policy in the Australian Federation: Roundtable Proceedings, Canberra, 17–18 August 2009,* Vol. 1, Canberra: Productivity Commission, 2010, p. 46.

35 這些計畫服務每一名兒童的估計花費是：護士家訪一萬一千三百九十四美元，高品質學前計畫一萬零三百九十六美元，三年級生密集閱讀訓練三千三百九十美元，基於證據的減少青少年懷孕計畫七百六十三美元（全部以二〇一七年的美元計算）。每個計畫的估計成本（幣值為二〇〇八年的美元）與其背後的證據，see Julia B. Isaacs, *Cost-Effective Investments in Children,* Budgeting for National Priorities Project, Washington DC: Brookings Institution, 2007.

36 這些評估的詳細描述可參照educationendowmentfoundation.org.uk. 計畫名稱分別是「一對一課輔」（One-to-One Academic Tuition）、「啟動閱讀」（Switch on Reading）、「掌握數學」（Mathematics Mastery）以及「兒童哲學」（Philosophy for Children）。

37 教育基金會把成績換算成月數的基礎是假設學生每年都以一個標準差的速度學習：S. Higgins, D. Kokotsaki & R. Coe, 2012, 'The teaching and learning toolkit: Technical appendices', Education Endowment Foundation, The Sutton Trust. 據我所知，沒有證據能證明英國學生進步得這麼快。學習進步程度的標準估計值是每年介於四分之一到二分之一個標準差之間 (see, for example, Andrew Leigh, 'Estimating teacher effectiveness from two-year changes in students' test scores', *Economics of Education Review,* vol. 29, no. 3, 2010, pp. 480–8. 這不會改變介入手段的相對影響，但是確實顯示出教育基金會造成的影響改以學習月數來表示時，效果比較不明顯。

38 以掌握數學計畫來說，教育基金會描述小學生有相當於兩個月的進步，中學生則有相當於一個月的進步。他們表示小學生每年的費用是一百三十一英鎊，中學生則是五十英鎊左右。我將這些數字平均，得出一個月程度的進步要價六十英鎊。

39 更多「聊書」計畫的細節，see www.educationendowmentfoundation.org.uk

40 William Earhart, 'The value of applied music as a school subject' In *Papers and Proceedings of the Music Teachers National Association Forty-First Annual Meeting,* Hartford: Music Teacher National Association, 1920, pp. 163–70. Earhart served as national president in 1915–16, at a time when the organisation was known as the Music Supervisors' National Conference.

41 更多「演唱玩」計畫的細節請見 www.educationendowmentfoundation.org.uk

42 從二〇〇二到二〇一三年，該中心鑑定了九十項隨機評估，其中十一項（十二%）有正面效果，七十九項（八八%）的正面效果很微弱，或者完全沒有。有一個子分組當中包含七十七項執行優良的隨機試驗（意思是執行時沒有遇到差異損耗、統計檢定力不夠等問題），研究者發現這個子分組中有七項隨機試驗（九%）產生了正面效果，七十項（九一%）的正面效果很微弱，或者完全沒有。See Coalition for Evidence-Based Policy, 'Randomized controlled trials commissioned by the Institute of Education Sciences since 2002: How many found positive versus weak or no effects', July 2013.

43 Robert E. Slavin, 'Evidence-based reform is irreversible', *Huffpost Education Blog,* 22 October 2015.

44 得到最高評價的另一個必要條件是實驗的損耗率必須很低。See What Works Clearinghouse, *Procedures and Standards Handbook, Version 3.0,* p. 9. Available at http://ies.ed.gov/ncee/wwc/.

45 Joseph P.Allen, Robert C. Pianta, Anne Gregory, et al., 'An interaction-based approach to enhancing secondary school instruction and student achievement', *Science,* vol. 333, no. 6045, 2011, pp. 1034–7. 研究者表示，計畫造成了〇．二二個標準差的影響。學生大約每兩年取得一個標準差的進步，所以這個影響相當於讓學生多學了半年左右。See also Bill and Melinda Gates Foundation, *Seeing it Clearly: Improving Observer Training for Better Feedback and Better Teaching,* Washington DC: Gates Foundation, 2015, p. 11.

46 Maya Escueta, Vincent Quan, Andre Joshua Nickow & Philip Oreopoulos, 'Education technology: An evidence-based review', NBER Working Paper No. 23744, Cambridge, MA: NBER, 2017.

47 Escueta, 'Education Technology'.

48 學生完成大學入學考試的比例，從對照組學校的十八%提高到實驗組學校的二五%：Joshua Angrist & Victor

Lavy, 'The effects of high stakes high school achievement awards: Evidence from a randomized trial', *American Economic Review,* vol. 99, no. 4, 2009, pp. 1384–414.

49 Simon Burgess, Raj Chande & Todd Rogers, 'Texting parents', Working Paper, Education Endowment Foundation, London, 2016, available at www.educationendowmentfoundation.org.uk

50 Todd Rogers & Avi Feller, 'Intervening through influential third parties: Reducing student absences at scale', working paper, Cambridge, MA: Harvard University Kennedy School, 2017.

51 Paul Tough, 2008, *Whatever It Takes: Geoffrey Canada's Quest to Change Harlem and America,* New York: Houghton Mifflin, pp. 21–9

52 Will Dobbie & Roland G. Fryer Jr., 'Are high-quality schools enough to increase achievement among the poor? Evidence from the Harlem Children's Zone', *American Economic Journal: Applied Economics,* vol. 3, no. 3, 2011, pp .158–87; Will Dobbie & Roland G. Fryer Jr., 'The medium-term impacts of high-achieving charter schools', *Journal of Political Economy,* vol. 123, no. 5, 2015, pp. 985–1037.

53 Quoted in David Brooks, 'The Harlem Miracle', *New York Times,* 7 May 2009, p. A31

54 Betty Hart and Todd Risley, *Meaningful Differences in the Everyday Experience of Young American Children,* Paul Brookes: Baltimore, MD, 1995. 該研究的其中一個局限是研究對象僅集中在四十二個家庭，每個家庭每月接受觀察一小時，為期三十個月。三千萬字的估計是假設樣本中的兒童是各自所屬社經團體的典型，而且觀察到的字數可以線性外推。這項研究還有另一個發現，雖然並未得到那麼多關注，但也同樣有意思，那就是優勢兒童每得到六次鼓勵才會被阻撓一次，而弱勢兒童每得到一次鼓勵就會被阻撓兩次。

55 該組織表示：「我們最近與芝加哥南區的家長一起完成了一項三千萬字計畫的隨機對照試驗。實驗組在八次每週一小時的家訪時間中得到教育；對照組在八次每週五到十分鐘的家訪中得到營養介入。所有參與的家庭都以「莉娜」完成十四次錄音，不過只有實驗組收到量化的語言學反饋。受到三千萬字計畫介入的參與家長明顯增加了與孩子的談話及互動。本研究的專文即將發表。」：http://thirtymillionwords.org/tmw-initiative/.

56 Steven D. Levitt, John A. List, Susanne Neckermann & Sally Sadoff, 'The behavioralist goes to school: Leveraging behavioral economics to improve educational performance', *American Economic Journal: Economic Policy,* vol. 8, no. 4,

2016, pp. 183–219.

57 關於這個計畫本身就具有的複雜難題，see Roland G. Fryer, 'Teacher incentives and student achievement: Evidence from New York City Public Schools', *Journal of Labor Economics,* vol. 31, no. 2, 2013, pp. 373–407.

58 J.A. Marsh, M.G. Springer, D.F. McCaffrey, et al., 'A Big Apple for educators: New York City's experiment with schoolwide performance bonuses', Final Evaluation Report, Fund for Public Schools, RAND Corporation, Santa Monica, CA, 2011; Roland G. Fryer, 'Teacher Incentives and Student Achievement: Evidence from New York City Public Schools', *Journal of Labor Economics,* vol. 31, no. 2, 2013, pp. 373–407.

59 For a review of this literature, see Andrew Leigh, 'The economics and politics of teacher merit pay', *CESifo Economic Studies,* vol. 59, no. 1, 2013, pp. 1–33.

60 Alan B. Krueger, 'Experimental estimates of education production functions', *Quarterly Journal of Economics,* vol. 114, no. 2, 1999, pp. 497–532.

61 作者與田納西州前州長 Lamar Alexander的對話。

62 Eric P. Bettinger, Bridget Terry Long, Philip Oreopoulos & Lisa Sanbonmatsu, 'The role of application assistance and information in college decisions: Results from the H&R Block FAFSA experiment', *Quarterly Journal of Economics,* vol. 127, no. 3, 2012, pp. 1205–42.

63 Philip Oreopoulos & Reuben Ford, 'Keeping college options open: A field experiment to help all high school seniors through the college application process', NBER Working Paper No. 22320, Cambridge, MA: NBER, 2016.

64 Benjamin L. Castleman & Lindsay C. Page, 'Summer nudging: Can personalized text messages and peer mentor outreach increase college going among low-income high school graduates?' *Journal of Economic Behavior and Organization,* vol. 115, 2015, pp. 144–60.

65 Justine S. Hastings, Christopher Neilson & Seth Zimmerman, 'The effects of earnings disclosure on college enrollment decisions', NBER Working Paper 21300, Cambridge, MA: NBER, 2015.

66 Caroline M. Hoxby & Sarah Turner, 'What high-achieving low-income students know about college', *American Economic Review,* vol. 105, no. 5, 2015, pp. 514–17.

67 Nadine Ketel, Edwin Leuven, H. Oostereck & Bas van der Klaauw, 'The returns to medical school: Evidence from admission lotteries', *American Economic Journal: Applied Economics,* vol. 8, no. 2, 2016, pp. 225–54.

68 OECD, *Education at a Glance 2016,* Paris: OECD, 2016, p. 166

69 Eric P. Bettinger & Rachel B. Baker, 'The effects of student coaching: An evaluation of a randomized experiment in student advising', *Educational Evaluation and Policy Analysis,* vol. 36, no. 1, 2014, pp. 3–19.

70 Joshua Angrist, Daniel Lang & Philip Oreopoulos, 'Incentives and services for college achievement: Evidence from a randomized trial', *American Economic Journal: Applied Economics,* vol. 1, no. 1, 2009, pp. 136–63.

71 The phrase comes from Laura Haynes, Ben Goldacre & David Torgerson, *Test, Learn, Adapt: Developing Public Policy with Randomised Controlled Trials,* London: Behavioural Insights Team, Cabinet Office, 2012.

6 控制犯罪

1 Ross Peake, 'ACT police chief learnt a valuable restorative justice lesson early on', *Canberra Times,* 20 July 2015.

2 Heather Strang, Lawrence W. Sherman, Evan Mayo-Wilson et al., *Restorative Justice Conferencing (RJC) Using Face-to-Face Meetings of Offenders and Victims: Effects on Offender Recidivism and Victim Satisfaction. A Systematic Review,* Campbell Systematic Reviews 2013:12, Oslo: Campbell Collaboration, 2013.

3 舉例來說，澳洲的凶殺案件中，有四%的動機是報復：Willow Bryant & Tracy Cussen, 'Homicide in Australia: 2010–11 to 2011–12', National Homicide Monitoring Program report no. 23, Canberra: Australian Institute of Criminology, 2015.

4 根據聯邦調查局的統一犯罪報告計畫，暴力犯罪率在一九九一年與一九九二年是每十萬人超過七百五十件，但是二〇一三、二〇一四及二〇一五年則下降到每十萬人少於三百七十五件。

5 二〇一五年，有一百五十二萬六千八百人被關押在聯邦與州立監獄 (E. Ann Carson and Elizabeth Anderson, 'Prisoners in 2015', Bureau of Justice Statistics, US Department of Justice, NCJ 250229, 2016) 另有七十二萬一千三百人關在地方監獄 (Todd D. Minton and Zhen Zeng, 'Jail inmates in 2015', Bureau of Justice Statistics, US Department of

Justice, NCJ 250394, 2016).根據美國普查局，二〇一五年的十八歲以上居住人口為二億四千七百萬人，所以成年人的監禁率是〇・九%。歷史趨勢可參考National Research Council, *The Growth of Incarceration in the United States: Exploring Causes and Consequences,* Washington, DC: The National Academies Press, 2014.

6 Bruce Western & Becky Pettit, 'Incarceration & social inequality', *Dædalus,* Summer 2010, pp. 8–19.

7 Sara B. Heller, Anuj K. Shah, Jonathan Guryan, et al., 'Thinking, fast and slow? Some field experiments to reduce crime and dropout in Chicago', *Quarterly Journal of Economics,* vol. 132, no. 1, 2017, pp. 1–54. A third randomised trial tested the impact of a similar cognitive behavioural therapy program in a Chicago youth detention facility, and found that it reduced the return rate by 21 per cent.

8 Quoted in Drake Baer, 'This simple program is dramatically reducing teen violence in Chicago', *Tech Insider,* 29 February 2016.

9 Christopher Blattman, Julian C. Jamison & Margaret Sheridan, 'Reducing crime and violence: Experimental evidence from cognitive behavioral therapy in Liberia', *American Economic Review,* vol. 107, no. 4, 2017, pp. 1165–1206.

10 大蕭條時期被人批評在貨幣政策方面改變立場時的回覆，引述出自Alfred L. Malabre, *Lost Prophets: An Insider's History of the Modern Economists,* 1994, p. 220.

11 Sara B. Heller, 'Summer jobs reduce violence among disadvantaged youth', *Science,* vol. 346, no. 6214, 2014, pp. 1219–23.

12 Catherine Jacquet, 'Domestic violence in the 1970s', *Circulating Now* blog, US National Library of Medicine, 15 October 2015 (available at https://circulatingnow.nlm.nih.gov).

13 Joan Zorza, 'The criminal law of misdemeanor domestic violence, 1970–1990', *Journal of Criminal Law and Criminology,* vol. 83, no. 1, 1992, pp. 46–72.

14 Fran S. Danis, 'A tribute to Susan Schechter The visions and struggles of the Battered Women's Movement', *Affilia,* vol. 21, no. 3, 2006, pp. 336–41.

15 Lawrence Sherman & Richard Berk, 'The Minneapolis domestic violence experiment', Police Foundation Reports, Washington DC: Police Foundation, 1984.

16 Quoted in Sherman & Berk, 'The Minneapolis domestic violence experiment'.

17 根據警方報告，報案後六個月中發生家暴的比例，「逮捕」者為一〇%，「勸告」者為十九%，「帶離」者則是二四%。根據受害者的描述，「逮捕」者的再犯率是十九%，「勸告」者為三七%，「帶離」者則是三三%。Sherman & Berk, 'The Minneapolis domestic violence experiment'; Lawrence Sherman & Richard Berk, 'The specific deterrent effects of arrest for domestic assault', *American Sociological Review,* vol. 49, no. 2, 1984, pp. 261–72.

18 James LeMoyne, 'A firmer response to family strife', *New York Times,* 15 April 1984.

19 Associated Press, 'Arrest may be deterrent in domestic violence, study shows', *New York Times,* 30 May 1984.

20 E.S.Buzawa & C.G. Buzawa,1990, *Domestic Violence: The Criminal Justice Response,* New York, Russell Sage, pp. 94–9.

21 C. Nadine Wathen & Harriet L. MacMillan, 'Interventions for violence against women: Scientific review', *Journal of the American Medical Association,* vol. 289, no. 5, 2003, pp. 589–600.

22 Globally, family violence accounts for 47 per cent of female homicides (43,600 victims) and 6 per cent of male homicides (20,000 victims): United Nations Office on Drugs and Crime, *UNDOC Global Study on Homicide 2013,* United Nations No. 14.IV.1, Vienna: UNDOC, 2014, p. 53.

23 United Nations Office on Drugs and Crime, *Global Study on Homicide 2013,* p. 49.

24 John Crace, 'Lawrence Sherman: Crime scene investigations', *Guardian,* 16 May 2007.

25 Crace, 'Lawrence Sherman'.

26 'Lawrence Sherman on Criminology', *Social Science Bites,* 1 May 2013

27 Émile Durkheim, 'The rules of sociological method' in Scott Appelrouth & Laura Desfor Edles (eds), *Classical and Contemporary Sociological Theory: Text and Readings,* Thousand Oaks, CA: Pine Forge Press, 2007 [1895], pp. 95–102.

28 Lawrence W. Sherman, Dennis P. Rogan, Timothy Edwards, et al., 'Deterrent effects of police raids on crack houses: A randomized, controlled experiment', *Justice Quarterly,* vol. 12, no. 4, 1995, pp. 755–81.

29 Anthony A. Braga, 'Hot spots policing and crime prevention: A systematic review of randomized controlled trials', *Journal of Experimental Criminology,* vol. 1, no. 3, 2005, pp. 317–42.

30 David L. Weisburd & Lorraine Green, 'Policing drug hot spots: The Jersey City drug market analysis experiment', *Justice Quarterly,* vol. 12, 1995. pp. 711–35.

31 該實驗指出三個月中的暴力犯罪減少了五十三件，等於一年減少兩百件以上。Jerry H. Ratcliffe, Travis Taniguchi, Elizabeth R. Groff & Jennifer D. Wood, 'The Philadelphia foot patrol experiment: A randomized controlled trial of police patrol effectiveness in violent crime hotspots', *Criminology,* vol. 49, no. 3, 2011, pp. 795–831. 感謝Jerry Ratcliffe確認我對這些結果的詮釋。

32 Anthony Braga, Andrew Papachristos & David Hureau, 'Hot spots policing effects on crime', Campbell Systematic Reviews, vol. 8, Oslo: Campbell Collaboration, 2012.

33 National Institutes of Justice, 'Practice profile: Hot spots policing', available at crimesolutions.gov.

34 Anthony Allan Braga & David Weisburd, *Policing Problem Places: Crime Hot Spots and Effective Prevention,* Oxford: Oxford University Press, 2010.

35 L.W. Sherman, 'Policing for crime prevention' in L.W. Sherman, D.C. Gottfredson, D.L. MacKenzie, et al. (eds), *Preventing Crime: What Works, What Doesn't, What's Promising,* Washington, DC: US Office of Justice Programs., 1997, Chapter 8.

36 Gary D. Sherman & Jonathan Haidt, 'Cuteness and disgust: The humanizing and dehumanizing effects of emotion', *Emotion Review,* vol. 3, no. 3, 2011, pp. 245–51.

37 'Ice storm', *The Economist,* 15 April 2017.

38 Gay Murrell, 'Breaking the cycle: NSW Drug Court' *Australian Law Reform Commission Reform Journal,* vol. 77, 2000, pp. 20–24, 90.

39 世上第一個毒品法庭於一九八九年創立於佛羅里達州。

40 Bronwyn Lind, Don Weatherburn, Shuling Chen, et al., *NSW Drug Court evaluation: Cost-effectiveness,* NSW Bureau of Crime Statistics and Research, Sydney, 2002, p. 44. A second study of the Drug Court has also been conducted, though this evaluation did not use random assignment. See Don Weatherburn, Craig Jones, Lucy Snowball & Jiuzhao Hua, 'The NSW Drug Court: A re-evaluation of its effectiveness', *Crime and Justice Bulletin,* no. 121, 2008.

41 Adele Harrell, Shannon Cavanagh & John Roman, 'Findings from the evaluation of the DC Superior Court Drug intervention program', submitted to the National Institute of Justice. Washington, DC, 1998: The Urban Institute; Denise C. Gottfredson, Stacy S. Najaka & Brook Kearley, 'Effectiveness of drug treatment courts: Evidence from a randomized trial', *Criminology & Public Policy,* vol. 2, no. 2, 2003, pp. 171–96.

42 Quoted in Malcolm Knox, 'Applause for former drug users who turn their lives around', *Sydney Morning Herald,* 7 February 2009.

43 Quoted in Knox, 'Applause'.

44 Quoted in Knox, 'Applause'.

45 Craig Jones, 'Intensive judicial supervision and drug court outcomes: Interim findings from a randomised controlled trial', *Contemporary Issues in Crime and Justice,* no. 152, NSW Bureau of Crime Statistics and Research, 2011.

46 Quoted in Sam Kornell, 'Probation that works', *Slate,* 5 June 2013.

47 該研究以四百九十三名緩刑犯為根據。See Angela Hawken & Mark Kleiman, 'Managing drug involved probationers with swift and certain sanctions: Evaluating Hawaii's HOPE', Department of Justice Report 229023, National Institute of Justice, Washington DC, 2009; National Institute of Justice, ' "Swift and certain" sanctions in probation are highly effective: Evaluation of the HOPE Program', Washington DC: National Institute of Justice, 2012.

48 Quoted in Hawken & Kleiman, 'Managing drug involved probationers'.

49 部分方案的評估結果顯示，這些方案並沒有產生像夏威夷那麼大的成效。希望方案擴展到美國各地的情形，see Lorana Bartels, *Swift, Certain and Fair: Does Project HOPE Provide a Therapeutic Paradigm for Managing Offenders?,* Cham, Switzerland: Palgrave Macmillan, 2017.這項令人失望的希望方案重複驗證研究是在阿肯色，麻薩諸塞，俄勒岡與德州進行的，結果發表在Pamela Lattimore, Doris Layton MacKenzie, Gary Zajac, et al., 'Outcome findings from the HOPE demonstration field experiment', *Criminology & Public Policy,* vol. 15, no. 4, 2016, pp. 1103–41.

50 Adam Gamoran, 'Measuring impact in science education: Challenges and possibilities of experimental design', NYU Abu Dhabi Conference, January 2009.

51 Doris L. MacKenzie & David P. Farrington, 'Preventing future offending of delinquents and offenders: What have we

learned from experiments and meta-analyses?' *Journal of Experimental Criminology,* vol. 11, no. 4, 2015, pp. 565–95.

52 澳洲的監禁率在殖民時期較現在高，但是二〇一六年的監禁率是自一九〇一年至今最高的：Andrew Leigh, 'Locking someone up costs around $300 a day or about $110,000 a year', *Canberra Times,* 14 November 2016.

53 National Research Council, *The Growth of Incarceration.*

54 Mark A.R. Kleiman, *When Brute Force Fails: How to Have Less Crime and Less Punishment,* Princeton NJ: Princeton University Press, 2009.

55 National Research Council, *The Growth of Incarceration,* p. 155. See also Council of Economic Advisers, 'Economic perspectives on incarceration and the criminal justice system', Washington DC: Executive Office of the President of the United States, 2016.

56 John E. Berecochea & Dorothy R. Jaman, *Time Served in Prison and Parole Outcome: An Experimental Study: Report,* No. 2. Research Division, California Department of Corrections, 1981.

57 Ina Jaffe, 'Cases show disparity of California's 3 strikes law', *NPR All Things Considered,* 30 October 2009.

7 貧窮國家的寶貴實驗

1 這個描述取自'Nigeria, You Win!', *Planet Money,* Episode 702, 20 May 2016.

2 David J. McKenzie, 'Identifying and spurring high-growth entrepreneurship: Experimental evidence from a business plan competition', *American Economic Review,* vol. 107, no. 8, 2017 pp. 2278–307.

3 Chris Blattman, 'Is this the most effective development program in history?', chrisblattman.com, 24 September 2015.

4 Dean Karlan教授二〇一一年接受美國眾議院金融服務委員會質詢時的證詞資料，'The multi-lateral development banks: A strategy for generating increased return on investment', 9 October 2015.二〇一三至二〇一五年的資料來自Jorge Miranda, Shayda Sabet & Annette N. Brown, 'Is impact evaluation still on the rise?', blogs.3ieimpact.org, 11 August 2016.二〇一一到一三年發表的開發中國家兒童健康隨機試驗數量，比二〇〇二到〇三年多了七倍：Trevor Duke and David Fuller, 'Randomised controlled trials in child health in developing countries: Trends and lessons

over 11 years', *Archives of Disease in Childhood,* vol. 99, no. 7, 2014, pp. 615–20.

5 See Table 3 in Drew B. Cameron, Anjini Mishra & Annette N. Brown, 'The growth of impact evaluation for international development: how much have we learned?', *Journal of Development Effectiveness,* vol. 8, no. 1, 2016, pp. 1–21.

6 Quoted in Jeff Tollefson, 'Revolt of the Randomistas', *Nature,* vol 524, 13 August 2015, pp. 150–3.

7 William Easterly, *The Elusive Quest for Growth: Economists' Adventures and Misadventures in the Tropics,* Cambridge, MA: MIT Press, 2002.

8 Isaiah Berlin, *The Hedgehog and the Fox: An Essay on Tolstoy's View of History,* London: Weidenfeld & Nicolson, 1953.

9 Quoted in Abhijit Banerjee, Dean Karlan & Jonathan Zinman. 'Six randomized evaluations of microcredit: Introduction and further steps', *American Economic Journal: Applied Economics,* vol. 7, no. 1, 2015, pp. 1–21.

10 Jim Klobuchar & Susan Cornell Wilkes, *The Miracles of Barefoot Capitalism,* Minneapolis: Kirk House Publishers, 2003, p. 26.

11 Bill Clinton, *Giving: How Each of Us Can Change the World,* New York: Random House, 2007, pp.6–7.

12 Quoted in Dean Karlan & Jacob Appel, *More Than Good Intentions: How a New Economics is Helping to Solve Global Poverty,* New York: Penguin, 2011, p. 61.

13 Banerjee, Karlan and Zinman, 'Six randomized evaluations of microcredit'. See also Abdul Latif Jameel Poverty Action Lab, 'Where Credit is Due', *Policy Bulletin,* February 2015, available at www.povertyactionlab.org.

14 Karlan & Appel, *More Than Good Intentions,* p. 70

15 Dean Karlan, Aishwarya Lakshmi Ratan & Jonathan Zinman, 'Savings by and for the poor: A research review and agenda', *Review of Income and Wealth,* vol. 60, no. 1, 2014, pp. 36–78.

16 實際的交流狀況比文中所述還要複雜一些。詳情請見Robert Deis, ' "The rich are different" The real story behind the famed "exchange" between F. Scott Fitzgerald and Ernest Hemingway', *Quote/Counterquote,* 12 July 2014.

17 Abhijit Banerjee, Esther Duflo, Nathanael Goldberg, et al., 'A multifaceted program causes lasting progress for the very poor: Evidence from six countries', *Science,* vol. 348, no. 6236, 2015.

18 See www.givedirectly.org.

19 The experiment is described in Michael Faye & Paul Niehaus, 'What if we just gave poor people a basic income for life? That's what we're about to test', *Slate,* 14 April 2016; Dylan Matthews, 'A charity's radical experiment: Giving 6,000 Kenyans enough money to escape poverty for a decade', *Vox*, 15 April 2016.

20 Stefan Dercon, Tanguy Bernard, Kate Orkin & Alemayehu Taffesse, 'The future in mind: Aspirations and forward-looking behaviour in rural Ethiopia', Working paper 2014–16, Department of Economics, University of Oxford, 2014.

21 The video is available at https://youtu.be/zh1uoxH9q5g.

22 Francisco Campos, Michael Frese, Markus Goldstein, et al., 'Teaching personal initiative beats traditional training in boosting small business in West Africa', *Science,* vol. 357, no. 6357, 2017, pp. 1287–90.

23 Klaus Schwab (ed.), *The Global Competitiveness Report 2016–2017,* Geneva: World Economic Forum, 2016.

24 Freedom House, *Freedom in the World 2017,* New York: Freedom House, 2017.

25 'State fragility index and matrix 2015', updated figures for Monty G. Marshall & Benjamin R. Cole, *Global Report 2014: Conflict, Governance and State Fragility,* Vienna: Center for Systemic Peace, 2014.

26 Jidong Chen, Jennifer Pan & Yiqing Xu, 'Sources of authoritarian responsiveness: A field experiment in China', *American Journal of Political Science,* vol. 60, no. 2, 2016, pp. 383–400.

27 Marianne Bertrand, Simeon Djankov, Rema Hanna & Sendhil Mullainathan, 'Obtaining a driver's license in India: An experimental approach to studying corruption' *Quarterly Journal of Economics,* vol. 122, no. 4, 2007, pp. 1639–76.

28 Marco Gonzalez-Navarro & Climent Quintana-Domeque, 'Paving streets for the poor: Experimental analysis of infrastructure effects', *Review of Economics and Statistics,* vol. 98, no. 2, 2016, pp. 254–67.

29 Kenneth Lee, Edward Miguel & Catherine Wolfram, 'Experimental evidence on the demand for and costs of rural electrification', NBER Working Paper 22292, Cambridge, MA: National Bureau of Economic Research, 2016.

30 Joppe de Ree, Karthik Muralidharan, Menno Pradhan, Halsey Rogers, 'Double for nothing? Experimental evidence on an unconditional teacher salary increase in Indonesia', *Quarterly Journal of Economics,* forthcoming.

31 Karthik Muralidharan, Paul Niehaus & Sandip Sukhtankar, 'Building state capacity: Evidence from biometric smartcards in India', *American Economic Review,* vol, 106, no. 10, 2016, pp. 2895–929.

32 就算在罹患瘧疾後存活下來，也可能會變得很虛弱。小時候患過瘧疾的人，成年後的收入比其他人少三分之一：Abhijit Banerjee & Esther Duflo, *Poor Economics: A Radical Rethinking of the Way to Fight Global Poverty,* New York: Public Affairs, 2011, p. 44.

33 World Health Organization, 'Fact sheet: World malaria report 2015', 9 December 2015. The statistic refers to children under five.

34 William Easterly, *The White Man's Burden: Why the West's Efforts to Aid the Rest Have Done So Much Ill and So Little Good,* New York: Penguin, 2006, p. 12.

35 Jeffrey Sachs, 'Good news on malaria control', *Scientific American,* 1 August 2009.

36 Jessica Cohen & Pascaline Dupas, 'Free distribution or cost-sharing? Evidence from a randomized malaria prevention experiment', *Quarterly Journal of Economics,* vol. 125, no. 1, 2010, pp. 1-45; Pascaline Dupas, 'What matters (and what does not) in households' decision to invest in malaria prevention?' *American Economic Review: Papers & Proceedings,* vol. 99, no. 2, 2009, pp. 224–30; Pascaline Dupas, 'Short-run subsidies and long-run adoption of new health products: Evidence from a field experiment." *Econometrica,* vol. 82, no. 1, January 2014, pp. 197–228.

37 Jeffrey Sachs, 'The case for aid', *Foreign Policy,* 21 January 2014.

38 Michael Kremer & Edward Miguel, 'The illusion of sustainability', *Quarterly Journal of Economics,* vol. 122, no. 3, 2007, pp. 1007–65; Michael Kremer, E. Miguel & S. Mullainathan, 'Source dispensers and home delivery of chlorine in Kenya', Innovations for Poverty Action, Working Paper, 2014. For a useful literature summary, see Abdul Latif Jameel Poverty Action Lab, 'Pricing preventive Health Products', undated, available at www.povertyactionlab.org.

39 Abhijit Vinayak Banerjee, Esther Duflo, Rachel Glennerster & Dhruva Kothari, 'Improving immunisation coverage in rural India: Clustered randomised controlled evaluation of immunisation campaigns with and without incentives', *British Medical Journal,* vol. 340, 2010, c2220.

40 Blake Mycoskie, *Start Something That Matters,* New York: Spiegel and Grau, 2012, p. 5.

41 'Free two shoes', *The Economist,* 5 November 2016.

42 The one-for-one companies that sell these products are Warby Parker, One World Play Project, Sir Richard's, Smile

Squared, One Million Lights and FIGS.

43 Bruce Wydick, Elizabeth Katz, Flor Calvo, et al., 'Shoeing the children: The impact of the TOMS shoe donation program in rural El Salvador', *World Bank Economic Review,* 2017.

44 Bruce Wydick, 'The impact of TOMS shoes', *Across Two Worlds* blog, 16 March 2015.

45 See the 'Death on the Roads' page, at www.who.int.

46 James Habyarimana & William Jack, 'Heckle and chide: Results of a randomized road safety intervention in Kenya', *Journal of Public Economics,* vol. 95, no. 11, 2011, pp. 1438–46.

47 Paul Gertler, Manisha Shah, Maria Laura Alzua, Lisa Cameron, et al., 'How does health promotion work? Evidence from the dirty business of eliminating open defecation', NBER Working Paper 20997, Cambridge, MA: National Bureau of Economic Research, 2015.

48 關於Santiago Levy在「進步」實驗策劃工作中扮演的角色，see Banerjee & Duflo, *Poor Economics,* p. 78.

49 Susan W. Parker & Graciela M. Teruel, 'Randomization and social program evaluation: The case of Progresa', *The Annals of the American Academy of Political and Social Science,* vol. 599, no. 1, 2005, pp. 199–219.

50 Susan Parker & Petra Todd, 'Conditional cash transfers: The case of Progresa/Oportunidades', *Journal of Economic Literature,* vol. 55, no. 3, 2017, pp. 866–915.

51 Dana Burde & Leigh L. Linden, 'Bringing education to Afghan girls: A randomized controlled trial of village-based schools', *American Economic Journal: Applied Economics,* vol. 5, no. 3, 2013, pp. 27–40.

52 這些學生的進步程度大約是半個標準差（女生比較多，男生比較少）。我假設一般學生是以每學年半個標準差的速度在進步。See, for example, Andrew Leigh, 'Estimating teacher effectiveness from two-year changes in students' test score', *Economics of Education Review,* vol. 29, no. 3, 2010, pp. 480–8.

53 這些是二〇〇九年的數據，出自WHO/UNAIDS, 'Fast facts on HIV', 2010, available at www.who.int.

54 Quoted in Esther Duflo, 'AIDS prevention: Abstinence vs. risk reduction', VoxEU blog, 20 April 2009.

55 Samuel Ponce de Leon, Maria Eugenia Jimenez-Corona, Ana Maria Velasco & Antonio Lazcano, 'The Pope, condoms, and the evolution of HIV', *The Lancet Infectious Diseases,* vol. 9, no. 8, 2009, pp. 461–2.

56 Duflo, Esther, Pascaline Dupas & Michael Kremer, 'Education, HIV, and early fertility: Experimental evidence from Kenya', *American Economic Review,* vol. 105, no. 9, 2015, pp. 2757–97.

57 Pascaline Dupas, 'Do teenagers respond to HIV risk information? Evidence from a field experiment in Kenya', *American Economic Journal: Applied Economics,* vol. 3, no. 1, 2011, pp. 1–34.

58 老師對學生說的是附近一座城市（基蘇木）的感染率，與全國的感染率不同。

59 John Gapper, 'Lunch with the FT: Esther Duflo', *Financial Times,* 17 March 2012.

60 Gapper, 'Lunch with the FT'.

61 Asimina Caminis, 'Putting economic policy to the test', *Finance and Development,* September 2003, pp. 4–7.

62 Ian Parker, 'The poverty lab', *New Yorker,* 17 May 2010.

63 Abdul Latif Jameel Poverty Action Lab, 'Increasing test score performance', undated, available at www.povertyactionlab.org.

64 nnovations for Poverty Action, 'Financial inclusion program brief', 15 June 2016, available at www.poverty-action.org.

65 有一項分析發現，如果你觀察任兩項正在進行的隨機試驗，它們的信賴區間大約有八三%的時間會重疊：Eva Vivalt, 'Heterogeneous treatment effects in impact evaluation,' *American Economic Review,* vol. 105, no. 5, 2015, pp. 467–70.

66 Paul Glewwe & Karthik Muralidharan, 'Improving education outcomes in developing countries – evidence, knowledge gaps, and policy implications' in Eric Hanushek, Stephen Machin & Ludger Woessman (eds), *Handbook of the Economics of Education,* Vol. 5, Amsterdam: North Holland, 2016, pp. 653–744.

67 Shwetlena Sabarwal, David K. Evans & Anastasia Marshak, 'The permanent input hypothesis: The case of textbooks and (no) student learning in Sierra Leone', *World Bank Policy Research Working Paper,* vol. 7021, 2014.

68 Jishnu Das, Stefan Dercon, James Habyarimana, et al., 'School inputs, household substitution, and test scores' *American Economic Journal: Applied Economics,* vol. 5, no. 2, 2013, pp. 29–57.

69 Isaac Mbiti & Karthik Muralidharan, 'Inputs, incentives, and complementarities in primary education: Experimental evidence from Tanzania', unpublished working paper, 2015.

70 Paul Glewwe, Michael Kremer & Sylvie Moulin. 'Many children left behind? Textbooks and test scores in Kenya', *American Economic Journal: Applied Economics,* vol. 1, no. 1, 2009, pp. 112–35.

71 Angus S. Deaton, 'Instruments, randomization, and learning about development', *Journal of Economic Literature,* vol. 48, no. 2, 2010, pp. 424–55.

72 Gueron & Rolston, *Fighting for Reliable Evidence,* p. 427.

73 Quoted in Adam Gopnik, 'The double man: Why Auden is an indispensable poet of our time', *New Yorker,* 23 September 2002. Gopnik observes: 'Auden shared Popper's sense that open societies were built on skeptical faith rather than on fatuous confidence'.

8 農場、公司與臉書

1 這段描述是在說明實驗於一八四三年開始時的情況。詳情請見 'Broadbalk Winter Wheat Experiment' at e-RA: The Electronic Rothamsted Archive, www.era.rothamsted.ac.uk.

2 Quoted in Jonathan Silvertown, Paul Poulton, Edward Johnston, et al., 'The Park Grass Experiment 1856–2006: Its contribution to ecology', *Journal of Ecology,* vol. 94, no. 4, 2006, pp. 801–14.

3 十九世紀末的估計數字來自Vaclav Smil, *Enriching the Earth: Fritz Haber, Carl Bosch, and the Transformation of World Food,* Cambridge, MA: MIT Press, 2001, p. 245.現在的估計數字來自Food and Agriculture Organisation of the United Nations, *Current World Fertilizer Trends and Outlook to 2015,* Rome: FAO, 2011.

4 C.W. Wrigley, 'Farrer, William James (1845–1906)', *Australian Dictionary of Biography,* Volume 8, National Centre of Biography, Australian National University, 1981, available at http://adb.anu.edu.au.

5 Author's interview with Greg Rebetzke.這類模型會在一個網格上，從多種可能的隨機分配處理方法中做選擇；目標是把重複出現在同一橫軸或縱軸的處理手法數量減到最少。

6 Quoted in Leslie Brokaw, 'In experiments we trust: From Intuit to Harrah's casinos', *MIT Sloan Management Review,* 3 March 2011.

7 'From Harvard economist to casino CEO', *Planet Money,* 15 November 2011.
8 Others disagree. See, for example, Ira Glass, 'Blackjack', *This American Life,* Episode 466, 8 June 2016.
9 Quoted in Leslie Brokaw, 'In experiments we trust: From Intuit to Harrah's Casinos', *MIT Sloan Management Review,* 3 March 2011.
10 Quoted in Jeffrey Pfeffer and Victoria Chang, 'Gary Loveman and Harrah's Entertainment', Stanford Business School Case No. OB45, Stanford, CA, 2003.
11 若要參考針對該領域的一些研究所做的精彩概述，see Omar Al-Ubaydli & John List, 'Field experiments in markets', in Abhijit Banerjee & Esther Duflo (eds), *Handbook of Field Experiments,* Amsterdam: Elsevier, vol. 1, 2017, pp. 271–307.
12 Jim Manzi, *Uncontrolled: The Surprising Payoff of Trial-and-Error for Business, Politics, and Society,* New York: Basic Books, 2012, p. 144.
13 Eric T. Anderson & Duncan Simester, 'A step-by-step guide to smart business experiments', *Harvard Business Review,* March 2011.
14 Quoted in Bharat N. Anand, Michael G. Rukstad & Christopher Paige, 'Capital One financial corporation', Harvard Business School Case 700-124, April 2000.
15 Stefan Thomke & Jim Manzi, 'The discipline of business experimentation', *Harvard Business Review,* December 2014.
16 Christian Rudder, 'We experiment on human beings!', *OkTrends* blog, 28 July 2014.
17 Rudder, 'We experiment on human beings!'
18 Christian Rudder, *Dataclysm: Love, Sex, Race, and Identity–What Our Online Lives Tell Us about Our Offline Selves,* New York: Broadway Books, 2015, p. 17.
19 Rudder, 'We experiment on human beings!'
20 此現象有一個可能的解釋是速配品質演算法的運作並不理想。
21 Uri Gneezy & John List, *The Why Axis: Hidden Motives and the Undiscovered Economics of Everyday Life,* New York: Public Affairs, 2013, pp. 237–8.

22 Interview by Russ Roberts with Quora CEO Adam D'Angelo, *EconTalk*, 8 August 2016, available at www.econtalk.org. 開始進行一項實驗前，員工必須具體說明他們想要測試的假設，或者聲明他們只是要進行一項「學習實驗」。如果某個新功能在假設實驗中的效能很好，通常就會對所有Quora用戶啟用。但是如果在學習實驗中出現具有統計顯著性的結果，該員工則需要再進行第二次實驗，以證明第一次並非僥倖。

23 Brian Christian, 'The A/B test: Inside the technology that's changing the rules of business', *Wired,* 25 April 2012.

24 'Little things that mean a lot', *Economist,* 19 July 2014.

25 APT策略顧問公司董事長Jim Manzi很自豪，他的公司現在為「全美最大零售商、連鎖飯店、連鎖餐廳與零售銀行當中的三〇%到四〇%」執行隨機試驗：Manzi, *Uncontrolled,* p. 147.

26 Quoted in 'Test of dynamic pricing angers Amazon customers', *Washington Post,* 7 October 2000.

27 Quoted in Troy Wolverton, 'Now showing: random DVD prices on Amazon', *C|Net,* 5 September 2000.

28 'Amazon.com issues statement regarding random price testing', *Amazon.com,* 27 September 2000.

29 關於行銷領域隨機實驗的精彩探討，see Duncan Simester, 'Field experiments in Marketing', in Banerjee & Duflo (eds), *Handbook of Field Experiments,* pp. 465–97.

30 Eric T. Anderson & Duncan I. Simester, 'Effects of $9 price endings on retail sales: Evidence from field experiments," *Quantitative Marketing and Economics,* vol. 1, no. 1, 2003, pp. 93–110.

31 Tanjim Hossain & John Morgan, '… plus shipping and handling: Revenue (non) equivalence in field experiments on ebay', *Advances in Economic Analysis and Policy,* vol. 5, no. 2, 2006.

32 金卡客戶接受白金卡升級方案的比例是二一%，但是只有十四%接受提供相同優惠的金卡方案：Leonardo Bursztyn, Bruno Ferman, Stefano Fiorin, et al., 'Status goods: Experimental evidence from platinum credit cards', NBER Working Paper No. 23414, Cambridge, MA: NBER, 2017.

33 Haipeng Chen, Howard Marmorstein, Michael Tsiros & Akshay R. Rao, 'When more is less: The impact of base value neglect on consumer preferences for bonus packs over price discounts', *Journal of Marketing,* vol. 76, no. 4, 2012, pp. 64–77.

34 Brian Wansink, Robert J. Kent & Stephen J. Hoch, 1998, 'An anchoring and adjustment model of purchase quantity

decisions', *Journal of Marketing Research,* vol. 35, no. 1, pp. 71–81

35 Kusum L. Ailawadi, Bari A. Harlam, Jacques César & David Trounce, 'Quantifying and improving promotion effectiveness at CVS', *Marketing Science,* vol. 26, no. 4, 2007, pp. 566–75.

36 Ju-Young Kim, Martin Natter & Martni Spann, 'Pay what you want: A new participative pricing mechanism', *Journal of Marketing,* vol. 73, 2009, pp. 44–58.

37 Greer K. Gosnell, John A. List & Robert Metcalfe, 'A new approach to an age-old problem: Solving externalities by incenting workers directly', NBER Working Paper No. 22316, Cambridge, MA: NBER, 2016.

38 Bruce S. Shearer, 'Piece rates, fixed wages and incentives: Evidence from a field experiment', *Review of Economic Studies,* vol. 71, no. 2, 2004, pp. 513–34.

39 Lan Shi, 'Incentive effect of piece-rate contracts: Evidence from two small field experiments', *B.E. Journal of Economic Analysis & Policy,* vol. 10, no. 1 (Topics), Article 61, 2010.

40 草莓實驗的摘要，see Oriana Bandiera, Iwan Barankay & Imran Rasul, 'Field experiments with firms', *Journal of Economic Perspectives,* vol. 25, no. 3, 2011, pp. 63–82.作者群並未透露他們的試驗對象採收哪一種無核水果，水果的資訊來自Tim Harford, 'The fruits of their labors', *Slate,* 23 August 2008.

41 發獎金還有一個更惡劣的方法，那就是「暫時」付獎金給工人，但是表明如果沒有達到績效目標，這筆獎金就會被收回。這樣利用員工的損失規避心態，確實在某家中國工廠的隨機實驗中提高了生產力：Tanjim Hossain & John A. List. 'The behavioralist visits the factory: Increasing productivity using simple framing manipulations', *Management Science,* vol. 58, no. 12, 2012, pp. 2151–67.同樣的，共享計程車公司「來福車」發現，如果把每週冷門與繁忙時段的差異用損失而非獲利來表達，新駕駛就比較有可能會從冷門時段改到繁忙時段去工作（該公司最後選擇不把研究結果付諸實行）：Noam Scheiber, 'How Uber uses psychological tricks to push its drivers' buttons', *New York Times,* 2 April 2017.

42 Alexandre Mas & Enrico Moretti, 'Peers at work', *American Economic Review,* vol. 99, no. 1, 2009, pp. 112–45; Oriana Bandiera, Iwan Barankay and Imran Rasul, 'Social incentives in the workplace', *Review of Economic Studies,* vol. 77, no. 2, 2010, pp. 417–58; Lamar Pierce and Jason Snyder, 'Ethical spillovers in firms: Evidence from vehicle emissions

testing,' *Management Science,* vol. 54, no. 11, 2008, pp. 1891–1903. 請留意，只有Bandiera等人的研究使用真正的隨機分配；在其他兩項研究中，作者主張員工分組的過程實質上是隨機的——也就是說，與他們同事的生產力無關。

43 Nava Ashraf, Oriana Bandiera & B. Kelsey Jack, 'No margin, no mission? A field experiment on incentives for public service delivery', *Journal of Public Economics,* vol. 120, 2014, pp. 1–17.

44 Iwan Barankay, 'Rankings and social tournaments: Evidence from a crowd-sourcing experiment', Working Paper, Wharton School of Business, University of Pennsylvania, 2011.

45 Steven D. Levitt & John A. List, 'Was there really a Hawthorne effect at the Hawthorne plant? An analysis of the original illumination experiments', *American Economic Journal: Applied Economics,* vol. 3, no.1, 2011, pp. 224–38.

46 Matthew Stewart, *The Management Myth: Why the Experts Keep Getting It Wrong,* New York: Norton, 2009.

47 Jill Lepore, 'Not so fast', *New Yorker,* 12 October 2009.

48 Nicholas Bloom, Benn Eifert, Aprajit Mahajan, et al., 'Does management matter? Evidence from India', *Quarterly Journal of Economics,* vol. 128, no. 1, 2013, pp. 1–51.

49 參與該研究的顧問公司是埃森哲一事，揭露於Tim Harford, 'A case for consultants?', *Financial Times,* 13 November 2010.

50 同樣的，有一項研究隨機提供出口機會給埃及的地毯製造商，結果發現在出口市場上曝光讓他們後來的盈餘增加最多達四分之一。然而，這麼大的成效在高收入國家可能不會實現。See David Atkin, Amit K. Khandelwal & Adam Osman. 'Exporting and firm performance: Evidence from a randomized experiment', *Quarterly Journal of Economics,* vol. 132, no. 2, 2017, pp. 551–615.

51 芝加哥大學的John List現在正在進一步發揮統計學的力量，與聯合航空的會員計畫合作，僅在美國四個城市進行一項實驗，其中兩個城市在實驗組，兩個在對照組。在計入群集效應後，結果是否還具有統計顯著性，這一點將會很令人關注。

52 Leonard M. Lodish, Magid Abraham, Stuart Kalmenson, et al., 'How TV advertising works: A meta-analysis of 389 real world split cable TV advertising experiments' *Journal of Marketing Research,* vol. 32, no. 2, 1995, pp. 125–39. The study is an update of the pathbreaking work of Margaret Blair, 'An empirical investigation of advertising wearin and

wearout" *Journal of Advertising Research,* vol. 27, no. 6, 1987, pp. 45–50.

53 Randall A. Lewis & Justin M. Rao, 'The unfavorable economics of measuring the returns to advertising,' *The Quarterly Journal of Economics,* vol. 130, no. 4, 2015, pp. 1941–73. More precisely, their Super Bowl impossibility theorem finds that 'it is nearly impossible for a firm to be large enough to afford the ad, but small enough to reliably detect meaningful differences in ROI'.

54 Randall A. Lewis, Justin M. Rao & David H. Reiley, 'Here, there, and everywhere: Correlated online behaviors can lead to overestimates of the effects of advertising' in *Proceedings of the 20th International Conference on World Wide Web,* ACM, 2011, pp. 157–66.

55 Brian Christian, 'The A/B test: Inside the technology that's changing the rules of business', *Wired,* 25 April 2012.

56 Ben Gomes, 'Search experiments, large and small', *Google Official Blog,* 26 August 2008

57 Dan Cobley, quoted in Matthew Syed, *Black Box Thinking: Why Most People Never Learn from Their Mistakes – But Some Do,* Portfolio, New York, 2015, pp. 184–5.

58 「光是在二〇一〇年，該公司就研究了一萬三千多件改變的提案，其中大約八千二百件在並排比較中做過測試，並由評估人員進行評定。在這之中，又有二千八百件在Google網站的「沙盒」區進一步接受極小部分的即時使用者評估。分析師準備了一份那些結果的獨立報告，然後再由一個委員會進行評判。整個過程從原本的一萬三千件提案中，篩選出五百一十六項最後應用在搜尋演算法上的改善。」: Stefan Thomke, 'Unlocking innovation through business experimentation', *European Business Review,* 10 March 2013.

59 Quoted in Thomke, 'Unlocking innovation'. See also Manzi, *Uncontrolled,* pp. 128, 142.

60 樣本大卻沒有用的一個經典實例就是《文學文摘》(*Literary Digest*) 在一九三六年對將近二百萬名讀者做民調，想預測一九三六年的總統大選結果。該雜誌沒有認知到其讀者的家境優於總體選民，便預測共和黨的Alf Landon會擊敗民主黨籍的總統Franklin D. Roosevelt。最後Landon在五百三十一個選舉人中，只得到八票。

61 Huizhi Xie & Juliette Aurisset, 'Improving the sensitivity of online controlled experiments: Case studies at Netflix." In *Proceedings of the 22nd ACM SIGKDD International Conference on Knowledge Discovery and Data Mining,* pp. 645–54. ACM, 2016.

62 Carlos A. Gomez-Uribe & Neil Hunt, 'The Netflix recommender system: Algorithms, business value, and innovation', *ACM Transactions on Management Information Systems (TMIS),* vol. 6, no. 4, 2016, p. 13.

63 Gomez-Uribe & Hunt, 'The Netflix recommender system', p. 13.

64 Adam D.I. Kramer, Jamie E. Guillory & Jeffrey T. Hancock, 'Experimental evidence of massive-scale emotional contagion through social networks', *Proceedings of the National Academy of Sciences,* vol. 3, no. 24, 2014, pp. 8788–90.

65 由於二二・四%的臉書貼文包含負面詞語，四六・八%包含正面詞語，所以該研究也有兩個對照組：其中一個隨機忽略二・二四%的貼文，另一個則隨機忽略四・六八%的貼文。

66 奇怪的是，部分評論者似乎不知道有這個發現，仍然繼續發出「臉書讓我們自覺貧乏，所以我們會想要競爭，為一個平凡片刻加上正面的詮釋和漂亮的濾鏡，引起其他人也做同樣的事……當你加入臉書時，就是把自己置於表面上很受歡迎、愉快、備受喜愛的壓力之下，無論現實中的你是什麼樣子」這一類的言論：Daisy Buchanan, 'Facebook bragging's route to divorce', *Australian Financial Review,* 27 August 2016

67 Kate Bullen & John Oates, 'Facebook's 'experiment' was socially irresponsible', *Guardian,* 2 July 2014.

68 Quoted in David Goldman, 'Facebook still won't say "sorry" for mind games experiment', *CNNMoney,* 2 July 2014.

9 以政治和慈善事業測試理論

1 Julian Jamison & Dean Karlan, 'Candy elasticity: Halloween experiments on public political statements', *Economic Inquiry,* vol. 54, no. 1, 2016, pp. 543–7.

2 這個實驗的詳細介紹見Dan Siroker, 'How Obama raised $60 million by running a simple experiment', *Optimizely* blog, 29 November 2010.

3 Quoted in Brian Christian, 'The A/B test: Inside the technology that's changing the rules of business', *Wired,* 25 April 2012.

4 Alan S. Gerber & Donald P. Green, 'Field experiments on voter mobilization: An overview of a burgeoning literature' in Banerjee & Duflo (eds), *Handbook of Field Experiments,* pp. 395–438.

5 Harold F. Gosnell, *Getting-out-the-vote: An Experiment in the Stimulation of Voting,* Chicago: University of Chicago Press, 1927.e 葛伯和格林指出，高斯耐的實驗使用了配對街道，但從他的紀錄難以看出他如何選擇哪些街道要被放到實驗組還是對照組。See Gerber and Green, 'Field experiments on voter mobilization'.

6 Donald P. Green & Alan S. Gerber, *Get Out the Vote: How to Increase Voter Turnout,* 2nd edition, Washington DC: Brookings Institution Press, 2008, p. 14.

7 基本上採用此取徑且被廣泛徵引的學術作品案例，請見Steven Rosenstone & John Hansen, *Mobilization, Participation, and Democracy in America,* New York: MacMillan, 1993.

8 實驗在二〇〇六年初開始，當時佩里州長在共和黨初選脫穎而出的機會，受到Carole Keeton Strayhorn的威脅（她最終決定以無黨籍身分參選），更多細節請見Alan S. Gerber, James G. Gimpel, Donald Green & Daron Shaw, 'How large and long-lasting are the persuasive effects of televised campaign ads? Results from a randomized field experiment', *American Political Science Review,* vol. 105, no. 1, 2011, pp. 135–50.

9 察覺政治廣告的影響比商業廣告容易的一個原因是，選民占人口組成的比例大過多數產品的消費者（不過，衰退中的投票率和提升中的市場集中度，意味著這種情況未來可能會改變）。

10 Gerber & Green, 'Field experiments on voter mobilization', Table 4.

11 Alan S. Gerber, Donald P. Green & Christopher W. Larimer, 'Social pressure and voter turnout: Evidence from a large-scale field experiment', *American Political Science Review,* vol. 102, no. 1, 2008, pp. 33–48.

12 Gregg R. Murray & Richard E. Matland, 'Mobilization effects using mail social pressure, descriptive norms, and timing', *Political Research Quarterly,* vol. 67, no. 2, 2014, pp. 304–19.

13 榮譽榜實驗增加了兩個百分比的投票率：Costas Panagopoulos, 'Positive social pressure and prosocial motivation: Evidence from a large-scale field experiment on voter mobilization', *Political Psychology,* vol. 34, no. 2, 2013, pp. 265–75.「感謝選民實驗」（在喬治亞州、紐澤西州和紐約州進行）增加了二．四%至二．五%的投票率：Costas Panagopoulos, 'Thank you for voting: Gratitude expression and voter mobilization', *Journal of Politics,* vol. 73, no. 3, 2011, pp. 707–17.

14 Gerber & Green, 'Field experiments on voter mobilization', Table 4.

15 Green & Gerber, *Get Out the Vote,* p. 69.

16 Green & Gerber, *Get Out the Vote,* p. 92.

17 Gerber & Green, 'Field experiments on voter mobilization'.

18 Green & Gerber, *Get Out the Vote,* p. 92.

19 Lisa Garcia Bedolla & Melissa R. Michelson, *Mobilizing inclusion: Transforming the electorate through get-out-the-vote campaigns,* New Haven, CT: Yale University Press, 2012.

20 Gerber & Green, 'Field experiments on voter mobilization'; Vincent Pons, 'Does door-to-door canvassing affect vote shares? Evidence from a countrywide field experiment in France', Working Paper, Harvard Business School, 2014; Guillaume Liégey, Arthur Muller & Vincent Pons, *Porte à porte: Reconquérir la démocratie sur le terrain,* Calmann-Lévy, 2013; Peter John & Tessa Brannan, 'How different are telephoning and canvassing? Results from a "get out the vote" field experiment in the British 2005 general election', *British Journal of Political Science,* vol. 38, no. 3, 2008, pp. 565–74.

21 Green & Gerber, *Get Out the Vote,* p. 37.

22 David Broockman & Joshua Kalla, 'Experiments show this is the best way to win campaigns. But is anyone actually doing it?', Vox, 13 November 2014.

23 David W. Nickerson, 'Does email boost turnout?' *Quarterly Journal of Political Science,* vol. 2, no. 4, 2008, pp. 369–79.

24 Alissa F. Stollwerk, 'Does e-mail affect voter turnout? An experimental study of the New York City 2005 election', unpublished manuscript, Institution for Social and Policy Studies, Yale University, 2006; Alissa F. Stollwerk, 'Does partisan e-mail affect voter turnout? An examination of two field experiments in New York City', unpublished manuscript, Department of Political Science, Columbia University, 2016.

25 檢視來自朋友和熟人的電子郵件的研究是Tiffany C. Davenport, 'Unsubscribe: The effects of peer-to-peer email on voter turnout – results from a field experiment in the June 6, 2006, California primary election', unpublished manuscript, Yale University, 2012, quoted in Donald P. Green, Mary C. McGrath & Peter M. Aronow, 'Field experiments and the study of voter turnout', *Journal of Elections, Public Opinion & Parties,* vol. 23, no. 1, 2013, pp. 27–48. 檢視來自選舉委

員會的電子郵件的研究是Neil Malhotra, Melissa R. Michelson & Ali Adam Valenzuela, 'Emails from official sources can increase turnout', *Quarterly Journal of Political Science,* vol. 7, no. 3, 2012, pp. 321–32.

26 Allison Dale & Aaron Strauss, 'Don't forget to vote: text message reminders as a mobilization tool', *American Journal of Political Science,* vol. 53, 2009, pp. 787–804; Neil Malhotra, Melissa R. Michelson, Todd Rogers & Ali Adam Valenzuela, 'Text messages as mobilization tools: the conditional effect of habitual voting and election salience', *American Politics Research,* vol. 39, 2011, pp. 664–81.

27 Quoted in David E. Broockman & Donald P. Green, 'Do online advertisements increase political candidates' name recognition or favorability? Evidence from randomized field experiments', *Political Behavior,* vol. 36, no. 2, 2014, pp. 263–89. 最近川普的數位總監Brad Parscale聲稱「臉書和推特是我們勝選的原因」：Issie Lapowsky, 'Here's how Facebook actually won Trump the presidency', *Wired,* 15 November 2016. In a similar vein, see Sue Halpern, 'How he used Facebook to win', *New York Review of Books,* 8 June 2017.

28 Quoted in Lapowsky, 'Here's how Facebook actually won Trump the presidency'.

29 Broockman and Green, 'Do online advertisements increase political candidates' name recognition or favorability?' pp. 263–89.

30 Kevin Collins, Laura Keane & Josh Kalla, 'Youth voter mobilization through online advertising: Evidence from two GOTV field experiments', paper presented at the Annual Meeting of the American Political Science Association, Washington, DC, 2014.

31 Robert M. Bond, Christopher J. Fariss, Jason J. Jones, et al., 'A 61-million-person experiment in social influence and political mobilization', *Nature,* vol. 489, no. 7415, 2012, pp. 295–8, cited in 'A new kind of weather', *Economist,* 26 March 2016.

32 Craig E. Landry, Andreas Lange, John A. List, et al., 'Toward an understanding of the economics of charity: Evidence from a field experiment', *Quarterly Journal of Economics,* vol. 121, no. 2, 2006, pp. 747–82.

33 根據一項南非的研究，在貸款傳單上加一張美女照對男性受調者接受貸款的影響，和減息四成不相上下：Karlan & Appel, *More Than Good Intentions,* p. 47.

34 實驗為一家芝加哥兒童醫院和一所北卡羅萊納研究中心這兩個慈善組織募款：Stefano DellaVigna, John A. List & Ulrike Malmendier, 'Testing for altruism and social pressure in charitable giving', *Quarterly Journal of Economics,* vol. 127, no. 1, 2012, pp. 1–56. The results were confirmed in a replication experiment: Cynthia R. Jasper & Anya Savikhin Samek, 'Increasing charitable giving in the developed world', *Oxford Review of Economic Policy,* vol. 30, no. 4, 2014, pp. 680–96.

35 關於散發人性光輝的經典經濟學研究是James Andreoni, 'Impure altruism and donations to public goods: A theory of warm-glow giving', *Economic Journal,* vol. 100, no. 401, 1990, pp. 464–77.

36 James Andreoni, Justin M. Rao & Hannah Trachtman, 'Avoiding the ask: A field experiment on altruism, empathy, and charitable giving', *Journal of Political Economy,* vol. 125, no. 3, 2017, pp. 625–53. 結果取自表二。有少數購物者從第三個出口離開超市，但作者們審慎說明了為何他們的實驗可以視為只有兩個出口的研究。

37 John A. List & David Lucking-Reiley, 'The effects of seed money and refunds on charitable giving: Experimental evidence from a university capital campaign', *Journal of Political Economy,* vol. 110, no. 1, 2002, pp. 215–33; Steffen Huck, Imran Rasul & Andrew Shephard, 'Comparing charitable fundraising schemes: Evidence from a natural field experiment and a structural model', *American Economic Journal: Economic Policy,* vol. 7, no. 2, 2015, pp. 326–69.

38 Dean Karlan & John A. List, 'Does price matter in charitable giving? Evidence from a large-scale natural field experiment', *American Economic Review,* vol. 97, no. 5, 2007, pp. 1774–93.

39 Kent E. Dove, *Conducting a Successful Capital Campaign,* 2nd edition, San Francisco: Jossey Bass, 2000, p. 15, quoted in Dean Karlan & John A. List, 'Does price matter in charitable giving? Evidence from a large-scale natural field experiment', *American Economic Review,* vol. 97, no. 5, 2007, pp. 1774–93.

40 Gneezy & List, *The Why Axis,* pp. 204–5.

41 Armin Falk, 'Gift exchange in the field', *Econometrica,* vol. 75, no. 5, 2007, pp. 1501–11.

42 Tova Levin, Steven Levitt & John List, 'A glimpse into the world of high capacity givers: Experimental evidence from a university capital campaign', NBER Working Paper 22099, Cambridge, MA: NBER, 2016.

43 Richard Martin and John Randal, 'How is donation behaviour affected by the donations of others?' *Journal of Economic*

Behavior & Organization, vol. 67, no. 1, 2008, pp. 228–38.

44 James T. Edwards & John A. List, 'Toward an understanding of why suggestions work in charitable fundraising: Theory and evidence from a natural field experiment', *Journal of Public Economics,* vol. 114, 2014, pp. 1–13; Jen Shang & Rachel Croson, 'A field experiment in charitable contribution: The impact of social information on the voluntary provision of public goods', *Economic Journal,* vol. 119, no. 540, 2009, pp. 1422–39; David Reiley & Anya Savikhin Samek, 'How do suggested donations affect charitable gifts? Evidence from a field experiment in public broadcasting', *CESR-Schaeffer Working Paper* 2015-031, 2015.

45 John List interview, published online on 11 March 2013, available at https://youtu.be/LwF7MEuspU0?t=63.

46 Joanne M. Miller & Jon A. Krosnick. 'Threat as a motivator of political activism: A field experiment', *Political Psychology,* vol. 25, no. 4, 2004, pp. 507–23.

47 'Politics by numbers', *The Economist,* 26 March 2016

48 Leonard Wantchekon, 'Clientelism and voting behavior: Evidence from a field experiment in Benin', *World Politics,* vol 55, no 3, 2003, pp. 399–422.

49 Kelly Bidwell, Katherine Casey & Rachel Glennerster, 'Debates: Voting and expenditure responses to political communication', Working Paper, Stanford University, 2016.

50 Quoted in Tina Rosenberg, 'Smart African politics: Candidates debating under a tree', *New York Times,* 10 November 2015.

51 Daniel M. Butler & David E. Broockman, 'Do politicians racially discriminate against constituents? A field experiment on state legislators', *American Journal of Political Science,* vol. 55, 2011, pp. 463–77.

52 這是出自不含政黨記號的申請者的結果。如果所有申請者都被納入分析，結果會比較矛盾。

53 Gwyneth McClendon, 'Race responsiveness, and electoral strategy: A field experiment with South African politicians', Manuscript, Harvard University, 2013.

54 根據Center for Responsive Politics，二〇一四年美國選舉期間參選連任的三百九十五名現任眾議員，共花費了五千六百五十億美元，而參選連任的二十八名參議員，共花費了三千零二十億美元。歐巴馬二〇〇八年的總選競選花了將近十億美元，二〇一二年的花費稍微少一些。See www.opensecrets.org for details.

55 Charles Lewis & Center for Public Integrity, *The Buying of the Congress,* New York: Avon Books, 1998, quoted in Joshua L. Kalla & David E. Broockman, 'Campaign contributions facilitate access to congressional officials: A randomized field experiment', *American Journal of Political Science* vol. 60, no. 3, 2016. pp. 545–58.

56 Kalla & Broockman, 'Campaign contributions'.

57 Daniel M. Butler & David W. Nickerson, 'Can learning constituency opinion affect how legislators vote? Results from a field experiment', *Quarterly Journal of Political Science,* vol. 6, 2011, pp. 55–83.

58 Daniel E. Bergan, 'Does grassroots lobbying work? A field experiment measuring the effects of an e-mail lobbying campaign on legislative behavior', *American Politics Research,* vol. 37, 2009, pp. 327–52.

59 Brendan Nyhan & Jason Reifler, 'The effect of fact checking on elites: A field experiment on US state legislators', *American Journal of Political Science,* vol. 59, no. 3, 2015, pp. 628–40. 另一個誘發了重大行為改變的簡單干預是一項與共和黨領袖合作的研究，他們寄信給地方選區主席，鼓勵他們在代表團中加入更多女性。最有效的干預增加了二四%至三〇%的女性比例：Christopher F. Karpowitz, J. Quin Monson & Jessica Robinson Preece, 'How to elect more women: Gender and candidate success in a field experiment', *American Journal of Political Science,* vol. 61, no. 4, 2017, pp. 927–43.

60 Quoted in Angus Chen, 'Study finds deep conversations can Reduce transgender prejudice', Health Shots, *NPR Radio,* 7 April 2016.

61 Michael J. LaCour & Donald P. Green, 'When contact changes minds: An experiment on transmission of support for gay equality', *Science,* vol. 346, no. 6215, 2014, pp. 1366–9.

62 David Broockman, Joshua Kalla & Peter Aronow, 'Irregularities in LaCour (2014)', Working Paper, 2015.

63 Quoted in Maria Konnikova, 'How a gay-marriage study went wrong', *New Yorker,* 22 May 2015.

64 Quoted in Chen, 'Study finds'.

65 Quoted in Chen, 'Study finds'.

66 David Broockman & Joshua Kalla, 'Durably reducing transphobia: A field experiment on door-to-door

canvassing', *Science,* vol. 352, no. 6282, 2016, pp. 220–4. See also Ian Chipman, 'Fighting transphobia in 10 minutes', *Stanford Business Insights,* 7 April 2016.

67 Quoted in Kathleen Maclay, 'UC Berkeley, Stanford study finds canvassing conversations reduce transgender prejudice', *Berkeley News,* 7 April 2016.

10 款待自己

1 這是CamelCamelCamel.com列出的第三方賣家價格範圍。經典扭扭樂的例子取自Jerry Useem, 'How online shopping makes suckers of us all', *The Atlantic,* May 2017.

2 See Lawrence K. Altman, *Who Goes first?: The Story of Self-Experimentation in Medicine,* New York: Random House, 1987.

3 Laurence Klotz, 'How (not) to communicate new scientific information: A memoir of the famous Brindley lecture', *BJU international,* vol. 96, no. 7, 2005, pp. 956–7.

4 See, for example, Paul A. Scuffham, Jane Nikles, Geoffrey K. Mitchell, et al., 'Using n-of-1 trials to improve patient management and save costs', *Journal of General Internal Medicine,* vol. 25, no. 9, 2010, pp. 906–13.

5 關於試驗，參見Stephanie S. Weinreich, Charlotte Vrinten, Jan J.G.M. Verschuuren, et al., 'From rationing to rationality: An n-of-one trial service for off-label medicines for rare (neuromuscular) diseases', *Orphanet Journal of Rare Diseases,* vol. 7, no. 2, 2012, p. A29. 關於罕見神經肌肉疾病的流行程度和發生率，參見Michael Rubin, 'How common are neuromuscular disorders?' *Neurology Alert,* vol. 34, no. 7, 2015, pp. 53–4.

6 Megan Brooks, 'Rare disease treatments make up top 10 most costly drugs', *Medscape,* 2 May 2017.

7 Coalition for Evidence-Based Policy, 'Memorandum: Announcing Winners of the Coalition's Low-Cost RCT Competition', 15 July 2014.

8 基金會在二〇一五年宣布。同一年，Coalition for Evidence-Based Policy被併入阿諾德基金會。低成本隨機實驗競賽的贊助資金範圍也修改為十萬至三十萬美元，See Laura and John Arnold Foundation, 'Laura and John Arnold

Foundation announces expanded funding for low-cost randomized controlled trials to drive effective social spending', press release, 7 December 2015.

9 David Halpern, *Inside the Nudge Unit: How Small Changes Can Make a Big Difference,* London: WH Allen, 2015, p. 274.

10 Halpern, *Inside the Nudge Unit,* p. 274.

11 Halpern, *Inside the Nudge Unit,* pp. 91–2.

12 Halpern, *Inside the Nudge Unit,* p. 89.

13 Halpern, *Inside the Nudge Unit,* pp. 113–15; Michael Hallsworth, John List, Robert Metcalfe & Ivo Vlaev, 'The behavioralist as tax collector: Using natural field experiments to enhance tax compliance', *Journal of Public Economics,* vol. 148, issue C, 2017, pp. 14–31. 澳洲稅務局表示，光是移除信件開頭的「若您已在過去七日全數付清此欠款，請不用理會這封信」這行文字，欠稅人遵從度就增加了五%：Peter Martin, 'Mind games could pay handsomely', *Sydney Morning Herald,* 17 November 2013.

14 Halpern, *Inside the Nudge Unit,* p. 90.

15 Tim Harford, 'Nudge, nudge. Think, think. Say no more …', *Financial Times,* 11 February 2012

16 Halpern, *Inside the Nudge Unit,* p. 132.

17 包含客戶名字、顧問名字，以及「祝好運」的提醒訊息，增加十%至二七%的出席率：David Halpern, *Inside the Nudge Unit: How Small Changes Can Make a Big Difference,* WH Allen, London, 2015, pp. 120–2

18 Halpern, *Inside the Nudge Unit,* pp. 275–8.

19 Halpern, *Inside the Nudge Unit,* p. 340. 在法國，青年部成立了一間實驗機構Le Fonds d'Expérimentation pour la Jeunesse，測試那些幫助青年朋友的計畫：see http://experimentation.jeunes.gouv.fr.

20 Premier and Cabinet Behavioural Insights Team, 'Understanding people, better outcomes: Behavioural insights in NSW', Sydney: NSW Department of Premier and Cabinet, 2014.

21 對照組的訊息是：「你在〔某日〕〔某時〕和〔某醫生〕在〔某診所〕有約。想查詢請撥8382-3150。請勿回覆此訊息。」最有效的實驗組加了以下文字：「如果你赴約看診，醫院就不會因病患未赴約而損失一百二十五美元。」

See Paul Herbert, Joyce Nathaney, Simon Raadsma & Alex Gyani, 'Reducing missed outpatient appointments at St Vincent's Hospital Sydney', Sydney: St Vincent's Hospital Sydney and NSW Department of Premier and Cabinet, 2015.

22 Interview with Michael Hiscox, 4 August 2016.

23 Peter Kuhn, Peter Kooreman, Adriaan Soetevent & Arie Kapteyn, 'The effects of lottery prizes on winners and their neighbors: Evidence from the Dutch postcode lottery', *American Economic Review,* vol. 101, no. 5, 2011, pp. 2226–47.

24 George Bulman, Robert Fairlie, Sarena Goodman & Adam Isen, 'Parental resources and college attendance: Evidence from Lottery Wins', NBER Working Paper 22679, Cambridge, MA: National Bureau of Economic Research, 2016.

25 David Cesarini, Erik Lindqvist, Matthew J. Notowidigdo & Robert Östling, 'The effect of wealth on individual and household labor supply: Evidence from Swedish Lotteries', NBER Working Paper 21762, Cambridge, MA: National Bureau of Economic Research, 2015.

26 Gallup World Poll survey, quoted in Paul Collier, *Exodus: How Migration is Changing Our World,* Oxford: Oxford University Press, 2013, p. 167.

27 For a discussion of this literature, see David McKenzie, 'Learning about migration through experiments' in Christian Dustmann (ed.), *Migration: Economic Change, Social Challenge,* Oxford: Oxford University Press, 2015.

28 Michael A Clemens, 'Why do programmers earn more in Houston than Hyderabad? Evidence from randomized processing of US visas', *American Economic Review,* vol. 103, no. 3, 2013, pp. 198–202.

29 David McKenzie, Steven Stillman & John Gibson, 'How important is selection? Experimental vs. non-experimental measures of the income gains from migration', *Journal of the European Economic Association,* vol 8, no. 4, 2010, pp. 913–45.

30 David Clingingsmith, Asim Ijaz Khwaja & Michael R. Kremer, 'Estimating the impact of the Hajj: Religion and tolerance in Islam's global gathering', *Quarterly Journal of Economics,* vol. 124, no. 3, 2009, pp. 1133–70.

31 直到一九九五年，美國的計畫稱為「納稅人遵從度測量計畫」（Taxpayer Compliance Measurement Program），也就是今天的「國家研究計畫」（National Research Program）。關於這段珍貴的歷史，請見Wendy Rotz, J. Murlow & Eric Falk, 'The 1995 Taxpayer Compliance Measurement Program (TCMP) sample redesign: A case history', *Turning*

Administrative System Into Information System. Internal Revenue Service, Washington, 1994, pp. 699–703; Andrew Johns & Joel Slemrod, 'The distribution of income tax noncompliance', *National Tax Journal,* vol. 63, no. 3, 2010, pp. 397–418.

32 OECD Forum on Tax Administration – Compliance Sub-Group, 'Compliance Risk Management: Use of Random Audit Programmes', Paris: OECD, 2004. Australia has recently embarked upon a small-scale randomised audit program: Nassim Khadem, 'Tax man to hit SMEs and individuals with random audits', *Sydney Morning Herald,* 5 November 2015. However, the Australian Inspector-General of Taxation has recommended a more ambitious approach: see Inspector-General of Taxation, *Review into Aspects of the Australian Taxation Office's Use of Compliance Risk Assessment Tools: A Report to the Assistant Treasurer,* Canberra: Australian Government, 2013, pp. 145–7.

33 OECD, 'Compliance Risk Management'.

34 Andrew Johns & Joel Slemrod, 'The distribution of income tax noncompliance', *National Tax Journal,* vol. 63, no. 3, 2010, pp. 397–418. 後百分之五十的納稅人調整後總收入的平均低報數字為三・八%，前百分之一納稅人的數字則是十七%。對照收入低報，稅款低報的比例在收入較低的納稅人當中較高。同時，請注意稽核研究可能漏掉在避稅天堂的收入，這對金字塔頂端的人有利：Annette Alstadsæter, Niels Johannesen & Gabriel Zucman, 'Tax Evasion and Inequality', NBER Working Paper No. 23772, Cambridge, MA: NBER, 2017.

35 Eric Avis, Claudio Ferraz & Frederico Finan, 'Do government audits reduce corruption? Estimating the impacts of exposing corrupt politicians', *Journal of Political Economy,* forthcoming.

36 F.H. Knight, *Risk, Uncertainty, and Profit,* New York: Cosimo, 1921, p. 313, quoted in Omar Al-Ubaydli & John A. List, 'On the generalizability of experimental results in economics', in Guillaume R. Fréchette and Andrew Schotter (eds) *Handbook of Experimental Economic Methodology,* New York: Oxford University Press, 2015, pp. 420–62.

37 Glenn W.Harrison & John A. List, 'Field experiments', *Journal of Economic Literature,* vol. 42, no. 4, 2004, pp. 1009–55.

38 John A. List, 'Do explicit warnings eliminate the hypothetical bias in elicitation procedures? Evidence from field auctions for sportscards" , *American Economic Review,* vol. 91, no. 4, 2001, pp. 1498–1507.

39 Peter Bohm, 'Estimating the demand for public goods: An experiment" , *European Economic Review,* vol. 3, 1972, pp. 111–30.

40 Quoted in Manzi, *Uncontrolled,* p. 152.

41 Robert Slonim, Carmen Wang, Ellen Garbarino & DanielleMerrett, 'Opting-In: Participation Biases in Economic Experiments', *Journal of Economic Behavior and Organization,* vol. 90, 2013, pp. 43–70.

42 Ernst Fehr & John A. List, 'The hidden costs and returns of incentives – trust and trustworthiness among CEOs" , *Journal of the European Economic Association,* vol. 2, no. 5, 2004, pp. 743–71.

43 Steven D. Levitt & John A. List, 'What do laboratory experiments measuring social preferences reveal about the real world?' *Journal of Economic Perspectives,* vol. 21, no. 2, 2007, pp. 153–74.

44 Arthur Aron, Edward Melinat, Elaine N. Aron, Robert Darrin Vallone & Renee J. Bator, 'The experimental generation of interpersonal closeness: A procedure and some preliminary findings', *Personality and Social Psychology Bulletin,* vol. 23, no. 4, 1997, pp. 363–77.

45 Gneezy & List, *The Why Axis,* pp. 224–6.

11 建立更好的反饋迴路

1 萊因哈特的真名是George Cockcroft。關於這個故事請見他的訪談：Andrew Denton, *Enough Rope,* ABC TV, 27 September 2004.

2 Jorge Luis Borges, *Collected Fictions,* translated by Andrew Hurley, New York: Penguin Putnam, 1998, pp. 101–6.

3 In *The Luck of Politics*，我討論了機會影響政治生涯的許多方式。Andrew Leigh, *The Luck of Politics,* Melbourne: Black Inc, 2015.

4 這些結果出自Steven Levitt, 'Heads or tails: The impact of a coin toss on major life decisions and subsequent happiness', NBER Working Paper No. 22487, Cambridge, MA, : NBER, 2016,.

5 Stephen Dubner & Steven Levitt, *Think Like a Freak,* New York: William Morrow, 2014, p. 201.

6 Dubner & Levitt, *Think Like a Freak,* p. 203.

7 Andrew Leigh, 'A good test of public policy', *Australian Financial Review,* 8 April 2008, p. 70.

8 Alan A. Garner, Kristy P. Mann, Michael Fearnside, Elwyn Poynter & Val Gebski, 'The head injury retrieval trial (HIRT): A single-centre randomised controlled trial of physician prehospital management of severe blunt head injury compared with management by paramedics only', *Emergency Medicine Journal,* vol. 32, no. 11, 2015, pp. 869–75. 我的描述是根據「治療意向」估算（也就是，根據最初的隨機分派組別來比較）。我不同意作者們對「治療」估算的討論，因為這些不必然是根據隨機分派，因此可能帶有偏見。

9 Alan A. Garner, Michael Fearnside & Val Gebski, 'The study protocol for the Head Injury Retrieval Trial (HIRT): a single centre randomised controlled trial of physician prehospital management of severe blunt head injury compared with management by paramedics', *Scandinavian Journal of Trauma, Resuscitation and Emergency Medicine,* vol. 21, no. 1, article 69, 2013.

10 被問到是否支持「使用對照實驗或試驗，設計並測試更多領域的政府社會政策」，七三%的澳洲國會議員和六七%的英國國會議員回答「強烈支持」或「傾向支持」。結果是根據一百零四名英國部長在二〇一四年的訪問，以及二〇一六年對一百零九名澳洲部長（領地、省和聯邦）的調查。澳洲的結果見Phil Ames & James Wilson, 'Unleashing the potential', PAE prepared for client Andrew Leigh, Cambridge, MA: Harvard Kennedy School, 2016. 英國的結果見Ipsos MORI, 'Are MPs open to experimenting?', London: Ipsos MORI, 2015.

11 四八%的澳洲政治人物和三五%的英國政治人物，同意「隨機挑選某些民眾獲得政策干預，並將其他民眾排除在外，是不公平的」這個陳述。相較之下，只有一〇%的澳洲政治人物和九%的英國政治人物，同意「用對照實驗或試驗來設計並測試社會政策太過昂貴」這個陳述。See Ames & Wilson, 'Unleashing the potential'; Ipsos MORI, 'Are MPs open to experimenting?', London: Ipsos MORI, 2015. 亦可參見一項小型的澳洲公職人員調查，該調查發現二十七人中有二十四人相信隨機分派是合乎倫理的：Kyle Peyton, 'Ethics and politics in field experiments', *The Experimental Political Scientist,* vol 3, no. 1, 2012, pp. 20–37.

12 Quoted in Ipsos MORI, 'What do MPs think of randomised controlled trials (RCTs)?', London: Ipsos MORI, 2015.

13 See, for example, 'Hundred more taxis in city soon', *Sydney Morning Herald,* 19 July 1946, p. 3; 'Ballot for new taxi licences', *Argus,* 20 September 1946, p. 4.

14 Rachel Glennerster, 'The practicalities of running randomized evaluations: Partnerships, measurement, ethics, and

transparency' in Banerjee and Duflo (eds), *Handbook of Field Experiments,* pp. 175–243.

15 Quoted in Ames & Wilson, 'Unleashing the potential'.

16 Glennerster, 'The practicalities of running randomized evaluations'.

17 Alfredo R. Paloyo, Sally Rogan & Peter Siminski, 'The effect of supplemental instruction on academic performance: An encouragement design experiment', *Economics of Education Review,* vol. 55, 2016, pp. 57–69.

18 Quoted in Gardiner Harris, 'The public's quiet savior from harmful medicines', *New York Times,* 13 September 2010, p. D1.

19 Quoted in Glennerster, 'The practicalities of running randomized evaluations'.

20 Tess Lea, 'Indigenous education and training: what are we here for?' in Jon Altman & Melinda Hinkson (eds), *Culture Crisis: Anthropology and Politics in Remote Aboriginal Australia,* Sydney: UNSW Press, 2010, pp. 195–211. 此外，研究團隊面對新領地近半數老師同時在某一年辭職，教育部在三年內換了三任首長，以及每年有高達五分之一的學生轉學的困境。Janet Helmer, Helen Harper, Tess Lea, et al., 'Challenges of conducting systematic research in Australia's Northern Territory', *Asia Pacific Journal of Education,* vol. 34, no. 1, 2014, pp. 36–48.

21 欲知結果請見Jennifer Wolgemuth, Janet Helmer, Helen Harper, et al., *ABRACADABRA (ABRA) Early Childhood Literacy Project, Annual Report No. 3. A Multi-Site Randomised Controlled Trial and Case Study of the ABRA Literacy Software in NT Schools,* Darwin: Menzies School of Social Research, 2011. 至於她後來退縮一事，黎雅寫道：「事實上，嘗試原住民教育多年後，我自認失敗了。我瞭解到，我所能給的還不足夠。」：Tess Lea, 'Indigenous education and training: what are we here for?', Presentation to the Department of Education, Employment and Workplace Relations, Canberra, 1 March 2010. 在節制酒精濫用策略的計畫性隨機試驗脈絡中遇到的類似問題，請見Beverly M. Sibthorpe, Ross S. Bailie, Maggie A. Brady, et al., 'The demise of a planned randomised controlled trial in an urban Aboriginal medical service', *Medical Journal of Australia,* vol. 176, no. 6, 2002, pp. 273–6.

22 在線上搜尋找到的一千零八十二項原住民專屬計畫中，作者估計僅八十八項接受過評估，或正在接受評估。See Sara Hudson, *Mapping the Indigenous Program and Funding Maze,* Research Report 18, Sydney: CIS, 2016, p. 23. 類似的，財政部所做的一次聯邦原住民計畫審查發現，多數計畫欠缺充分的績效證據：see Productivity Commission,

'Better Indigenous policies: The role of evaluation, roundtable proceedings, 22–23 October 2012, Canberra', Canberra: Productivity Commission, 2012, p. 18.

23 Peter Rossi, 'The iron law of evaluation and other metallic rules' in Joann L. Miller and Michael Lewis (eds), *Research in Social Problems and Public Policy,* vol. 4, Greenwich, CT: JAI Press, 1987, pp. 3–20 at p. 3.

24 Tim Harford, 'The random risks of randomised trials', *Financial Times,* 25 April 2014.

25 Janet Currie, 'Early childhood education programs,' *Journal of Economic Perspectives,* vol. 15, no. 2, 2001, pp. 213–38.

26 Patrick Kline & Chris Walters, 'Evaluating public programs with close substitutes: The case of Head Start', *Quarterly Journal of Economics,* vol. 131, no. 4, 2016, pp. 1795–1848. See also Roland Fryer, 'The production of human capital in developed countries: Evidence from 196 randomized field experiments' in Banerjee & Duflo (eds), *Handbook of Field Experiments,* pp. 95–322.

27 在一個及早啟蒙的隨機評估中，實驗組被送去幼兒中心的孩童的比例為九〇%，對照組則是四三%：Michael Puma, Stephen Bell, Ronna Cook & Camilla Heid, 'Head Start impact study final report', Washington, DC, 2010: US Department of Health and Human Services, Administration for Children and Families.

28 主要的錯誤在於評估者大幅高估及早啟蒙的真實成本。成本不應該用及早啟蒙的總成本來算，而是用及早啟蒙的成本和其他公立學前計畫成本的差額來算。See Kline and Walters, 'Evaluating public programs with close substitutes'.

29 See for example Andrew Leigh, 'Employment effects of minimum wages: Evidence from a quasi-experiment', *Australian Economic Review,* vol. 36, no. 4, 2003, pp. 361–73 (with erratum in vol. 37, no.1, pp. 102–5).

30 Ian Davidoff & Andrew Leigh, 'How much do public schools really cost? Estimating the relationship between house prices and school quality', *Economic Record,* vol. 84, no. 265, 2008, pp. 193–206.

31 Andrew Leigh & Chris Ryan, 'Estimating returns to education using different natural experiment techniques', *Economics of Education Review,* vol. 27, no. 2, 2008, pp. 149–60.

32 Paul Burke & Andrew Leigh, 'Do output contractions trigger democratic change?' *American Economic Journal: Macroeconomics,* vol. 2, no. 4, 2010, pp. 124–57

33 Andrew Leigh and Christine Neill, 'Can national infrastructure spending reduce local unemployment? Evidence from an

Australian roads program', *Economics Letters,* vol. 113, no. 2, 2011, pp. 150–3.

34 Susan Athey, 'Machine learning and causal inference for policy evaluation', in *Proceedings of the 21th ACM SIGKDD International Conference on Knowledge Discovery and Data Mining,* pp. 5–6. ACM, 2015; Sendhil Mullainathan & Jann Spiess, 'Machine learning: an applied econometric approach', *Journal of Economic Perspectives,* vol. 31, no. 2, 2017, pp. 87–106.

35 Peter Passell, 'Like a new drug, social programs are put to the test', *New York Times,* 9 March 1993.

36 Joshua Angrist & Jörn-Steffen Pischke, *Mostly Harmless Econometrics: An Empiricist's Companion,* Princeton: Princeton University Press, 2009, pp. 4–11

37 Robert J. LaLonde, 'Evaluating the econometric evaluations of training programs with experimental data', *American Economic Review,* vol. 76, no. 4, 1986. pp. 604–20. See also Joshua D. Angrist & Jörn-Steffen Pischke, 'The credibility revolution in empirical economics: How better research design is taking the con out of econometrics', *Journal of Economic Perspectives,* vol. 24, no. 2, 2010, pp. 3–30.

38 George Bulman & Robert W. Fairlie, 'Technology and education: The effects of computers, the Internet and computer assisted instruction on educational outcomes' in Eric A. Hanushek, Stephen Machin & Ludger Woessmann (eds), *Handbook of the Economics of Education,* Volume 5, Amsterdam: Elsevier, 2016, pp. 239–80.

39 美國在一九七一年放棄金本位。全球市場倡議的經濟專家組（IGM Economic Experts Panel）在二〇一二年對美國著名經濟學家的一次調查發現，四十名受調者中沒有一人支持回歸金本位。

40 關於一個證據等級的提案，參見see Andrew Leigh, 'What evidence should social policymakers use?', *Economic Roundup,* no. 1, 2009, pp. 27–43.

41 Jon Baron, quoted in Gueron & Rolston, *Fighting for Reliable Evidence,* p. 458.

42 Sheena S. Iyengar & Mark R. Lepper, 'When choice is demotivating: Can one desire too much of a good thing?' *Journal of personality and social psychology,* vol. 79, no. 6, 2000, pp. 995–1006.

43 這個例子出自Manzi, *Uncontrolled,* pp. 149–52. 寫作期間，Google學術搜尋估計，Iyengar和Lepper的論文已經被引用超過二千五百次。我要坦誠，我也在沒看過後續研究的情況下，推廣了這個研究：Andrew Leigh, *The*

Economics of Just About Everything, Sydney: Allen & Unwin, 2014, p. 10.

44 Benjamin Scheibehenne, Rainer Greifeneder & Peter M. Todd, 'Can there ever be too many options? A meta-analytic review of choice overload', *Journal of Consumer Research,* vol. 37, no. 3, 2010, pp. 409–25.

45 Alan Gerber & Neil Malhotra, 'Publication bias in empirical sociological research', *Sociological Methods & Research,* vol. 37, no. 1, 2008, pp. 3–30; Alan Gerber & Neil Malhotra, 'Do statistical reporting standards affect what is published? Publication bias in two leading political science journals', *Quarterly Journal of Political Science.* vol. 3, no. 3, 2008, pp. 313–26; E.J. Masicampo & Daniel R. Lalande, 'A peculiar prevalence of p values just below .05', *Quarterly Journal of Experimental Psychology,* vol. 65, no. 11, 2012, pp. 2271–9; Kewei Hou, Chen Xue & Lu Zhang, 'Replicating anomalies', NBER Working Paper 23394, Cambridge, MA: National Bureau of Economic Research, 2017.

46 Alexander A. Aarts, Joanna E. Anderson, Christopher J. Anderson, et al., 'Estimating the reproducibility of psychological science', *Science,* vol. 349, no. 6251, 2015.

47 實際上是十八篇論文中的兩篇：John P.A. Ioannidis, David B. Allison, Catherine A. Ball, et al., 'Repeatability of published microarray gene expression analyses', *Nature Genetics,* vol. 41, no. 2, 2009, pp. 149–55.

48 實際上是五十三篇論文中的六篇：C. Glenn Begley & Lee M. Ellis, 'Drug development: Raise standards for preclinical cancer research', *Nature,* vol. 483, no. 7391, 2012, pp. 531–3.

49 實際上是五十九篇論文中的二十九篇：Andrew C. Chang & Phillip Li, 'A preanalysis plan to replicate sixty economics research papers that worked half of the time', *American Economic Review,* vol. 107, no. 5, 2017, pp. 60–4.

50 John P.A. Ioannidis, 'Why most published research findings are false', *PLoS Med,* vol. 2, no. 8, 2005, e124.

51 See, for example, Zacharias Maniadis, Fabio Tufano & John A. List, 'How to make experimental economics research more reproducible: Lessons from other disciplines and a new proposal', *Replication in Experimental Economics,* 2015, pp. 215–30; Regina Nuzzo, 'How scientists fool themselves – and how they can stop', *Nature,* vol. 526, no. 7572, 2015, pp. 182–5.

52 Larry Orr, 'If at first you succeed, try again!', *Straight Talk on Evidence* blog, Laura and John Arnold Foundation, 16 August 2017

53 Author's interview with David Johnson, 16 July 2015.

54 至於研究何時應該推翻先前看法的問題也是一樣。光是一項研究還不足以說服人，但多項研究最終應該能讓人改變想法：Luigi Butera & John A. List, 'An economic approach to alleviate the crises of confidence in science: With an application to the public goods game', NBER Working Paper No. 23335, Cambridge, MA: NBER, 2017.

55 坎貝爾合作組織的數據庫中，在美國進行的研究占比一九八五年以前為八八%，一九八五至一九九四年為八七%，二〇〇五至二〇一四年為二九%：Ames & Wilson, 'Unleashing the potential'.

56 Monique L. Anderson, Karen Chiswell, Eric D. Peterson, Asba Tasneem, James Topping & Robert M. Califf, 'Compliance with results reporting at ClinicalTrials.gov' *New England Journal of Medicine,* vol. 372, no. 11, 2015, pp. 1031–39.

57 'Spilling the beans: Failure to publish the results of all clinical trials is skewing medical science', *Economist,* 25 July 2015, pp. 62–3.

58 'Spilling the beans'.

59 Ben Goldacre, Henry Drysdale, Anna Powell-Smith, et al. *The COMPare Trials Project,* 2016, www.COMPare-trials.org; Christopher W. Jones, Lukas G. Keil, Wesley C. Holland, et al., 'Comparison of registered and published outcomes in randomized controlled trials: A systematic review', *BMC Medicine,* vol. 13, no. 1, 2015, pp. 1–12; Padhraig S. Fleming, Despina Koletsi, Kerry Dwan & Nikolaos Pandis. 'Outcome discrepancies and selective reporting: impacting the leading journals?' *PloS One,* vol. 10, no. 5, 2015, e0127495.

60 'For my next trick …', *Economist,* 26 March 2016

61 在五年級，實驗組學生的算數測驗成績高了十．九分（等同於約兩個月的學習），而且體脂肪少了〇．二四公斤（體重約輕了十一%）：Richard D. Telford, Ross B. Cunningham, Robert Fitzgerald, et al., 'Physical education, obesity, and academic achievement: A 2-year longitudinal investigation of Australian elementary school children', *American Journal of Public Health,* vol. 102, no. 2, 2012, pp. 368–74. 在六年級，對照組低密度膽固醇過高的孩童占比為二三%，實驗組則為十四%：Richard D. Telford, Ross B. Cunningham, Paul Waring, et al., 'Physical education and blood lipid concentrations in children: The LOOK randomized cluster trial', *PloS One,* vol. 8, no. 10, 2013, e76124.

12 下一個機會在哪裡？

1 David Wootton, *The Invention of Science: A New History of the Scientific Revolution,* New York: Harper, 2015, pp. 6–7.

2 Wootton, *The Invention of Science,* p. 355, quoted in Adam Gopnik, 'Spooked', *New Yorker,* 30 November 2015, pp. 84–6.

3 問卷詢問人們是否同意「我們所知的人類，是從其他動物物種發展而來」的陳述。Jon D. Miller, Eugenie C. Scott and Shinji Okamoto, 'Public acceptance of evolution', *Science,* vol. 313, no. 5788, 2006, pp. 76–6. 蓋洛普民調顯示，相信「人類為其他生命形式經數百萬年演化而來，但這過程和上帝無關」的美國人，其占比從一九八二年的九%成長為二〇一七年的十九%。

4 Economist Intelligence Unit, *Gut & gigabytes: Capitalising on the art & science in decision making,* New York: PwC, 2014, p. 29.

5 Tim Harford, 'How politicians poisoned statistics', *FT Magazine,* 14 April 2016.

6 Harry Frankfurt, 'On bullshit', *Raritan Quarterly Review,* vol. 6, no. 2, 1986, pp. 81–100.

7 Donald Campbell, 'The experimenting society' in William Dunn (ed.), *The Experimenting Society: Essays in Honor of Donald T. Campbell,* Policy Studies Review Annual, Volume 11, Transaction Publishers, New Brunswick, 1998, p. 39.

8 Campbell, 'The experimenting society', p. 41.

9 Richard Feynman, 'Cargo cult science', Caltech Commencement Address, 1974.

10 Esther Duflo & Michael Kremer, 'Use of randomization in the evaluation of development effectiveness' in William R. Easterly (ed.) *Reinventing Foreign Aid,* Cambridge MA: MIT Press, 2008, p. 117.

11 Halpern, *Inside the Nudge Unit,* p. 341.

12 Peter Passell, 'Like a new drug, social programs are put to the test', *New York Times,* 9 March 1993, p. C1. Gueron headed the Manpower Demonstration and Research Corporation from 1986 to 2004.

13 對藝術、運動、經濟、飲食中漸進主義的討論，請見Stephen Dubner, 'In praise of incrementalism', *Freakonomics Radio,* 26 October 2016.

14 Quoted in Lisa Sanders, 'Medicine's progress, one setback at time', *New York Times,* 16 March 2003, pp. 29–31.

15 Quoted in Colleen M. McCarthy, E. Dale Collins & Andrea L. Pusic, 'Where do we find the best evidence?' *Plastic and Reconstructive Surgery,* vol. 122, no. 6, 2008, pp. 1942–7.

16 Quoted in Gomes, *The Good Life,* p. 84.

17 OECD, *Entrepreneurship at a Glance 2015,* Paris: OECD Publishing, 2015, p. 58.

18 William R. Kerr, Ramana Nanda & Matthew Rhodes-Kropf, 'Entrepreneurship as experimentation', *Journal of Economic Perspectives,* vol. 28, no. 3, 2014, pp. 25–48.

19 Quoted in Dan Ariely, 'Why businesses don't experiment', *Harvard Business Review,* vol. 88, no. 4, 2010, pp. 34–36.

20 Megan McArdle, *The Up Side of Down: Why Failing Well Is the Key to Success,* New York: Penguin, 2015.

21 Bent Flyvbjerg, Mette K. Skamris Holm & Søren L. Buhl, 'How (in) accurate are demand forecasts in public works projects? The case of transportation', *Journal of the American Planning Association,* vol. 71, no. 2, 2005, pp. 131–46; Robert Bain, 'Error and optimism bias in toll road traffic forecasts', *Transportation,* vol. 36, no. 5, 2009, pp. 469–82; Bent Flyvbjerg & Eamonn Molloy, 'Delusion, deception and corruption in major infrastructure projects: Causes, consequences, cures', *International Handbook on the Economics of Corruption,* vol. 2, 2012, pp. 81–107.

22 Nassim Nicholas Taleb, *The Black Swan: The Impact of the Highly Improbable,* 2nd edn, New York: Random House, 2010, p. 154.

23 Ola Svenson, 'Are we all less risky and more skillful than our fellow drivers?' *Acta Psychologica,* vol. 47, no. 2, pp. 143–8.

24 有十八%給自己美貌的評分為平均之上，七九%說自己是平均值，三%說自己低於平均：Jonathan Kelley, Robert Cushing & Bruce Headey, *Codebook for 1984 Australian National Social Science Survey* (ICPSR 9084), Ann Arbor, MI: Inter-university Consortium for Political and Social Research, 1989.

25 Dominic D.P. Johnson & James H. Fowler, 'The evolution of overconfidence', *Nature,* vol. 477, no. 7364, 2011, pp. 317–20.

26 Daniel Kahneman, *Thinking, Fast and Slow,* New York: Macmillan, 2011, p. 263.

27 對法律界抗拒隨機試驗背後原因的詳細討論，see James Greiner & Andrea Matthews, 'Randomized control trials in

the United States legal profession', *Annual Review of Law and Social Science,* vol. 12, 2016, pp. 295–312. 關於反恐策略缺乏隨機分派研究（和經驗證據），討論請見Anthony Biglan, 'Where terrorism research goes wrong', *New York Times,* 6 March 2015, p. SR12.

28 Chris Blattman, 'Why "what works?" is the wrong question: Evaluating ideas not programs', chrisblattman.com, 19 July 2016.

29 Jens Ludwig, Jeffrey R. Kling & Sendhil Mullainathan, 'Mechanism experiments and policy evaluations', *Journal of Economic Perspectives,* vol. 25, no. 3, 2011, pp. 17–38.

30 一九六九年，史丹佛心理學家Philip Zimbardo嘗試了小規模的實驗，打破一輛停著的車子的窗戶，然後觀察社區裡的人做何回應？See George Kelling & James Wilson, 'Broken windows: The police and neighborhood safety', *Atlantic,* vol. 249, no. 3, 1982, pp. 29–38.

31 See USAID, 'Frequently Asked Questions about Development Innovation Ventures', Washington, DC: USAID, 6 February 2017; USAID, 'FY2015 & FY2016 Development Innovation Ventures Annual Program Statement', Washington, DC: USAID, 20 October 2015.

32 這些例子取自Coalition for Evidence-Based Policy（今已併入阿諾德基金會），以及Adam Gamoran的一次報告，titled 'Measuring impact in science education: Challenges and possibilities of experimental design', NYU Abu Dhabi Conference, January 2009.

33 'In praise of human guinea pigs', *The Economist,* 12 December 2015, p. 14.

34 Education Endowment Foundation, 'Classification of the security of findings from EEF evaluations', 21 May 2014.

35 'David Olds speaks on value of randomized controlled trials', Children's Health Policy Centre, Faculty of Health Sciences, Simon Fraser University, 26 May 2014.

36 Dean Karlan & Daniel H. Wood, 'The effect of effectiveness: Donor response to aid effectiveness in a direct mail fundraising experiment', *Journal of Behavioral and Experimental Economics,* vol. 66, issue C, 2017, pp. 1–8. 郵件在二〇〇七和〇八年寄出，但此處引用的描述來自〇八年的信。

自行做隨機試驗的十條戒律

1 Gueron and Rolston, *Fighting for Reliable Evidence,* p. 383

2 不可否認，這有可能會造成研究結果太慢出爐而無法影響政策制定。印尼政府宣布打算將教師的薪水加倍之後，一個研究團隊做了一項隨機試驗，隨機挑選一些學校先行實施這項加薪措施。評估結果顯示，這項每年花費五十億美元的政策並未促進學生的學習成果。印尼一位前財政部長事後挖苦地表示，如果研究結果是在政策完全實施之前出爐的話，用處就大多了：see Karthik Muralidharan & Paul Niehaus, 'Experimentation at scale', *Journal of Economic Perspectives,* vol. 31, no. 4, 2017, pp. 103–24.

3 Uri Gneezy & Pedro Rel-Biel, 'On the relative efficiency of performance pay and noncontingent incentives', *Journal of the European Economic Association,* vol. 12, no. 1, 2014, pp. 62–72.

4 Charles Ralph Buncher & Jia-Yeong Tsay (eds), *Statistics in the Pharmaceutical Industry,* 2nd edn, New York: Marcel Dekker, 1994, p. 211.

5 Derek Willis, 'Professors' research project stirs political outrage in Montana', *New York Times,* 28 October 2014.

6 Jeremy Johnson, 'Campaign experiment found to be in violation of Montana law', *Washington Post,* 13 May 2015.

7 Gueron & Rolston, Fighting for Reliable Evidence, pp. 48–9. 他們也指出了解決方式：「我們盡最大努力向地方人士解釋我們要做的事情既符合倫理也符合法律……抱怨的聲浪減低甚至消失了，實驗的操作步驟後來變成只是一種小小的不便。」

8 One analysis found that lack of implementation by teachers was a major reason why nine tenths of randomised trials commissioned by the US Department of Education reported no positive impact: Coalition for Evidence-Based Policy, 'Randomized controlled trials commissioned by the Institute of Education Sciences since 2002: How many found positive versus weak or no effects?', Washington, DC: Coalition for Evidence-Based Policy, 2013, cited in Abhijit Banerjee, Rukmini Banerji, James Berry, et al, 'From proof of concept to scalable policies: Challenges and solutions, with an application', *Journal of Economic Perspectives,* vol. 31, no. 4, 2017, pp. 73–102.

9 Michael Hiscox, personal correspondence.

10 Joan McCord, 'The Cambridge-Somerville Study: A pioneering longitudinal-experimental study of delinquency

prevention' in *Preventing Antisocial Behavior,* edited by Joan McCord and Richard Tremblay, New York: Guilford, 1992, pp. 196–206.

11 Stratified random sampling achieves a similar result, except that the sample is balanced in blocks rather than pairs.

12 Dean Karlan & Jacob Appel, *Failing in the Field: What We Can Learn When Field Research Goes Wrong,* Princeton: Princeton University Press, 2016, p. 131.

Summit
春山之巔　004

隨機試驗：改變世界的大膽研究

Randomistas: How Radical Researchers Changed Our World

作　　者　安德魯・雷伊 Andrew Leigh
譯　　者　向淑容（第一至八章）、葉品岑（第九至十二章）
總 編 輯　莊瑞琳
責任編輯　吳崢鴻
行銷企畫　甘彩蓉
封面設計　盧卡斯工作室
內文排版　藍天圖物宣字社
出　　版　春山出版有限公司
地址：11670 台北市文山區羅斯福路六段297號10樓
電話：02-29318171
傳真：02-86638233
總 經 銷　時報文化出版企業股份有限公司
地址：33343 桃園市龜山區萬壽路二段351號
電話：02-23066842
製　　版　瑞豐電腦製版印刷股份有限公司
初版一刷　2020年7月

定　　價　420元

填寫本書線上回函

春山
Email　SpringHillPublishing@gmail.com
Facebook　www.facebook.com/springhillpublishing/

國家圖書館出版品預行編目資料

隨機試驗：改變世界的大膽研究 / 安德魯・雷伊（Andrew Leigh）著；
向淑容、葉品岑譯. -- 初版. -- 臺北市：春山出版, 2020.07
　面；　公分. --（春山之巔；4）
譯自：Randomistas : how radical researchers are changing our world
ISBN 978-986-99072-1-7（平裝）

1.社會科學　2.抽樣調查　3.研究方法

501.2　　　109005801